哲学诠释学的理论建构及价值取向

林栋梁 著

河北大学出版社
·保定·

ZHEXUE QUANSHIXUE DE LILUN JIANGOU JI JIAZHI QUXIANG

哲学诠释学的理论建构及价值取向

出 版 人：耿金龙
责任编辑：张靖瑄
装帧设计：张彦琪
责任校对：田 阳
责任印制：靳云飞

图书在版编目（CIP）数据

哲学诠释学的理论建构及价值取向 / 林栋梁著．--保定：河北大学出版社，2019.3
ISBN 978-7-5666-1465-0

Ⅰ．①哲… Ⅱ．①林… Ⅲ．①阐释学－研究 Ⅳ．① B089.2

中国版本图书馆 CIP 数据核字（2019）第 045376 号

出版发行：河北大学出版社
地址：河北省保定市七一东路 2666 号 邮编：071000
电话：0312-5073033 0312-5073029
邮箱：hbdxcbs818@163.com 网址：www.hbdxcbs.com
经 销：全国新华书店
印 刷：保定市北方胶印有限公司
幅面尺寸：170 mm × 240 mm
印 张：15
字 数：220 千字
版 次：2019 年 3 月第 1 版
印 次：2019 年 3 月第 1 次印刷
书 号：ISBN 978-7-5666-1465-0
定 价：46.00 元

目　录

导　论

一、问题的提出及研究方法

《真理与方法》（*Wahrheit und Methode*，1960）一书的出世标志着伽达默尔（Hans-Georg Gadamer，1900—2002）的哲学诠释学（Philosophical Hermeneutics）作为一种哲学理论正式进入西方哲学史。诠释学也由于该书的出版逐渐成为一门显学。从该书的标题我们可以看出，哲学诠释学乃是对科学时代之境况的一种反思和评说。这里，所谓的相对于“真理”（Wahrheit）的方法（Methode）其实是指自然科学方法，及人文科学从自然科学那里借用来的方法。对伽达默尔来说，方法在科技发达的今天所造成的科学控制意识甚至由对自然的主宰变成了对人的生活的主宰。相对于这种方法的主宰，真理不再是对存在和人的生活意义的揭示，而是变成与人相异的东西——人类只有通过方法才能获得它①。

可见，真理概念在哲学诠释学那里是至关重要的，它意味着对方法进行反思后的成果。从理论的渊源看，海德格尔（M. Heidegger，1889—1976）对真理内涵的全新确认，乃是哲学诠释学思想的直接来源②。与海德格尔的真理观一样，在伽达默尔看来，对主一客体浑然不分的真理的获取是离不开语言的。语言也具有与真理同样的性质，它既不系之于主体，也不系之于客

① Joel C. Weinsheimer. *Gadamer's Hermeneutics*:*A Reading of Truth and Method*, New Haven: Yale University Press, 1985, p4-5.要注意的是，伽达默尔并不反对科学方法本身，而是反对科学方法至上，他要求的是科学与人的一致。（见伽达默尔：“汉斯－格奥尔格・伽达默尔自述”，《真理与方法》，洪汉鼎译，上海译文出版社，1999，第790、794页。）

② 伽达默尔：《诠释学Ⅱ：真理与方法》，洪汉鼎译，商务印书馆，2007，第54、63页。伽达默尔：《真理与方法》，洪汉鼎译，上海译文出版社，1999，第801、803页。

体，而是深深根植于人类存在的本体论经验之中。不一样在于，尽管语言具有揭示真理的功能，但它表现在语言的辩证特性，即辩证的对话之中①。

正如伽达默尔自己所说，哲学诠释学探讨的是“理解（Verstehen）怎样得以可能”② 的问题，理解其实也就意味着获得真理。他认为，海德格尔对此在（Dasein）生存结构的分析令人信服地表明，理解不仅是主体各种可能的行为之一，而且是此在本身存在（Sein）的方式。很显然，在伽达默尔看来，理解活动并不是主体认识客体的主观意识的活动，而是人存在的基本方式。理解得以可能的条件问题，也就是人按照其所是的那样存在的条件问题。理解中所蕴含的这个本体论条件是以人的历史性为基础的，而人的历史性则最终体现在人拥有语言这点上。正因为语言具有揭示真理的功能，语言按其本质乃是对话中的语言，它只有通过相互理解的过程才能获得自己的现实性。所以，“理解得以可能”需要的是一种对话艺术。在伽达默尔那里，它其实就是柏拉图（Plato，428/427 BC—348/347 BC）的对话辩证法（Dialectic of dialogue）。哲学诠释学重心向实践哲学的倾倚，其实就是一再地强调对话中的实践理性。

本书所要究诘的是，伽达默尔的真理观在从海德格尔溯向柏拉图的行程中，它经历了怎样的一个转化？可以想见的是，伽达默尔必定有一种前后一致的主题将二者贯穿起来，并予以转化，否则哲学诠释学作为一种理论系统将无法圆成。

这个前后一致的主题是什么呢？伽达默尔在批评海德格尔试图克服形而上学语言的做法时指出，既然我们都身处于历史性所予的诠释学处境（Hermeneutical situation），处于传统（Tradition）给予我们构筑的前见之中，处于概念机制之中，那么我们如何设想我们能超越形而上学的传统与概念机制，从而构筑非形而上学的思想呢？这诘问中，其实已经提示了问题的答

① 伽达默尔：《诠释学Ⅱ：真理与方法》，洪汉鼎译，商务印书馆，2007，第 65 页。伽达默尔说：“不通过谈话、回答和由此获得的一致意见，我们就不能说出真理。”有论者也指出，“人们通过各种对话，就参与到真理之中。辩证法的提问方式便是提问和回答，提问就是进行开放，被提问的东西的开放性在于回答的不固定性。……回答的不确定性和开放性构成了提问的意义。苏格拉底辩证法的真理含义正在于此。”（严平：《走向解释学的真理》，东方出版社，1998，第 49 页。）

② 伽达默尔：《真理与方法》，“第二版序言”，洪汉鼎译，上海译文出版社，1999，第 6 页。

案。对于伽达默尔来说，研究一个思想家，或者一个主题，其实就是在活生生的语言中使概念交织混杂地说话。海德格尔本人的思想就是在与被传统固化的概念进行对话的道路上完成的①。

在《概念史与哲学语言》一文中，伽达默尔认为这种概念史的研究方法不仅仅是一种问题史的研究，因为“哲学的概念不是一种任意选择的记号，而是从哲学思维在其中运作的历史来源和概念本身的意义形成过程中获得其意义规定性的。”② 在漫长的哲学历史长河中，正是不同的哲学家带着不同的问题意识对同一概念给予了不同的意义规定性。从概念的本源性来讲，这无疑是对概念的一种遮蔽。因此，伽达默尔认为，在与被传统固化的概念进行对话的过程中，必须跟海德格尔一样，对这些概念进行批判。海德格尔正是对传统形而上学的概念进行批判后建立自己的哲学，概念史从这个角度来说，就是哲学。伽达默尔正是在这对话中构建自己的哲学诠释学。

同样地，我们也要循着对话之路，去发现伽达默尔是如何在自己的问题视域中将哲学诠释学建构出来，如何在交织混杂的对话中将不同的概念予以联结。只有这样的釜底抽薪，我们才可能真切地发现他隐藏在理论中深层次的主题。一个理论系统的构建，最终都有一个属于自己的主题。对哲学诠释学进行理论溯源，就是要探究伽达默尔哲学诠释学的前见，亦即探究他是如何从理论层面上扬弃他人的观点以孕育出自己的主题。

不过，当我们追溯促使哲学诠释学产生的历史动因，并朝前展望它所隐含的意义时，作为诠释者的我们却不可能是白板一块，无论如何，我们总是某种作为前见的意义期许。学术研究最可珍贵的地方，乃在于能够直接或间接地指向某些既已存在而又值得我们关怀的问题。哲学的“关怀”，并不单在书本文献或语言概念中，也不单止于理论铺陈，而在于我们必须尝试溯求哲学理论背后的眷注所在——无论这眷注是直接或是较为隐晦的。不管如何，哲学诠释学作为一个哲学理论的系统圆成，必然有着一种我们与之对话

① 伽达默尔、德里达等：《德法之争——伽达默尔与德里达的对话》，孙周兴、孙善春编译，上海同济大学出版社，2004，第 84 页。

② 伽达默尔：《伽达默尔集》，严平编选，上海远东出版社，1997，第 148 页。

的诉求，一种引导我们对其产生问题的境况做出反省与回应的对话诉求。

作为这样一种整体意义预期的关怀之涵蕴究竟是什么呢？它来源于何处？伽达默尔对“效果历史”（Effective history）的慧解或许能更清楚表达这种期许。在他看来，一种真正的历史意识总是会一起看到自己的现在，而且是这样地去看自己的现在，以致它看自己就如同看待处于正确关系群中的历史性他者一样。只要我们不断地检验我们的所有前见，那么，现在视域就是在不断形成的过程中被把握着。这种检验的一个重要部分就是与过去的接触，以及对我们由之而来的那种传统的理解。所以，如果没有过去，现在视域就根本不能形成。正如没有一种我们误认为有的客观历史视域一样，也根本没有一种自为的现在视域。理解其实总是这样一些被误认为是原本存在的视域的融合过程。

由此可见，哲学诠释学作为传统（哲学诠释学作为一种哲学形态出现本身就属于我们的传统范畴之内）对于我们来说，它不在于提供一些过去的思想片断或史实，而在于它本身就是人类为了面对当时（对于我们则是当下）的挑战而对自己的构成条件加以反省与回应的过程。换言之，效果历史绝不只是对一些已过去的事迹的揭露，它乃是我们从现在的观点对自己当下之所以然的“回溯”，这些回溯一方面显出当下的自己受传统规限的所在，而另一方面也因此导出对这些限制的突破。历史效果，涉及的不只是过去，更是当下和未来。

黄克剑先生所提倡的“生命化的研究方法”，其中所含的慧解与这种作为整体意义预期的价值关怀颇为切近。在他看来，“通常人们总是凭借传世文献或出土文物去问讯那个似乎早就同我们陌生了的世界，这当然并没有错，问题只在于问讯者是否能让这些文献和文物真正在自己的心灵中苏醒。”① 这表明，研究者和研究对象的相遇其实就是一种生命的沟通。对文本的研究，重要的不在于如何使自己获得一种纯粹“客观”的视野和“客观”的知识，而在于“如何正视这种对历史诉诸切己生命的阐释，从而让尽可能

① 黄克剑：“绪论：中国的‘轴心时代’”，《由“命”而“道”——先秦诸子十讲》，线装书局，2006，第1-2页。

不落于狭隘的生命成全历史，让在阐释中被升华着的历史成全生命”。这种使生命和历史相互成全的研究方法被其称作“生命化的研究方法”。

可以看出，“生命化的研究方法”同“效果历史”的观点一致在于它们都不再作主观和客观的截然二分，都立于生命实践，否认在人的阐释之外还会存在某种物自身式的历史或“客观”的历史自身。“生命化的研究方法”所确立的一个信念是，“阐释者对历史所做的赋有个性的阐释，同时即可能是一种对历史的合于‘公意’的阐释。”

正因为不存在某种事物自身式的历史或“客观”的历史自身，所以以个性切近“公意”的生命化的方法，显然不是那种仅限于操作的单纯技巧，因为“考证的缘起、考证过程的延伸及对考证结果的运用都会牵扯到研究者必要的价值选择和想象力所由发动的心灵的敏感，而这选择和敏感追到根底处，总与研究者的生命格局有关”。学术研究的生命化，说到底就是用灵魂呼唤灵魂，而唤醒文字中栖居的灵魂不仅需要呼唤者有一份相应的生命的真切，而且需要其有一种尽可能无愧于被唤灵魂的生命的分量。这里，生命化的研究可以理解为某种“对话”，即所谓“灵魂的交际或生命的相遇”的“对话”①。

“对话”作为灵魂的交际或生命的相遇必然要求作为研究者的我们不可不拷问自己灵魂，人生境界施之于人文科学，这则意味着在“学以致其道”②中，有幸的灵魂借着境界的提升问津那种趣之弥远、仰之弥高的虚灵之真际。这里有着价值的形而上关怀，而此关怀中蕴蓄了对哲学诠释学的整体意义预期。在预期中，哲学诠释学的哲思最终可能获得一种被多少切中真谛的阐释。

二、本书的基本思路

从哲学诠释学的构建来看，伽达默尔的学说表现为一条从海德格尔溯向

---

① 黄克剑：“绪论：中国的‘轴心时代’”，《由“命”而“道”——先秦诸子十讲》，线装书局，2006，第3-4页。

② 《论语·子张》。

柏拉图的主线索，就是哲学诠释学最终实现了向实践哲学的转向。在这条主线索上，伽达默尔对诸多西方重要思想家的诸多概念进行批判性的对话，从而构建起了哲学诠释学的诸多理念及实践哲学的慧思。在这诸多思想家中，笔者认为对哲学诠释学构建及实践转向产生根本性影响的除了海德格尔、柏拉图之外，主要就是黑格尔和亚里士多德了。或者按照哲学诠释学的概念来表述：伽达默尔诠释学思想的前见，从他本人在效果历史所受的影响及其概念史中所留的痕迹来溯源，我们可以发现上述这些人的哲学影响。

当然，由于诠释学乃是海德格尔首先提出来的，我们在探讨哲学诠释学建构的时候，必须围绕着哲学诠释学构建中与海德格尔思想的关联和分野来展开。海德格尔哲学思想的基本问题是存在问题，伽达默尔的则是真理问题。海德格尔的思想过程表现为从《存在与时间》中由“理解是此在的存在方式”出发探询存在的意义问题，到“转向”后“存在的生发”（Sein als Ereignis）或“存在之自行发生”（Seinsgeschehen）。而伽达默尔则一方面从“理解的历史性”（Geschichtlichkeit des Verstehens）出发探讨诠释学现象，另一方面则以“理解作为真理事件的发生”（Verstehen als Wahrheitsgeschehen）来作为哲学诠释学理论构建的最终落脚点。从这个角度出发，我们可以发现，伽达默尔对海德格尔思想的继承主要是《存在与时间》的诠释学思想，强调了理解的历史性。而对“转向”后的海德格尔思想，伽达默尔在坚持理解作为真理事件的自行发生这一方面与之有着一致的地方，即认为理解不是主体的自主活动。事件表明真理乃是自行发生的，人在此只是作为参与者。而且，在早期海德格尔思想中，作为“事实的诠释学”的本体论并没有赋予语言一种中心地位，但在这一时期，海德格尔逐渐转向语言，存在在语言中得到澄明。显然，海德格尔已处在“走向语言之途”，“诗、语言和思”因此成为他的思考的核心。同样，“语言乃存在之家”对伽达默尔也有着深刻的影响，使之提出了理解的语言性。

不过，差异在这里显示了出来。对海德格尔来说，西方的诸语言乃是形而上学思维的语言，没有办法使之克服现代的主观唯心主义。所以，海德格尔的反思越来越集中在克服形而上学的语言上，倾向于艺术和诗歌这样的诗意语言，这种语言更偏重私人的独白。针对海德格尔转向后的神秘倾向，伽达默尔一直试图用理解的历史性来反驳它。在伽达默尔看来，传统作为有力量的东西在构筑着我们的诠释学处境，而且，因为处境的不可消除性，作为理解者的“效果历史意识”并不具有超越它的可能性。

伽达默尔在关联着传统说法的同时，强调了语言作为诠释学本体论视域的作用，并指明了语言在活生生的对话中同时具有去蔽力和遮蔽力的思辨性，因为语言是传统的贮存所，是我们通过它而存在并感受我们的世界的媒介，而诠释学的普遍任务就是倾听语言。

可见，“理解作为真理事件的（自行）发生”中的理解就是在传统、效果历史及语言中不断进行的人类思想传承。这些独立于主体之外自主进行传承“发生”的历史传承物，就是真理作为事件发生的承载实体，也是理解主体想要从历史传承物那里获得真理所需“前见”的构成者。在伽达默尔看来，对历史传承物的理解是一种我们必须参与其中去获取的真理，也就是说，历史传承物的真理不是一成不变的，而总是与理解者的理解经验相联系的。对话就是借着传统的贮存所——语言——进行参与的形式。“因为对话也由此表明，对话者并非对对话中出现的东西视而不见并宣称唯有自己才掌握语言，相反，对话就是对话双方在一起互相参与着以获得真理。”①

可见，伽达默尔与海德格尔思想的分离点主要表现在以下这两个方面：第一，伽达默尔始终坚持理解的历史性、有限性，哲学诠释学的重要概念诸如“前见”“传统”“效果历史意识”都由这种观点衍生出来，伽达默尔把理解的历史性叫作“诠释学原则”。第二，伽达默尔从理解的历史性出发，认为理解就是理解者在效果历史意识的作用下，与被理解者进行攀谈，是不断进行提问和回答的辩证过程。语言按其本质乃是对话的语言，它只有通过相互理解的过程才能构成自己的现实性。哲学诠释学的重要概念诸如“问答逻辑”“视域融合”“对话辩证法”都由这种观点衍生出来。

问题在于，伽达默尔在哲学诠释学的构建中，在与这诸多概念的对话和纠缠中是如何与海德格尔的思想分离从而最终实现自己哲学思想的呢？我们

---

① 伽达默尔：《赞美理论》，夏镇平译，上海三联书店，1988，第69页。

还需要对上面关于伽达默尔与海德格尔思想关联与分野的叙述再进行更进一步的概括。在1985年，伽达默尔对哲学诠释学的“理论构想的逻辑一贯性进行一番检验”，并写出一篇名为《在现象学和辩证法之间——一种自我批判的尝试》的重要文章。顾名思义，如果我们把这篇文章题目的关键字跟我们上面提到的伽达默尔与海德格尔思想的关联与分野相比较，我们就大致可以下这样的一个结论：

首先，伽达默尔认为海德格尔仍然在某种程度上跟随了胡塞尔。这不仅仅表现在《存在与时间》的第七节中海德格尔说的“存在的意义问题是哲学的基本问题。处理这一问题的方法是现象学方法”。这句话中，更重要的是“海德格尔的《存在与时间》一书的最初设计并不完全超出先验反思的问题范围。基础本体论的观念、这种本体论以与存在打交道的此在作为基础以及对这种此在的分析，最初似乎只标志一种在先验现象学范围内的新的问题度向”。[①] 在伽达默尔看来，这显然意味着，在人的生存之外，有着某个外在于“历史的东西、自然的东西”（存在），而此在对存在的理解乃是一种从自我意识出发的先验哲学之自我观。

其次，正如上文所说的，这种先验哲学是此后海德格尔所要克服的，这也导致了海德格尔的“转向”，同时，也使他陷入了一种语言的困境。对海德格尔来说，西方的诸语言乃是形而上学思维的语言，没有办法使之克服现代的主观唯心主义。所以，海德格尔的反思越来越集中在克服形而上学的语言上，倾向于艺术和诗歌这样的诗意语言。

然而，伽达默尔认为，并没有绝对自由的自我意识能够摆脱历史的束缚。从理解的历史性看，任何思想都具有给定的历史性，这种“克服”形而上学的努力只能从传统之内开始。想用一种特殊的半诗化的语言来克服形而上学的语言仍然面临着上文所述的反思哲学的界限问题。于是，伽达默尔的思想在这个地方开始与海德格尔产生了分离点。伽达默尔质问道：“海德格尔尝试建立的与黑格尔相反的立场是不是也陷入了反思的内在无限性领域之

---

① 伽达默尔：《诠释学Ⅰ：真理与方法》，洪汉鼎译，商务印书馆，2007，第350页。

中了呢?”①

于是，伴随着与海德格尔思想的分离，伽达默尔的思想开始与黑格尔的精神哲学处于一种“似乎极为紧张的关系之中”。伽达默尔认为，抛开黑格尔绝对精神的极端形式，当海德格尔在他思想的发展进程中，承认自己的先验自我理解是不合适的时候，黑格尔关于客观精神学说的重要性就凸显出来了。这是因为黑格尔已经明确地越过主观精神形态、意识和自我意识而引出了精神辩证法，这特别表现在他对历史的理解上。黑格尔以精神的辩证法结构证明了历史中的理性。

伽达默尔认为，精神的生命在于“在他在中认识自身”。这与理解经验有着一致之处，按照黑格尔的看法，意识的经验运动必然导致一种不再有任何他物或异己物存在于自身之外的自我认识。同样，理解经验也是在他物中理解他物及其自身，从这个角度来说，认识和经验还是一种否定——一种肯定的否定，它表明，理解经验不会是直线的演进，而是一种螺旋式的上升。“经验的辩证运动的真正完成并不在于某种封闭的知识，而是在于那种通过经验本身所促成的对于经验的开放性。”② 这种开放性意味着理解是理解者与被理解的他物之间、整体与部分理解互为前提的循环。

如此，“效果历史意识”这一关联着黑格尔精神辩证法的概念就出现了。因为，从理解的历史性角度来看，经验显然还有着有限性这一根本性特征——真正的经验就是对我们历史性的经验。“效果历史意识”就是作为一种真正的经验方式，反映了经验的普遍结构。效果历史意识具有对传统的开放性。从黑格尔那里，精神乃是人类把握他物及其自身反复向上的思维活动，也是在否定扬弃中不断创造更好的社会与生活的客观精神。通过精神辩证法，伽达默尔认为自己克服了海德格尔的先验哲学。而从海德格尔转向意图来看，也正是与这种先验哲学的克服是相关的，从这个角度来看，伽达默尔说：“我的哲学诠释学正是试图遵循后期海德格尔的探究方向并以新的方

① 伽达默尔:《伽达默尔论黑格尔》，张志伟译，光明日报出版社，1992，第141页。

② 伽达默尔:《诠释学Ⅰ：真理与方法》，洪汉鼎译，商务印书馆，2007，第485页。

式达到后期海德格尔所想完成的工作。”①

可见，“诠释学经验及其效果历史意识”这一系列重要诠释学概念是伽达默尔在海德格尔与黑格尔之间，亦即现象学和辩证法之间进行反复对话所取得的重要理论构建。伽达默尔说：“黑格尔那种巧妙的对主观精神的人为的思辨性的超越发生了作用，并且表现为对近代主观主义的一种解决办法，黑格尔的这种意图同海德格尔‘转向’思想中抛弃先验的自我设定的意图不是一样的吗？黑格尔的意图不也正是要抛弃那种指向自我意识和意识哲学的主客观对立的倾向吗？莫非这里还存在差别？我们与海德格尔一起坚持的通向‘语言’的普遍性指向，即坚持我们世界交往的语言性，是否意味着一种超出黑格尔的步伐，一种返回到黑格尔深处的步伐？”②

这样一种返回到黑格尔深处的步伐应该从“客观精神”这一重要概念去理解。在伽达默尔看来，传统作为此在生存的“事实”并不是我们要学会自己解释、学会对付它们的陌生事实，“它是最可理解、最为共同的、被我们所有人一起分享的信念、价值、习惯的事实性，是构成我们生活制度的东西的总概念。”③ 正如语言是传统的“贮存所”，它们背后都有一种共同的东西——“它根本不是语言，而是一种旨在可能被语言化的共同的东西，也许用‘理性’这样一个词来称谓它也还算可以。”④ 很明显，这种可称之为“理性”的东西与黑格尔的客观精神是极其相近的。

对主观主义的批判，对自我意识和意识哲学的主客观对立的倾向的抛弃也应该从客观精神的角度去理解。在精神辩证法那里，黑格尔还表述了一个很深刻的思想，即，“人只有在社会关系中，在自己与其他人的关系中，在相互承认中，才能实现自己；孤立的人不能成为真实的人。”⑤ 在黑格尔看来，每一个人只有通过别人承认其为自我意识着的，才能找到自己的真实性。相互承认的运动“纯全是两个自我意识的双重运动。每一方看见对方作

---

① 伽达默尔：《诠释学Ⅱ：真理与方法》，洪汉鼎译，商务印书馆，2007，第 12 页。
② 伽达默尔：《诠释学Ⅱ：真理与方法》，洪汉鼎译，商务印书馆，2007，第 618 页。
③ 伽达默尔：《诠释学Ⅱ：真理与方法》，洪汉鼎译，商务印书馆，2007，第 393 页。
④ 伽达默尔：《诠释学Ⅱ：真理与方法》，洪汉鼎译，商务印书馆，2007，第 245 页。
⑤ 张世英：《自我实现的历程》，山东人民出版社，2001，第 100 页。

它所做的同样的事。每一方做对方要它做的事，因而也就做对方所做的事，而这也只是因为对方在做同样的事。单方面的行动不会有什么用处的，因为事情的发生只有通过双方面才会促成的。”① 所以，自我意识的自我性，或者说自我意识之所以成为自我意识，只在于我从别的自我意识那里获得承认并给予别的自我意识以承认。人的使命只有在诸自我意识的关系中才能得到实现。在伽达默尔看来，黑格尔在这里所阐发的关于自我意识与自我意识“相互承认”的论述，在一定程度上包含了人的独立自主的思想，是对那种以我为主，以他人为客、为手段的思想的某种批判。只有相互承认对方是主体（自我意识），而不是我为主，你为客，这样才有平等对话的可能。

所以，承认是相互的，只有当我从别人那里获得确证，而别人同样也从我这里获得确证时，自我意识才成为自我意识。通过这种相互承认的辩证法，我们可以理解人类普遍生活中更本质的方面。伽达默尔认为，“依据相互承认的辩证法，每一种友谊和爱情的结合都具有可能从概念上清楚地表述出真实的共同性。这正是黑格尔最伟大的功绩之一，即他就是由此使家庭、社会和国家出现，从中人们引出了令人信服的观念：它们都是产生于在普遍意识方面对主观精神和个人意识的征服和超越。”② 正是在这一基础上，自我意识发现了某种纯粹普遍性形式下的精神，即黑格尔前面所说的客观精神，这是将个人集合起来形成共同体的基础。伽达默尔说“这种客观精神的冲击，是指，不是个人意识，而是凌驾于个人意识之上的一种共同的和规范的现实才是我们在国家和社会中生存的基础。”③ 伽达默尔强调了这一基础，而这无疑改变了理解者与被理解者的关系以及理解者和传统之间的关系。

可见，在伽达默尔看来，历史作为传统根本就不是对象，而是我们自己与他者的统一体，是一种关系，隶属者与承载者的关系。“在这种历史关系中同时存在着历史的实在和历史理解的实在”，这就是效果历史，理解就是一种效果历史事件。从这个角度来说，传统作为客观精神的实体化，是真理

---

① 黑格尔：《精神现象学》上卷，贺麟、王玖兴译，商务印书馆，1983，第 124 页。
② 伽达默尔：《科学时代的理性》，薛华等译，国际文化出版公司，1988，第 28 页。
③ 伽达默尔：《科学时代的理性》，薛华等译，国际文化出版公司，1988，第 26 页。

的“贮存所”。

显然，不论是按照我们的说法，抑或是根据伽达默尔本人的论述，黑格尔的精神辩证法对他的影响显然并不在与海德格尔思想的分离点上，反而是导致其与“转向”后海德格尔的趋近。那么，伽达默尔与海德格尔思想的分离点在哪？伽达默尔自己直接指出了所在，他说：“我的研究，尤其是关于柏拉图的研究的很大部分都与这个分离点有关。”①

伽达默尔认为，不能跟海德格尔一样把柏拉图看作是本体论神学的先驱者而全然加以批判。相反的，正是从柏拉图那里，或者说正是从柏拉图所撰写的苏格拉底的对话中，伽达默尔发现了语言的对话结构在诠释学的中心位置。正如黑格尔的精神辩证法所表明的那样，精神乃是把握他物及其自身反复向上的思维活动；理解经验同样具有一种辩证的结构，这种结构伽达默尔把它叫作“问答逻辑”与“视域融合”。

不仅如此，从柏拉图那里，伽达默尔还认识到对话乃是语言最本源的性质。“语言按其本质乃是谈话的语言。它只有通过互相理解的过程才能构成自己的现实性。”② 对话才是语言的第一要义，文字则是第二性的现象。伽达默尔认为一切文字的符号语言总要归结到真正的说话语言，因此需要把符号转换成话语和意义，转换到交谈对话的情景中，才能完成对文字的理解诠释。

无论是他人或是文本，在伽达默尔看来，都是与理解者平等的。在对话中，双方应当认识到，在事件中所出现的东西乃是语言本身。从语言乃是传统的贮存所角度来说，双方都是有着共同归属的，并且相互隶属(Zueinandergehören)。正是通过双方平等的交谈，互相提问与回答，双方有限的视域之间就会相互融合，突破旧的视域，产生新的视域。从效果历史来看，对话乃是在语言所贮存的传统这一普遍性事物中所遭受的思维行动，“能被理解的存在就是语言”，通过理解，我们实现了对我们所共同归属的传统这一普遍事物的具体化。

---

① 伽达默尔：《诠释学Ⅱ：真理与方法》，洪汉鼎译，商务印书馆，2007，第 14 页。
② 伽达默尔：《诠释学Ⅰ：真理与方法》，洪汉鼎译，商务印书馆，2007，第 602 页。

正是通过语言的对话辩证法，伽达默尔实现了哲学诠释学向实践哲学的延伸。在伽达默尔看来，亚里士多德关于“实践智慧”（Phronesis）和修辞学（Rhetoric）的学说同样反映了普遍具体化的这一诠释学经验模式。在谈到实践智慧的时候，伽达默尔认为，实践智慧还存在着“理解”，作为道德判断能力的它，意味着当我们要对他人理解的时候，必须要满足一个前提，即我们“亦想做正当的行动”，也与其他人一起被结合到共同关系中。实践智慧再次表明：“具有理解的人并不是无动于衷地站在对面去认识和判断，而是从一种特殊的使他与其他人联系在一起的隶属关系去一起思考，好像他与那人休戚相关。”① 可见，实践智慧作为道德知识意味着理解双方平等的对话。所以伽达默尔说，实践智慧在《真理与方法》一书中，也就是在哲学诠释学最终取得了中心地位。② 从这个角度来说，在《真理与方法》一书中，伽达默尔已经表明了实践哲学与哲学诠释学的一致性。

至于修辞学，同样与理解的应用，对话辩证法紧密地关联在一起。什么是修辞学呢？很简单，修辞学所涉及的是说话技巧及其理论。在亚里士多德那里，辩证法和修辞术都是思维和论证的工具。《修辞术》开篇就说，修辞术与辩证法是同类的技术。不同在于，前者是思维“论辩”的技术，后者是实践“论辩”的技术。正因为如此，修辞术需要其他的辅助手段，如情绪、手势等。修辞学显然在对话中具有重要的作用。“修辞学论证方式的合理性……从根本上说是要使论证更为有力，并且在大多数情况下都很成功，修辞学论证方式的合理性现在是并且将一直是一种比科学确实性更加强有力的社会规定因素。”③ 可见，伽达默尔认识到的对话辩证法其实是与修辞学关联在一起的，而这一任务是与“实践智慧”目标一致的。

总之，从柏拉图的对话辩证法与哲学诠释学理论构建关系来看，我们可以发现，正是在这里，产生了伽达默尔与海德格尔思想的真正分离点。这种分离点从上面的论述来看，我们可以简单概括为：由柏拉图对话辩证法而来

---

① 伽达默尔：《诠释学Ⅰ：真理与方法》，洪汉鼎译，商务印书馆，2007，第440页。

② 伽达默尔：《诠释学Ⅱ：真理与方法》，洪汉鼎译，商务印书馆，2007，第27页。

③ 伽达默尔：“汉斯—格奥尔格·伽达默尔自述”，《真理与方法》，诠释学Ⅱ，洪汉鼎译，上海译文出版社，2007，第609页。

的“对话”的语言观以及与亚里士多德“实践智慧”相关的实践哲学。

最后，让我们来简单概括下伽达默尔哲学诠释学的真理观：“理解作为真理事件的发生”（Verstehen als Wahrheitsgeschehen）其实意味着事物之真理乃是在理解者与他者的对话中得以自行发生。

因此，按照上文围绕着伽达默尔与海德格尔思想的关联和分野来展开的哲学诠释学在概念史批判过程以及由此完成的理论构建中，我们发现了伽达默尔与其他重要思想家的联系。也因为如此，本书就以《真理与方法》这部哲学诠释学的重要典籍作为基本依据，并且参照伽达默尔其他重要文本，重点考察了伽达默尔与海德格尔、黑格尔、亚里士多德及柏拉图学说之间的关联和分野，按照从中发现的从海德格尔溯向柏拉图的这一条贯穿哲学诠释学理论建构的逻辑主线进行较为充分详备的论述，并在价值的形而上关怀这一整体意义预期下，对哲学诠释学理论建构的价值取向作了辨析和评说。

本书共分为四章。

第一章主要探讨伽达默尔的问题视域。本书指出，在伽达默尔看来，认识论的主观主义坚持的是一种虚假的自我意识优先权，它表现为反思哲学界限的问题，即自我意识的界限问题。正是在反思哲学的界限这里，伽达默尔认为狄尔泰、胡塞尔对历史主义即“史的意识”的批判不够彻底。而导致这种不彻底的主要原因在于他们没有发现“生命概念的思辨内容”与自我意识结构的对应关系。所谓“生命概念的思辨内容”意味着自我意识的界限，而狄尔泰、胡塞尔却依然从认识论的理想出发，并试图就此通过主体来把握某种“意义的统一体”。

第二章紧承上文的结论，主要探讨伽达默尔与海德格尔的理论渊源关系。在伽达默尔看来，海德格尔最终避免了历史主义的认识论困境，并且开启了探究诠释学问题的新方向，完成了一般诠释学向本体论诠释学的转向。海德格尔对此在生存结构的分析表明：理解就是人类生命本身原始的存在特质，一切理解都是历史性的理解。

伽达默尔据此认为，传统作为有力量的东西构筑着我们的诠释学处境，在此，理解表现出来的是一种效果历史。从“效果历史”来看，应用是理解事件整体的一个不可分割的环节，这就是说，解释不是一种在理解之后的偶尔附加的行为。相反，理解总是解释，解释是理解的表现形式，在理解中总是要把理解应用于诠释者的目前境况。对伽达默尔来说，“真理”作为“事件”的发生，就是理解作为解释和应用统一的语言事件。

第三章从理解作为语言事件这一思想出发，主要探讨哲学诠释学的语言观与黑格尔、柏拉图的理论渊源关系。本章表明，通过柏拉图的对话辩证法，伽达默尔逐步认识到对话在诠释学理论的中心位置和人类关于世界的经验的语言性质，对伽达默尔来说，黑格尔的思维辩证法是植根于语言的逻辑本性之中的；同样，柏拉图的辩证法也表明，语言思辨结构体现于一种使意义整体得以说明的语言表述，辩证法里存在的不是主体方法上的主动性，而是思维所“遭受”的事物本身的行动。因此，意义进入语言表达其实指明了一种普遍的本体论的结构——“能被理解的存在就是语言”。在伽达默尔看来，语言按其本质乃是对话的语言，它只有通过相互理解的过程才能构成自己的现实性。谁进行理解，谁就总是在进入一种事件。有意义的东西通过事件表现出来意味着理解其实就是获得真理的事件，而理解事件的开始意味着提问和回答，对话辩证法总是先于任何事件而存在的。

第四章进一步表明，正是通过语言的对话辩证法，伽达默尔实现了哲学诠释学向实践哲学的延伸。在伽达默尔看来，亚里士多德其实是一个柏拉图主义者。正如柏拉图通过“一”与“不定之二”的学说表明无歧义的“存在”的结构是不存在的，对理念的趋近永远处在有限与无限的关系之中；亚里士多德关于“实践智慧”和修辞学的学说同样反映了普遍具体化的这一诠释学经验模式。

首先，本书从哲学诠释学的内在结构出发，对柏拉图的对话辩证法与哲学诠释学之间的关系做了较切近的考察，并由此对伽达默尔与海德格尔看待形而上学历史的不同态度做了审慎的分辨。

其次，本书不仅考察了海德格尔前后期思想对伽达默尔的不同影响，并且，对伽达默尔有关海德格尔与黑格尔、黑格尔与柏拉图、亚里士多德与柏拉图之间关系的论述也做了分析和评说，从而进一步指出，从一定意义上说，哲学诠释学建构的契机乃在对柏拉图的对话辩证法的扬弃。

最后，从“价值形而上”的整体预期出发，本书探讨了哲学诠释学的价值取向。研究表明，尽管哲学诠释学最终落在了语言的对话辩证法上，但它毕竟以其独有的方式探讨了人与人的精神交流和个人的自我反思问题，因而具有对人生境界的价值关怀和对“虚灵之真实”的隐在的祈求。

第一章　认识论问题的困境与突围

在伽达默尔的哲学生涯中，艺术与诠释学的关系一直是他关注的焦点。《真理与方法》的基本内容和线索就是以艺术经验里真理问题的开启为出发点的，然后才进而讨论精神科学领域中的理解问题，由此构筑了其哲学诠释学整个体系。正如他在“导言”里所说的，“本书的探究是从对审美意识的批判开始，以便捍卫那种我们通过艺术作品而获得的真理的经验，以反对那种被科学的真理概念弄得很狭窄的美学理论。但是，我们的探究并不一直停留在对艺术真理的辩护上，而是试图从这个出发点开始去发展一种与我们整个诠释学经验相适应的认识和真理的概念。”① 并且他承认，从艺术经验入手，不仅仅只是一种写作布局上的考虑，而且是为了确保理解现象的合理范围。他认为：“对艺术作品的经验从根本上说总是超越了任何主观的解释视域的，不管是艺术家的视域，还是接受者的视域。作者的思想绝不是衡量一部艺术作品的意义的可能尺度。甚至对一部作品，如果脱离它不断更新的被经验的实在性而光从它本身去谈论，也包含某种抽象性。”“理解从来就不是一种对于某个被给定‘对象’的主观行为，而是属于效果历史，这就是说，理解是属于被理解东西的存在。”② 也就是说，艺术与诠释者的关系是思辨的。思辨意味着一种反映关系，即艺术作品在诠释者中得到表现，从而艺术作品的意义在于它的这种表现，这种在他者的表现。换言之，思辨性就意味不把陈述单义地认作某个主体的性质，也不单义地认作某个客体的特性，而是把它看作一种反映关系。在这种反映关系当中，反映本身是被反映事物的

① 伽达默尔：《真理与方法》，洪汉鼎译，上海译文出版社，1999，第 19 页。
② 伽达默尔：《真理与方法》，“第二版序言”，洪汉鼎译，上海译文出版社，1999，第 8 页。

纯粹表现，也是主体在其中的表现。它们是一体的。这些就为我们理解伽达默尔关于艺术与真理关系的论述提供了一个大体的度向。

可见，这种艺术真理观的基本立场是反主观主义的，于是，在对审美意识进行批判之后，伽达默尔紧接着对历史客观主义、客观认识论进行了批判。在他看来，历史客观主义、客观认识论都有一个问题，就是从认识论的理想出发，试图通过主体的有限性来把握某种“意义的统一体”。

总之，伽达默尔思想理论的出发点就指向了唯心主义及其浪漫主义传统。伽达默尔认识到，“我们先天继承和后天获得的历史教化的意识形态，即审美意识和历史意识，都表现了我们真正历史存在的异化形式。”① 这种异化的根源乃是唯心主义所带来的自我意识及偏见，乃是从认识论的理想出发，试图通过主体的有限性来把握某种“意义的统一体”。换言之，这种异化的根源乃是主客观的分化，与自然科学方法的根源乃是一致的。从哲学诠释学的真正建构开始，海德格尔关于“理解”的思考之重要性就凸显了出来，因为海德格尔的《存在与时间》中关于存在问题的思考就指出了主体概念和客体概念的不恰当性。可见，哲学诠释学的思想构成就包含着海德格尔。

一、对历史主义认识论的批判

伽达默尔自己坦承，哲学诠释学的出发点是对唯心主义及其浪漫主义传统的批判。他说：“我清楚地认识到，我们先天继承和后天获得的历史教化的意识形态，即审美意识和历史意识，都表现了我们真正历史存在的异化形式，并且通过艺术和历史所传达的原始经验绝不可能从这种异化形式出发得到理解。”② 对伽达默尔来说，审美意识的异化与历史意识的异化一样都是植根于近代的主观主义。因此，无论是“审美意识”的批判还是“史的意识”的批判，说到底都是对“近代的主观主义”的批判。

---

① 伽达默尔：《诠释学Ⅱ：真理与方法》，洪汉鼎译，商务印书馆，2007，第605页。

② 伽达默尔：“汉斯－格奥尔格·伽达默尔自述”，《真理与方法》，洪汉鼎译，上海译文出版社，1999，第790页。

从“审美意识”的批判来看，伽达默尔似乎针对的是康德（I. Kant，1724—1804）“美学主观化”的倾向，但事实上，批判的矛头更多地指向了席勒（F. v. Schiller，1759—1805）。这是因为席勒继承了康德所创始的“主观化”的衣钵，并做了重大的总结和归纳：作为“审美意识”以及美的意识的抽象化所产生的作用就是“审美区分”。在席勒那里，随着艺术变为“审美假象”，“现实和假象”之间不可调和的对立开始出现了，艺术仿佛摆脱了现实所有的束缚与限制而陷入幻想的世界之中。在“审美假象”概念提出的同时，“审美意识”概念也被提了出来。而“审美意识”与“审美假象”作为两个相关的概念，都是以对立于现实之外为基础的。所谓“审美区分”（Äestheische Unterscheidung）是指人们抛开艺术作品原来所从属的世界，而仅仅依靠“美的本质”或“艺术性”来评价艺术作品。通过这样的评价和判断，艺术作品成了“纯粹的艺术作品”。在审美意识的名下，艺术家们也与现实分割开来，他们带着独立尘世、放荡不羁的性格游离于现实社会之外，或者可以说，他们扮演了“世俗社会的救世主”这样神圣而奇怪的角色。不仅艺术作品或艺术家如此，欣赏或享受艺术作品的人们也能从现实社会中游离出来。从这种审美区分出发，审美经验就是瞬间性、稍纵即逝的经历，它游离于现实之外①。

相反，对伽达默尔来说，真正的审美经验乃是一种“无区分”，伽达默尔从“游戏”（Spiel）这一现象学的分析出发来描述这种审美经验，在游戏中，游戏者逗留性的观看并不简单地就是对纯粹所看事物的观看，而始终是一种把某物视为某某东西的理解。这就是说，每一个对艺术作品具有经验的人无疑都把这种经验整个地纳入他自身中，即纳入他的整个自我理解中，只有在这种自我理解中，这种经验才对他有某种意义。这也是说，审美经验与现实的经验者乃是紧密相关的。

正如我们所说的，“审美意识”的批判就是“史的意识”的批判，对“史的意识”的批判表明，真正的“历史意识”乃是以过去作为现在的媒介，

① 伽达默尔：《真理与方法》，洪汉鼎译，上海译文出版社，1999，第 106-108 页。参见丸山高司：《伽达默尔——视野融合》，刘文柱、赵玉婷等译，河北教育出版社，2001，第 89-90 页相关论述。

试图在现在中唤醒过去的意识，而这意味着我们乃是在“现在”的水平上与过去相遇。现在的处境及意识的历史性（Geschichtlichkeit）在此显现出来了。对伽达默尔来说，被浪漫主义诠释学推到边缘的理解的历史性恰是诠释学研究的真正中心问题。针对“史的意识”，伽达默尔谈到了反思哲学界限（The Limitations of Reflective Philosophy）的问题——反思哲学的界限意味着自我意识的界限。

正是在反思哲学的界限这里，伽达默尔认为狄尔泰（W. Dilthey，1833—1911）、胡塞尔（E. Hussel，1859—1938）对历史主义即“史的意识”批判不够彻底。之所以如此，主要问题就在于他们没有发现“生命（Leben）概念的思辨内容”与自我意识结构的对应关系。生命概念的思辨内容意味着自我意识的界限，而狄尔泰、胡塞尔却依然从认识论的理想出发，试图通过主体的有限性来把握某种“意义的统一体”。

生命概念的思辨内容使伽达默尔认识到，对于克服历史主义的认识论困境来说，思辨唯心论其实提供了很好的可能性。对伽达默尔来说，黑格尔（G. W. F. He-gel，1770—1931）是“对于经验（Erfahrung，Experience）的辩证要素的最重要的见证人”，在他那里，作为全体的真理是作为历史的、过程的、否定的、创造性的经验。“历史性要素”在经验这里“赢得了它的权利”。不过，伽达默尔也清楚地意识到，黑格尔的反思其实是一种天真的反思。在他那里，反思精神似乎是绝对自由的精神。当精神回复到自身时，它完全是自由自在的。黑格尔的绝对精神就是把这种精神的自由自在看作最高的存在样式，它也没有看到此在的历史性和理解的历史性。

（一）审美意识批判

1. 对审美意识的批判

对审美意识的批判，首先是从对康德“反思判断力”（The Reflective Judgment）的探讨开始的。我们知道，对于康德而言，规定性判断力构成知识，反思性判断力却不能形成知识，而只提供调节性的原则。在伽达默尔看来，康德的这一区分间接地肯定了抽象普遍性的科学知识。正如黑格尔早就指出这两类判断力的区分是纯粹的抽象（因为判断力实际上总是兼有这两种功能，即“我们把个别归置于其中的一般正是通过这种归置而对自身进行着规定”），伽达默尔也否认这种区分的有效性，并从中看到了一种新的认识模式，这种认识不是由一般去规定个别，而是一般和个别的相互补充，这就是“具体的普遍性”的知识，它鲜明地表现在精神科学中。对伽达默尔来说，甚至自然科学知识也不是单纯普遍概念在个别感性事物上的运用。

在伽达默尔看来，康德的审美意识学说就展示了这种认识方式。“反思判断力”作为真实的、形式和目的性的判断并不借助任何概念，它乃是单个事物被“内在地”判断。在美的想象力和知性的游戏中，想象力提供直观，知性提供不明确的概念，这两者的关系对于艺术认识问题具有关键意义。①我们是从艺术直观中直接获得或理解某种意义，因为艺术直观本身就指向普遍性的东西。这不同于理论和科学认识，在艺术显现中，直观与概念的抽象对立被超越了。艺术把整个世界带入直观，它在概念知识之前表现了我们观照世界的方式以及在世存在的方式。康德的审美意识学说实际上提供了这种无概念的认识方式，它表明艺术并非为了纯粹愉悦而总是以理智的方式呈现自身。

针对《纯粹理性批判》（*The Critique of Pure Reason*），伽达默尔认为，康德并未想过对现代自然科学的做法做出规定，以便使它能经受理性的审判。他只是探讨了使近代科学成为可能的认识条件及它的界限。同样的，哲学诠释学探究的是人的世界经验和生活实践的问题。“借用康德的话来说，我们是在探究：理解怎样得以可能？这是一个先于主体性的一切理解行为的问题，也是一个先于理解科学的方法论及其规范和规则的问题。……理解不属于主体的行为方式，而是此在本身的存在方式。”② 诠释学标志的是此在的根本运动性，这种运动性构成此在的有限性和历史性，因而也包括此在的全部世界经验。我们知道，与伽达默尔经常谈《判断力批判》（*The Critique of Judgement*）不同，海德格尔对康德的关注主要在于《纯粹理性批判》，他从诸如“图型法”“时间”等概念来找寻人的有限性痕迹。伽达默尔的哲学诠

---

① 康德：《判断力批判》，邓晓芒译，杨祖陶校，人民出版社，2002，第105页。

② 伽达默尔：《真理与方法》“第2版序言”，洪汉鼎译，上海译文出版社，1999，第6页。

释学其实无形中继承了海德格尔对待康德的这一做法和观点。

这样，伽达默尔对康德的批判哲学就有了继承和批判两个方面。一方面由于康德不相信在自然科学的知识之外有任何其他的理论知识，从而间接逼使精神科学在自我思考中依赖自然科学的方法论；另一方面由于他肯定了“反思判断力”这种“具体的普遍性”的知识，又减缓了精神科学对自然科学方法论的依赖。在伽达默尔看来，浪漫主义诠释学和历史学对艺术的理解的一个出发点就在于这个通过康德美学而生效的天才概念。在他们这里，艺术作品被定义为天才的作品。艺术作品作为完美和典范的标志，就在于它为观赏者提供了一个可持续逗留和解释的对象，而鉴赏的天才是与创造的天才相适应的。审美判断力的先验证明确立了审美意识的自主性，审美意识从这种自主性历史意识也推导出自身的合法性。

针对这种天才说导致的彻底主体化，伽达默尔批判了审美意识导致的“审美区分”，而提倡一种“审美无区分”（Äestheische Nichtunterscheidung）。所谓“审美区分”，是说审美意识的抽象撇开了一部作品作为其原始生命关系而生根于其中的一切东西，撇开了一部作品存在于其中并在其中获得其意义的一切宗教的或世俗的影响，而将作品作为“纯粹的艺术作品”来看待，认为其乃是自为地存在。“审美区分”所撇开的东西就是作品里所包含的非审美性的要素：目的、作用、内容、意义。而伽达默尔认为，正是这些要素使作品适应于它的世界并因而规定了作品原来所特有的整个丰富意义。因此，审美意识抽掉的实质上是一部作品用以向我们展现的一切理解条件。“审美无区分”反对这种审美意识的抽象，认为作品的生存方式在于其自身的表现。表现的意义，在模仿中被模仿的东西、被创作者所塑造的东西、被表演者所表现的东西、被观赏者所观赏的东西，显然就是被意指的东西。表现的意义就包含于这种被意指的东西中，以致可以说，那种文学作品的塑造或表现的活动根本不能与这种被意指的东西相分别。因此，艺术经验作为一种逗留是借着一种意义的整体而完成的，这就是游戏。

表现的意义包含于这种被意指的东西意味着艺术经验是一种自我理解的方式。所有自我理解都是在某个于此被理解的他物上实现的，并且包含这个他物的统一性和同一性。只要我们在世界中与艺术作品接触，并在个别艺术作品中与世界接触，那么这个他物就不会始终是一个我们刹那间陶醉于其中的陌生的宇宙。我们其实是在他物中学会理解我们自己，这就是说，我们是在我们此在的连续性中扬弃体验的连续性和瞬间性。通过现象学的分析，伽达默尔为这种艺术经验找到了合乎其过程的概念——“游戏”。

2. 对艺术作品存在方式的现象学分析

游戏表明艺术与诠释者的关系是思辨的（Speculative）。思辨意味着一种反映关系，即艺术作品在诠释者处得到表现，从而艺术作品的意义在于它的这种表现，这种在他者的表现。换言之，思辨性就意味着不把陈述简单地认作是某个主体的性质，也不简单地认作是某个客体的特性，而是把它看作一种反映关系。在这种反映关系当中，反映本身是被反映事物的纯粹表现，也是主体在其中的表现。它们是一体的。

为了具体阐述艺术作品与真理的关系，伽达默尔认为艺术作品本身的存在方式就是游戏方式本身。艺术作为存在的真理的显现，即游戏。一方面，游戏摆脱了主客二分的模式，具有真理事件（Geschehnis）发生和真理参与（Teilhabe）的特性，因而游戏本身具有本体论意义；另一方面，游戏作为艺术作品存在的方式，就是艺术的本体，这意味着艺术的本源、本质就是游戏。具体地说，伽达默尔对艺术经验的阐述是建立在三种现象的分析之上的，这就是模仿（Mimesis，Imitation）、象征（Symbol）和节日（Festival），而这三个现象则建立在对游戏现象的分析之上。

伽达默尔认为，游戏作为一种表现的活动，是一种向构成物的转化和整体的中介化的实现。因为“人类的游戏把理性纳入自身，从而也就可以巧妙地超越这种追求目的的理性。也就是说，人类的游戏的人类性在于，在运动的游戏之中，它的游戏运动自己遵守规则，自己约束自己，好像其中有目的似的。”[①] 游戏的真正主体是游戏本身。同样地，艺术作品也不是一个与自为存在的主体相对峙的对象，艺术作品只有在它成为改变经验者的经验中才获得它真正的存在。而保持和坚持艺术经验的“主体”，不是经验者的主体性，

① 伽达默尔：《美的现实性》，张志扬等译，上海三联书店，1991，第 36 页。

而是艺术作品本身。

伽达默尔由此批评了长期受客观主义影响的关于模仿的论点。在他看来，模仿并不是对外在现实生活和世界的一种机械、客观的再现、仿造，模仿只能是“转换”（Transformation），是游戏。“在每个艺术品中都有一些类似模仿的东西。不过模仿在这里指谓的当然不是仿效早已知道的东西。而是指某物得到表现，从而使它以这种方式呈现在感性的丰富性之中”① 这意味着真正的模仿不是仅仅把已有的事物再现出来，而是“一种转换过的现实”，在其中，转换通过模仿指回到被转换者。“模仿之所以是一种转换过的现实，就在于它把我们以前从没看到过的集中地展示在我们面前。每一个模仿都是一项探索，是极端的集中化。”② 显然在这里，这种转换最后指向了主体这一方，此在在这种富有创造性的转换过程中展示了与已然存在的事物或现实世界不同的东西，表现了其世界经验的新维度，此在的存在由此获得了新的可能性。

因此，艺术作品具有一种表现本质，其目的是在鉴赏中得以实现的。游戏本身是由游戏者和观赏者所组成的整体，只有在观赏者那里，游戏才获得最完美的体现。同样，艺术作品的内容，其实就是理解者在理解活动中所实现的意义。伽达默尔说：“任何作品几乎为每一个接受它的人让出了一个他必须去填充的游戏空间。”③ 在理解者与艺术作品之间有着一个有待去实现的意义空间，它乃是由作品本身的内容所规定的，这就意味着艺术作品总有一个意义主题，它是事情本身，有待理解者去游戏。意义涉及的是艺术作品的象征性质。

何谓艺术作品的象征性质？简而言之，象征意味着艺术作品的意旨不是一目了然、明白无误的。艺术作品存在一个有待去实现的意义空间，人们总是用自己的想象去填补这个意义空间，使它体现一种完整的意义。象征是艺术作品意义生成的本质特征，文学艺术作品正是通过象征这一特征才成为一

① 伽达默尔：《美的现实性》，张志扬等译，上海三联书店，1991，第 59 页。
② 伽达默尔：《伽达默尔集》，严平编选，上海远东出版社，1997，第 552 页。
③ 伽达默尔：《美的现实性》，张志扬等译，上海三联书店，1991，第 42 页。

种秩序的创造和存在的扩展。在文学和艺术的象征中，有限的语言表现形式总是通过其自身展示某种具有丰富性的意义世界，并呈现出文学艺术经验的真理维度。伽达默尔说："为了补全整体而被寻找的始终是作为它（象征）的生命片断的另一部分。……美的经验，特别是在艺术的意义上的美的经验，是对一种有可能恢复的永恒的秩序的呼唤。"① 当然，艺术作品的意义，也就是它的象征的本质，并不是我们主观去指示或证实出来的。它所具有的游戏特性——自我表现，表明象征的意义就在于本身。因此，艺术作品表现的不是它没有的东西，或者是毫无意义的譬喻，借此让人们在其中想象某种不同的东西，它所表现的恰好就是人们每次都能独立感受到的东西。

人们每次都能独立感受到的东西意味着艺术存在有一种同时性（Gleichzeitigkeit）②。艺术作品像节日一样，让人在其中做一种特殊的逗留（Verweilen），让人的审美时间表现为完满的现在性，体验到一种节日的轻快与鲜活。简而言之，逗留表现为理解者与作品的一种同时性、当下性。它表现在具体的艺术经验上，就是一种循环的运动。每一次逗留，每一次体验都是新鲜的，在这循环运动中，"回答重又变成问题并诱发出新的回答。这就促成了在艺术作品面前的徘徊逗留——而不管它是什么形式的艺术作品。逗留显然是艺术经验的真正特色。"③

逗留意味着艺术经验不仅仅是理解一种可认识的意义。艺术的语言在作品中表现出来的意义是多重的。"我们在艺术经验中看到了一种作品提供的真正的经验，这种经验使具有它的人不能不有所改变"④。艺术作品本身自然具有一种开放性的功能，能使读者和观众产生出一种由自身出发所体验到的共同的东西，因而具有一种潜在的共同性的成果。同时性就是共同性，它意味着与永恒性的"有限符合"，每一次的逗留都是新鲜的，艺术经验总是多

① 伽达默尔：《美的现实性》，张志扬等译，上海三联书店，1991，第 52 页。

② 相应于"审美区分"和"审美无区分"，伽达默尔这里区分了审美经验的"共时性"（Simultaneität）和"同时性"（Gleichzeitigkeit），简而言之，共时性指的是人们在撇开一切非审美的历史性要素之后，以一种超历史的非连续的瞬间评价艺术作品；相反，同时性意味着理解者在逗留艺术作品的过程中改变自身，从而形成自己新的同一性。

③ 伽达默尔：《真理与方法》，洪汉鼎译，上海译文出版社，1999，第 634 页。

④ 伽达默尔：《真理与方法》，洪汉鼎译，上海译文出版社，1999，第 89 页。

重的。

综上所述，真正的审美经验乃是一种“无区分”的游戏，它乃是一种逗留。与游戏的本质特征一样，艺术作品也不是一个独立于主体之外的孤立的存在物。对伽达默尔来说，艺术作品并不是一个与自为存在的主体相对峙的对象，可以为我们所把握和认识。“艺术作品其实是在它成为改变经验者的经验中才获得它真正的存在。”① 艺术作品的存在，根本上就是它在欣赏者身上实现的意义存在。所谓作者或艺术家本人所要表达的意义，甚至艺术作品本身的意义，最终都必须落实在欣赏者当下所获得和领悟的意义上。“理解艺术品向我们诉说的内容就是一种自我遭遇。但是，作为同真实性的遭遇者，作为一种包含着惊奇的熟悉性，艺术经验就是一种真实意义上的经验，而且必须不断重新掌握经验所包含的任务：把它整合进人们对世界和对他们自身的自我理解的定向整体之中。”每一个对艺术作品具有经验的人无疑都把这种经验整个地纳入到他自身中，也就是说，纳入到他的整个自我理解中，只有在这种自我理解中，这种经验才对他有某种意义。这也就是说，艺术经验与现实的经验者乃是紧密相关的。

总之，伽达默尔从“游戏”这一现象学的分析出发，认识到真正的审美经验乃是与此在的历史性有限性本质地关联在一起的。这样，哲学诠释学对此在“理解的历史性”的显现，最终是基于对史的意识即历史主义的批判的。

(二)“史的意识”批判——反思哲学的界限

对伽达默尔来说，被浪漫主义诠释学推到边缘的理解的历史性恰是诠释学研究的真正中心问题，而“理解的历史性”这一思想乃是依据海德格尔关于实存性诠释学所做的分析。不过，在此之前，我们还是有必要对“理解的历史性”的前史做一简要分析，因为这是关系到哲学诠释学建构的历史脉络由来的问题。这由来主要是与狄尔泰和胡塞尔的认识论困境有关，因为：首先，在狄尔泰那里，浪漫主义诠释学的问题与历史学派的问题最终是纠结在一起的，狄尔泰从精神科学的心理学转到诠释学又与胡塞尔、黑格尔有着紧

① 伽达默尔：《真理与方法》，洪汉鼎译，上海译文出版社，1999，第 92 页。

密之关联，这关联尤其体现在“生命”这一概念上。其次，从对“客观主义”的批判来讲，胡塞尔与狄尔泰寻找精神科学的基础有某种类似之处，并且，俩人最后都“返回到新康德主义的抽象背后”①。概言之，伽达默尔认为他们对历史主义即“史的意识”批判还不够彻底，之所以如此，主要问题就在于他们没有发现“生命概念的思辨内容”与自我意识结构的对应关系。

必须注意的是，针对“史的意识”，伽达默尔区分出了“历史（Geschichtlich）意识”和“史的（Historisch）意识”这两个概念。所谓“历史意识”乃是“自觉自己的历史性”，与之关联的是“效果历史意识”（Effective Historical Consciousness）这一重要概念；与此相反，“史的意识”乃是针对浪漫主义诠释学提出的“以过去作为主观的对象”的否定概念②。

在《真理与方法》那里，对“史的意识”的批判所针对的主要是狄尔泰，因为历史主义的认识论困境在他那里达到了顶点。在狄尔泰那里，认识论对精神科学的挑战也达到了顶点。在近代，施莱尔马赫（F. E. D. Schleiermacher，1768—1834）把对文本的理解与作者的写作意图和心理个性联系到一起，认为读者能够经过心理上的转换而进入作者的内心，“理解一个作者要像这个作者理解他自己一样清楚，甚至超过了这个作者对其自己的了解”，总之，“哪里有误解哪里就有诠释学”。然而，施莱尔马赫所提出的“语法”解释——通过掌握文化共享资源的语义原则，分析文本具有的某种文化特性，却与这种心理的“技术”解释有着冲突和矛盾，它们二者无法同等地加以运用。目标固然美妙，解释却要么“咬文嚼字”，要么意义模糊不清。作为施莱尔马赫的传记家，狄尔泰把这种心理个性进一步发展成生命概念，他认为一切精神产品都是主体的生命体验的客观化结果，是所谓客观精神的外化。这样，诠释学的对象就从文本的意义和指谓转到文本中所表达的生命经验上，诠释者可以在诠释中获得作者的生命体验与客观精神。狄尔

① 伽达默尔：《真理与方法》，洪汉鼎译，上海译文出版社，1999，第 326 页。

② 早在 1788 年的《论目的论原理在哲学中的运用》一文中，康德就对二词的区别做出了相关说明。在他那里，Historie 指的是关于人类过去活动的记录以及对记录的编纂，而 Geschichte 则是以人类的有限观点来理解的历史。（参见李明辉：“导论：康德的‘历史’概念及其历史哲学”，《康德历史哲学论文集》，联经出版事业公司，2002，第 x-xi 页。）海德格尔在其基本存在论的基础上对二词再次做出区分，论文后面将对此做出进一步分析。

泰由此把诠释学建立在生命哲学的基础上，试图为精神科学奠定不同于自然科学的方法论基础，使其获得应有的合法性。然而这种生命哲学却有其不可克服的矛盾和认识论困境：按照狄尔泰提出的自然科学的客观要求，个体瞬间的生命体验如何突破其有限性来把握那普遍的而必然的无限的历史联系呢？同施莱尔马赫相似，狄尔泰强调人与人之间的可理解性，因为“从根本上讲，人对于人不是陌生的，因为人表现了生存的标志”①，个人只要带着历史而来的经验，去接触，去理解，通过这个互相联系的基本现象，识别其他人的生活表现。“精神生活凝固在能够被别人理解的结构化整体中”②，在此，胡塞尔提出的精神生活具有意向性、超越意向客体的思想被狄尔泰强加到他的精神结构概念上，“理解自己，就是通过保留了对于整个人类来说是重要东西的记忆，来进行最大的迂回。诠释学就是个性成为普遍的历史知识，即个性的普遍化。”③

然而，这种历史理解却包含一切历史性的悖论，“一个历史存在如何能历史性地理解历史？……更基本的问题：生命在表现自身如何能将自身客观（对象）化，以及在客观（对象）化自身时，生命又如何阐明能被另一克服其自身历史境遇的历史存在所接受和理解的意义？”④ 总之，这里包含着一个重要问题，即“作为意义承载者的生命和作为能把意义联结成一融贯系列的精神之间的关系问题。”⑤ 在伽达默尔看来，要把这问题解决，即要把理解固定下来，就要把黑格尔称之为“绝对精神”的内在逻辑带回生命自身中去。狄尔泰充分认识到问题的核心所在，他指出，只有以超越历史长河之上的意义单元为媒介，生命才能把握生命。由此他指出了历史主义克服自身的方向，以为无须求助于某种绝对知识。然而人的经验的片面性与理解所要求的全面性、传统的部分与整体、人的有限存在与历史的无限过程这种矛盾能解

① 保罗·利科尔：《解释学与人文科学》，曲炜等译，河北人民出版社，1987，第48页。

② 保罗·利科尔：《解释学与人文科学》，曲炜等译，河北人民出版社，1987，第49页。

③ 海德格尔：《存在与时间》，陈嘉映、王庆节译，北京三联书店，1987，第345页。

④ 利科：“存在与诠释学”，《理解与解释——诠释经典文选》，洪汉鼎主编，东方出版社，2001，第248-249页。

⑤ 利科：“存在与诠释学”，《理解与解释——诠释经典文选》，洪汉鼎主编，东方出版社，2001，第249页。

决吗？这种矛盾的循环或者说解释的循环显然是无法解决的。利科（Paul Ricoeur，1913—2005）认为要跳出这个循环的陷阱，必须抛开诠释学与那种向其他精神生命移入的纯心理学概念之间的联系，“本文不再向他的作者方向展开，而向其内在的意义和它所揭示与发现的那个世界的方向展开”①，就是要冲破认识论的藩篱，把诠释学嫁接于现象学的结构之上。正如伽达默尔说的：“‘认识任务的转变’是通过现象学而取得的”②，因为“现象学的攻击目标首先对准统治着认识论的那种理论构筑”③。现象学对认识论的克服，就意味着要把理论的构建转向胡塞尔的现象学，于是，伽达默尔在这里就提到了现象学的奠基者胡塞尔对“客观主义”所进行的严厉批判。

二、反思哲学与认识论问题的克服

（一）胡塞尔：生活世界与生命概念

伽达默尔认为，胡塞尔发起了一场运动去识破由他那个时代哲学开始的把科学世界绝对化的做法，从而面对直接给予活生生的意识的现象本身。“现象学的攻击目标首先对准统治着认识论的那种理论构筑，而认识论是当代哲学的基础学科。如果说，认识论的研究试图回答表现自身的主体如何认识外部世界从而肯定外部世界实在性的问题，现象学的批判则指出这样的问题是多么地空洞。”④ 在胡塞尔看来，以往的认识论坚持的是一种虚假的自我意识优先权，这种优先权让主体有一种自信，认为能够借着自我意识认识到现象背后诸事物的本质，对现象学来说，这就是说，在主体意识中并不存在代表着对象的意向，而是能够越过这事物意向直接扑向事物；而现象学表明，意识并不是一个把它的表现限制在自身内部的自我封闭的领域，相反，按照意识本身的基本结构，它已经包含着对象，这样，“意向性研究意味着一次决定性的突破。”⑤

---

① 保罗·利科尔：《诠释学与人文科学》，曲炜等译，河北人民出版社，1987，第 52 页。
② 伽达默尔：《哲学解释学》，夏镇平、宋建平译，上海译文出版社，1994，第 159 页。
③ 伽达默尔：《哲学解释学》，夏镇平、宋建平译，上海译文出版社，1994，第 130 页。
④ 伽达默尔：《哲学诠释学》，夏镇平、宋建平译，上海译文出版社，1994，第 130 页。
⑤ 伽达默尔：《真理与方法》，洪汉鼎译，上海译文出版社，1999，第 313 页。

这样的一种决定性的突破在何处呢？它首先在于在意向性这个题目下胡塞尔对以往哲学的“客观主义”所进行的彻底性批判。按照胡塞尔的说法，主导他在《逻辑研究》（*Logical Investigations*）之后毕生工作的东西乃是经验对象和所与方式之间的先天相互关联，二者的先天相互关联表明了作为意向性体验的意识与体验的实际意识统一性、意识的实际心理内容是相区别的，因为“意义的意向和意义的充实在本质上属于意义的统一体”。因此，现象学的观念——“回到事实本身”（“Zu den Sachen selbst”“To the things themselves”）——就是要排除一切存在设定，而只研究主观的所与方式。可见，对这种作为现象的自我的探究只能是先验反思的主题。“这种反思与客观意识现象的单纯所与、与意向性体验里的所与形成对比，表现了一种新研究方向的开拓。因为存在一种所与，其本身并不是意向性行为的对象。每一种体验都包含以前和以后的隐约的边缘域，并最终与以前和以后出现的体验的连续统相融合，以形成统一的体验流。”① 这种体验流就是对自我意识的反思，通过这种反思，胡塞尔要解决的就是意识对事物意识现象的构成以及这构成的时间性。

自此，一切其他的现象学研究都被看成是对时间意识和时间意识里的诸单元的构成性研究，而这些时间意识和时间意识里的诸单元从它自身方面来说又是以时间意识的构成性本身为前提的。所以，意识的时间性构成就是一切构成性问题的基础。这样，体验流——一种普遍的边缘域意识的重要性就凸现出来了。但是，与构成体验流统一性的边缘域—意向性相适应的，乃是一种在客观对象方面同样广泛的边缘域—意向性。因为所有作为存在着的所与的东西都是在世界里被给予的，所以它们也连带着世界边缘域。这样，世界仍然被看作某种预先被给予的东西。也就是说，对意识而言，世界是预先被给予的东西。就此而言，“有关探讨先天性和科学本质真理的认识论自我反思远远不是充分彻底的”，它还不足以说明一切存在的客观有效性，因为作为预先被给予的世界在这种自我反思中并没有被充分说明其存在的客观有效性。

---

① 伽达默尔：《真理与方法》，洪汉鼎译，上海译文出版社，1999，第 315 页。

具体说来，抛开海德格尔基本本体论中对此在前理解的强调和包含其中的现象学方法对伽达默尔哲学诠释学建立的影响不谈，伽达默尔在对胡塞尔的现象学批判当中，有所扬弃，有所继承。具体说来，可以包括下面几方面：

第一，胡塞尔的“视域”（《真理与方法》一书译为“边境域”）与“生活世界”概念。

我们知道，视域本是胡塞尔现象学当中的一个重要概念，后来被伽达默尔加以改造，变成哲学诠释学的一个中心概念。在德文中，“视域”是与“地平线”同一个词，它表示与主体相关的一切能力是有限的，如一个人的视域，最多也只能是天与地交接处，无法超越，但另一方面，视域又是流动的，随着主体的运动变化，视域也移动延伸。显然，在胡塞尔看来，边境域是试图在整体的基本连续中捕捉一切有限的意见意向性的转化，边境域不是一成不变的僵死的界限，而是某种随同变化而继续向前移动的东西。伽达默尔认为，照这种逻辑我们可以推出，与构成体验流统一性的边境域——意向性相适应的，也存在一种在客观对象方面同样广泛的边境域——意向性。这是因为所有作为存在着的所与都是在世界里被给予的，所以它们也连带着世界边境域。

从上面这段话我们可以得出，“视域”概念与“体验”在胡塞尔现象学那里有着密切的关系。

从时间上说：“每一个体验自身都是一条生成的河流，它本身原初地生产出不变的本质类型；保留和前展的不间断河流通过自身流动着的原真性阶段而得到中介，在原真性的阶段中，体验流的现在相对于它的‘即将’和‘而后’被意识到。”① 胡塞尔将体验在时间向前伸展称之为“前展”或“即将的视域”，而将在时间向后的伸展称之为“保留”或“而后的视域”。这意味着体验在时间上总是有所保留，而这种保留就是视域向前展开，即体验在时间上总是新的，而这种新体验不是与旧体验相脱离的过程，而是有所保留

① 胡塞尔：《纯粹现象学和现象学哲学的观念》第1卷，第149页，见倪梁康：《现象学及其效应——胡塞尔与当代德国哲学》，三联书店，1994，第263页。

的、在旧体验的基础上形成的，是一个历史的过程。这种“意识的时间性构成乃是一切构成性问题的基础。”①

从空间上讲，体验则有“内视域”与“外视域”之分。“内视域”就是说我们在看某物总是包含某种先把握的意向、某种统摄。因为我们在看的过程赋予某物以意义的同时，就意味着某物所具有的意义不仅仅是那个我们看到的某个方面、某些方面，而且还有我们还没有看到的、隐藏在背后的另一些方面。胡塞尔是这样描述这情景的：“即使就已经被现实地看到的这一个面而言，它也发出这样一种召唤：走近些，再走近些，然后改变你的位置再看我，改变你看的方式，定睛地注视我，以及如此等等，你就会在我身上发现许多新的东西，发现更多的局部色泽等等，你会发现，刚才只是一般地、不确定地被你看到的这个木材具有先前未被看到的结构等等。就是说，甚至在已看到的东西中就已包含着在先把握的意向。已看到的东西对于不断出现的新东西来说只是一个先示的范围，是一个对进一步的规定而言的X。统摄和先行在不断地进行。”②

相对于“内视域”，还有个“外视域”。“外视域”也是一种先示，但是这种先示只是在先地指示出直观还不具有任何范围的东西，因而相对于内视域的填充而言，它更具有不可把握性和偶然性。因此，外视域相对于我们的直观范围内不具有任何的可能性，因为我们没有一个具体的意向来指向他，未来的外视域总是不可把握的未知的。然而，随着外视域的不断转变，它总是会内化为“内视域”，内视域也由此不断得到规定与填充。

第二，正是在时间上和空间上视域的不断变化、填充和扩展，一个在时间和空间不断伸展的“世界视域”向我扑面而来。对此，胡塞尔在《纯粹现象学和现象学哲学的观念》第一卷有明确的论述，他认为正是通过“这个可变化的、但始终一同被设定的视域，世界的命题才获得其本质的意义”。在他的后期著作《欧洲科学的危机与先验现象学》（*Crisis of European Sciences and*

① 胡塞尔《被动综合判断》，见倪梁康：《现象学及其效应——胡塞尔与当代德国哲学》，三联书店，1994，第316页。

② 胡塞尔《被动综合判断》，见倪梁康：《现象学及其效应——胡塞尔与当代德国哲学》，三联书店，1994，第316页。

Transcendental Phenomenology）中，他这样概括：“正是由此人们才能看到：每一个世界性的被给予性都是在一个视域的如何之中的被给予性，在视域中还隐含着进一步的视域，而且，这些视域作为世界性的被给予之物最终都会带有一个世界视域并因此作为世界性的而被意识到。”[①] 这个由主体构造出来的并且始终与主体有关的世界视域也被胡塞尔称之为“生活世界”，它是所有客观世界的基础。

毋庸置疑，这里的“世界视域”或“生活世界”就是主体意向在对对象视域的构造中总是不断地扩展、延伸，最终达到对普遍世界的视域构造。或者说，作为对象总和的世界（对主体而言），世界是通过对各个对象的连续构造而被综合的集合体，一个总体视域。当然，这里有一个明显的问题浮现出来了：每一主体既然都能构造自己的视域，自己的世界视域，那么主体如何能超出自己的视域而达到别的主体的视域呢？这就有关主体间性的问题。显然，胡塞尔在这里所说的世界视域实际上不仅仅是单个人的世界视域，而是一个抽象的匿名的对每一主体有效的世界视域。

所以，在这种客观有效性的诉求中，胡塞尔最后就回到了“生活世界”（Lebenswelt，Lifeworld）这一概念之上。生活世界不是任何主体性的“作为”（Leistung），而是一种“生命”，一种作为“作为”的普遍性，只有它才能衡量一切被成就的、即被正当构成的东西的普遍性。“这就是一种基本上是匿名的、即不是以任何个人的名义所完成的意向性，正是通过这种意向性，无所不包的世界边缘域才被构成。胡塞尔为了反对那种包括可被科学客观化的宇宙的世界概念，有意识地把这个现象学的世界概念称之为‘生活世界’，即这样一个世界，我们在其中无忧无虑地自然处世，它对我们不成为那种对象性的东西，而是呈现了一切经验的预先给定的基础。这个世界边缘域在一切科学里也是预先设定的，因而比一切科学更原始。作为边缘域现象，这个‘世界’本质上与主体性相关联，而这一关联同时意味着，这一世界是‘在流逝的当时性中存在的’。生活世界存在于永久的相对有效性的运

---

① 胡塞尔《被动综合判断》，见倪梁康：《现象学及其效应——胡塞尔与当代德国哲学》，三联书店，1994，第 316 页。

动之中。"① 对胡塞尔来讲，生活世界作为我们生存于其中的整体，是一切经验的基础。然而，这个基础对胡塞尔来说却是先验的，是先于我们的经验而存在的。

通过生活世界对胡塞尔现象学造成的问题分析看，显而易见的是，在伽达默尔看来，与一切客观主义相对立的"生活世界"这一概念本质上是一个历史性的概念，它意味着我们在其中作为历史存在物生存着的整体。"显然，生活世界总同时是一个共同的世界，并且包括其他人的共在。它是一个个人的世界，而且这个个人世界总是自然而然地被预先设定为正当的。但是，这种正当性怎样由主体性的某种作为而证明呢？对于现象学的构成性分析来说，这种正当性提出了一项最为困难的任务，而胡塞尔就是孜孜不倦地研讨这一任务的矛盾性。在'纯粹自我'中怎样会产生那种不具有客观正当性、但自身却企图成为'自我'的东西呢？"② 然而，事实上，"一个真实世界的无限观念甚至也不能在历史经验中、从人类历史世界的无限进展中被有意义地创造出来。"③ 这里，不可避免的一个结论就是：考虑到"生活世界"所包含的经验的历史性，一种可能的诸历史生活世界的宇宙的观念是根本不可能实现的。过去的无限性，未来的敞开性，是不可能与这样一种观念相并容的。

伽达默尔接着问，"自我"这一意识对于自我是从何而来呢？同样，作为众多个人共同具有的生活世界，其作为反思自我的预先给予性必然要具有某种"主体性"，以便众多个人能够通过"主体间性"而具有这种预先给予性、规定性。而先验反思恰恰是要消除世界的一切正当性和其他任何东西的预先给予性，这就必然构成了悖论。不过，在胡塞尔看来，并不存在这一悖论，因为先验的主体性是一种"原始自我"，而不是"某个自我"，它是一种绝对的非相对者的主体性，对于这种先验的主体性来说，预先给予的世界的基础根本就不存在。

---

① 伽达默尔：《真理与方法》，洪汉鼎译，上海译文出版社，1999，第318页。
② 伽达默尔：《真理与方法》，洪汉鼎译，上海译文出版社，1999，第318页。
③ 伽达默尔：《真理与方法》，洪汉鼎译，上海译文出版社，1999，第318页。

这样，胡塞尔就走向了彻底的形而上学。不过，伽达默尔认为，在这种彻底之中却也存在“一种事实上不断威胁要破坏这种构架的因素”，这就是“生命”概念。对于胡塞尔来说，作为“有作为的生命”，主体对世界的理解不是存在于有意识的体验及其意向性里，而是存在于生命的匿名性的“作为”里。对先验现象学来说，有生命的东西在其有机存在的统一性中包含着它的一切生命表现，“那种完全忽略了进行经验的、进行认知的、实际进行具体作为的主体性，光谈论‘客观性’的素朴观……一但生命展现时，当然就不再可能存在了。”① 这样，胡塞尔表现出了某种跟狄尔泰的共同性，二者都返回到了生命的具体性。不同的是，狄尔泰试图从内在于生命的反思性中导出历史世界的构成，而胡塞尔则试图从“意识生命”里推出历史世界的构成。

当然，伽达默尔也认识到视域的概念与现象对于胡塞尔现象学研究有着重要的意义。他说：“显然，胡塞尔用这个概念——我们也将有必要使用这一概念——是试图在整体的基本连续中捕捉一切有限的意见意向性的转化。边境域不是僵死的界限，而是某种随同变化而继续向前移动的东西。所以，与构成体验流统一性的边境域—意向性相适应的，乃是一种在客观对象方面同样广泛的边境域—意向性。因为所有作为存在着的所与的东西都是在世界里被给予的，所以它们也连带着世界边境域。”② 这些都是胡塞尔的重要发现，可惜的是胡塞尔在这里就停止他的脚步，没有充分认识到世界现象的重要性。伽达默尔认为胡塞尔在后期认识到自己的这一问题。正因为如此，胡塞尔才陷入了困境之中，显然，这干涉到主体间性的问题。

第三，胡塞尔现象学中的主体间性问题。相对于狄尔泰借助于移情类推法即纯粹心理学的方法，胡塞尔则在极为艰苦的探究中试图通过共同世界的主体间性来阐明“我”和“你”的类似性。而这种论证则无限制地给予先验主体性在认识论上的优先性。然而，他们的本体论偏见却是一样的，首先他人被理解为知觉对象了，然后这个对象通过移情作用“变成”你，因此，它

① 伽达默尔：《真理与方法》，洪汉鼎译，上海译文出版社，1999，第 321 页。

② 伽达默尔：《真理与方法》，洪汉鼎译，上海译文出版社，1999，第 316 页。

仍然朝向了自我意识内在性，而未能达到远远超越于意识的生命作用圈的方向。

看来，胡塞尔跟狄尔泰陷入了同一困境，即主体的有限性如何把握某种“意义的统一体”？尽管在这里包含着胡塞尔对狄尔泰的历史主义的超越，因为在胡塞尔的现象学看来，对于历史的认识，并不是去关注、观察、收集、分析人类历史流传下来的各种事实以及资料，而是去认识和把握先验意识的本质结构和纯粹动机，它构成了胡塞尔的“历史理解观”，超越了狄尔泰主客观相对立所造成的认识论困境。但是，伽达默尔认为胡塞尔和狄尔泰都没有公正地对待生命概念所包含的思辨要求。伽达默尔甚至问，“在这两人的情况里，生命概念的真正内容是否过多地受到这种最终意识所与而进行推导的认识论模式的影响？”① 之所以会导致如此质疑的出现，就在于上述“主体间性的问题和对陌生自我的理解提出的困难”，这种困难在胡塞尔和狄尔泰两人那里最终都表现了出来。

如上所述，在伽达默尔看来，“生活世界”本质上乃是一个历史性的概念。在批判的同时，伽达默尔也认识到视域的概念与现象对于胡塞尔现象学研究有着重要的意义。

对胡塞尔来说，生活世界是一种观念，它并不是这个通过不间断的变迁来建立自己的世界本身，也不可能是传统的客观科学意义上的某门学科的对象——生活世界作为一个直观地给定的世界乃是自身给予的。但在伽达默尔看来，承认了主观—相对的生活世界杂多，承认了生活世界乃是一个流动着的边缘域的流动和起伏中的给定，也就意味着承认生活世界有着一个有限的、具有不确定的开放边缘域的主观—相对领域的结构，承认生活世界概念中出现的相对性。不过，这一步显然是胡塞尔的超验自我、一个个人生活世界所难以抵达的。胡塞尔的所谓科学其实就是一种自我的普遍解释和检查，而这种检查从《欧洲科学危机和超验现象学》一书来看乃是“在自己以前的和预定的未来存在中熟悉自身”的一个任务，这是一种极致的自我反思，可以达致每一个人知识的反思，所以可以达致人类“普遍实践”的反思。显

① 伽达默尔：《真理与方法》，洪汉鼎译，上海译文出版社，1999，第 322 页。

然，胡塞尔这里触及了“反思哲学”界限的问题。

(二) 黑格尔与反思哲学的界限

也正是从狄尔泰那里，伽达默尔认识到，对于克服历史主义的认识论困境来说，思辨唯心论（Speculative Idealism）倒是提供了某种值得看重的可能性。因为在思辨唯心论中，“所与概念和实证性概念称遭到了根本性的批判。”① 狄尔泰的贡献就在于，他从黑格尔的精神概念里认识到了一种真正的历史性概念的生命性。

众所周知，黑格尔的思辨唯心主义最有特色之处是他对反思哲学所做的近于苛刻的批判，他把它看作浪漫主义思想及其虚弱本质的病态表现。我们一般使用的反思概念被黑格尔称作“外部的反思”（External Reflection）。黑格尔说，对于一般人来说，“外部的反思”就是忽此忽彼地活动着的推理能力，它不会停在某个特定的内容之上，但知道如何把一般原则运用到任何内容之上。黑格尔认为这种外部反思的过程是诡辩论的现代形式，因为它任意地把给定的事物纳入一般原则之下，从而给人一种反思自由的假象。黑格尔举例说，在一个国家的习惯、法律制度、政治机构中所表现的有限精神——客观精神（Objective Spirit），就是一种围绕着我们所有人，但谁对它都不具有一种反思自由的精神。

但是，在黑格尔那里，客观精神本身被绝对精神所扬弃。绝对精神作为一种精神形式，根本不包含异己的、处于对立面的内容。黑格尔发现，艺术、宗教和哲学与众不同的特点即在于，在它们之中体验不到这种对立；我们在这些形式中可以使得精神认识自己是精神，使得主观意识和客观现实互相渗透。于是，我们不再会遭遇异己的东西，因为我们把遇到的一切事物都认作我们自己的东西。黑格尔在其世界历史哲学中甚至声言在事件的内在必

① 伽达默尔：《真理与方法》，洪汉鼎译，上海译文出版社，1999，第 312 页。

然性中认识和承认了作为异己的命运（Alien Fate）发生在个人身上的东西①。伽达默尔认为，黑格尔的精神哲学在这个声言中达到了顶点。不过，“这样一种声言又引起了批判性的问题，即我们如何能构想出个人的主观精神和把自身展现在世界历史中的客观精神之间复杂、含混的关系”②，概言之，即主观精神同客观精神的和解将在何处产生？

20世纪哲学的主要任务之一就是对近代思想以自我意识的反思为基础的主观主义作彻底抨击，与此相应，对那种把世界归结为科学研究和控制的一个对象这种做法作彻底抨击，用黑格尔的术语来讲，就是克服“主体”被归结成经验和反思“对象”的世界异化。因此，它的基础就在于规定意识的地位并限定客观化知识的界限这种努力之中。黑格尔对主观精神的批判中仍然具有生命力的东西“并不在于他相信一种能够认识和设想一切异己的客观的事物的和解，而是异化本身——客观性的意思是指同主观精神相遇时的对立性和他在性。”③ 对黑格尔来说，意识和它的对象并不是两个互相分离的世界，意识和对象事实上只是同一事物的两个方面，任何把它们区分成纯主体和纯客体的做法都是一种独断论。构成黑格尔《精神观象学》之内容的发展系列直接依赖于对如下事实的意识，即每一个认识到客体的意识都改变了自身因而也必然地又一次改变它的对象，因此，只有在“绝对”知识中才能认识真理——在完全消除了所思对象的客观性的绝对知识中才能认识真理。在这个意义上讲，伽达默尔问“20世纪试图进行的对主体概念的批判不正是重复德国唯心主义所获得的成就吗?”④ 在伽达默尔看来，黑格尔对反思哲学的批判其实与20世纪对主体概念的批判乃是有着相似的一面，在这种视野下，

① 当然，黑格尔是在“客观精神”而非“绝对精神”阶段讲述“世界历史哲学”的。不过，对黑格尔来说，国家作为绝对精神的客观形态，意味着作为绝对精神最高形态的哲学之完成只有在国家这一客观精神阶段中才是可能的。这里“作为异己的命运”其实就是“理性的狡计”。（黑格尔：《历史哲学》，王造时译，世纪出版社集团、上海书店出版社，2001，第53-54页、第33页。）伽达默尔承认，黑格尔关于“理性的狡计”的学说进一步加深了他“对在历史中作为行动者的个人的有限性和局限性的认识”。（伽达默尔：《科学时代的理性》，薛华等译，国际文化出版公司，1988，第41页。）

② 伽达默尔：《哲学诠释学》，夏镇平、宋建平译，上海译文出版社，1994，第114页。

③ 伽达默尔：《哲学诠释学》，夏镇平、宋建平译，上海译文出版社，1994，第114页。

④ 伽达默尔：《哲学诠释学》，夏镇平、宋建平译，上海译文出版社，1994，第119页。

黑格尔的思想应该说包含着对生命概念的思辨内容的正确认识。

从狄尔泰和胡塞尔没有公正地对待生命概念的问题出发，伽达默尔说，我们只有回到黑格尔那里，特别是《精神现象学》（*Phenomenology of Spirit*）那里，才能找到对待生命概念所包含的思辨内容的要求。在黑格尔那里，生命物这种结构在自我意识的本质里有其对应面。自我意识的存在在于：自我意识知道使所有东西成为它的知识的对象，并且在它所知的一切东西里认识它自身。因此，自我意识作为知识，是一种自身与自身的区分，但作为自我意识，它同时又是一种合并，因为它把自己与自己结合在一起。伽达默尔说："黑格尔以辩证的方式从生命推导出自我意识，他是完全正确的。有生命之物事实上绝不可能被对象意识、被企图探究现象法则的理智努力所真正认识。有生命之物不是那种我们可以从外界达到对其生命性理解的东西。把握生命性的唯一方式其实在于我们内在于它。"① 生命概念所包含的思辨内容的要求意味着我们要认识到主体的意识从一开始就包含着异己的内容，主体和客体从一开始就是交融在一起的，并且是不可区分的。

因此说，伽达默尔对黑格尔的继承主要表现在其思维（概念）辩证法。他说，"黑格尔从（概念）中揭示了自我意识的辩证法。这正是黑格尔思维辩证法的一个最杰出之处。"② 明显的，黑格尔的"把过去的思想融合在自己的思想中"是一条正确可靠的路。在黑格尔那里，作为最高的概念的理念（Idee）是"自在自为（an und für sich）和客观性的绝对统一"。真理就是概念的实现，而概念是在现实事物的总体中及现实事物的相互联系中实现自身的，因而真理是全面的、具体的。另外，虽然真理自身包含着主观与客观、同一与差别的内在矛盾，但这种矛盾并不是固定的、僵化的，而是互相转化、互相扬弃的，因而又是具体的统一。所以，真理（理念）自身就是辩证法。在黑格尔看来，作为全体的真理是作为历史的、过程的、否定的、创造性的经验。伽达默尔说，黑格尔是"对于经验的辩证要素的最重要的见证

① 伽达默尔：《真理与方法》，洪汉鼎译，上海译文出版社，1999，第 325 页。
② 伽达默尔：《科学时代的理性》，薛华等译，国际文化出版公司，1988，第 52 页。

人”，在他那里，“历史性要素赢得了它的权利”①。在伽达默尔看来，诠释学的否定性经验才是真正的诠释学经验，因为这种否定性具有创造性的意义，对经验的对象具有这样的性质，即我们通过它不仅获得对它本身的更好的知识，而且也获得对于我们事先已知道的东西，即某种共相的更好的知识。经验通过否定而做到这一点，因此这种否定是一种肯定的否定，伽达默尔称这种经验为辩证的经验。在黑格尔那里，经验被设想为“正在行动的怀疑论”，也就是说，我们不可能两次“做出”同一个经验，像赫拉克利特说的，“人不可能两次踏入同一条河流。”黑格尔又说：“意识对它自身——既对它的知识又对它的对象——所实行的这种辩证的运动，就其潜意识产生出新的真实对象这一点而言，恰恰就是人们称之为经验的那种东西。”②

思辨唯心论提供了比其他理论更好的批判“史的意识”的可能性，这也可以从效果历史意识这一重要概念看出来。对于理解事件来说，效果历史意识首先是对诠释学处境的意识。处境这一概念的特征正在于：我们并不处于这处境的对面，因而也就无从对处境有任何客观性的认识。我们总是处于这种处境中，我们总是发现自己已经处于某个处境里，因而要想阐明这种处境，乃是一项绝不可能彻底完成的任务。也就是说，对效果历史的反思是不可能完成的，但这种不可完成性不是由于缺乏反思，而是由于我们自身作为历史存在的本质。所谓历史地存在，就是说，我们永远不能进行完全的自我认识。一切自我认识都是从历史的在先给定的东西开始的，这种在先给定的东西，我们可以用黑格尔的术语称之为“实体”，因为它是一切主观见解和主观态度的基础，从而它也就规定和限定了在流传物的历史他在中去理解流传物的一切可能性。哲学诠释学的任务可能正是从这里出发而具有这样的特征：它必须返回到黑格尔的《精神现象学》的道路，直至我们在一切主观性中揭示出那规定着它们的实体性。

因此，效果历史意识首先就要我们必须考虑到“反思哲学”的界限。

---

① 伽达默尔：《真理与方法》，洪汉鼎译，上海译文出版社，1999，第454页。

② 黑格尔《精神现象学》，转引自伽达默尔：《真理与方法》，洪汉鼎译，上海译文出版社，1999，第445页。

"整个近代西方哲学之所以有别于以往的思考，关节点就在于其回转性的'反思'性质。"① 笛卡尔（Descartes）的"我思故我在"（Cogito，Ergosum）是这种反思最为明确的宣告，它导致对自我主体的确立、主客体关系的形成。近代哲学的主客体问题，最终可以归结到主体的诞生或自我意识的苏醒上，即反思的思维形态上。而最严格意义上的"反思"是指个体的反思，它意味着思维者对其本身的反身思维，意味着精神目光的回转。

但是，伽达默尔对黑格尔的反思哲学同样也进行了批判。在他看来，浪漫主义诠释学的"史的意识"最终也在黑格尔的"绝对精神"的立场找到其合法根据，尽管他们非常强调个体性，强调我们的理解必须克服的陌生性障碍，但理解最终是在某种无限的意识中才找到它的完成的，这种无限的意识乃是个体性思想的基础。因此，适用于他们的反思哲学批判，也适用于黑格尔。实际上，黑格尔哲学自身也仍然属于反思哲学的范畴，本身并没有突破"反思哲学的界限"，其所谓反思其实是一种天真的反思。在黑格尔那里，"反思精神似乎是绝对自由的精神，当精神回复到自身时，完全是自由自在的。"② 黑格尔的绝对精神就是把这种精神的自由自在看作最高的存在样式，没有看到此在的历史性，理解作为一种事件的整体性。

效果历史意识充分地认识到这一点，即意识对象的直接性和优越性在效果意识中并不被分解成单纯的反思实在性，即我们是在设想一种超出反思全能的实在性。这一点是批判黑格尔的关键。正是在这一点上，反思哲学原则实际上证明自身优越于它的一切批判者。

正是这样，反思哲学的反思并不单纯地以个人意识的"自身思义"的形态出现，相反地，它们都把自己的反思当作总体——复数的人的代言人，因此，尽管它们有可能包含认为个人意识乃是脱离不了社会意识或集体意识的考虑在内，但它们在哲学层面上没有考虑到以下几个问题③：

① 倪梁康："'反思'及其问题"，《中国现象学与哲学评论》第四辑"现象学与社会理论"，上海译文出版社，2001，第 94 页。

② 伽达默尔：《哲学诠释学》，夏镇平、宋建平译，上海译文出版社，1994，第 122 页。

③ 参见倪梁康："'反思'及其问题"，《中国现象学与哲学评论》第四辑"现象学与社会理论"，上海译文出版社，2001，第 98-101 页相关分析。

1. 反思认识的循环问题。我们如何能够知道“我思”？如果是通过反思知道，那么“什么是反思”？就将是更为原理性的问题，而且会导致无限的回退。包括笛卡儿在内的许多思想家最后都是以承认反思的第二性和自身意识的第一性来避免循环的结论：我们之所以知道“我思”，是因为我们具有对思维的直接自身意识，它构成对我思的反思性自身认识的前提。

2. 反思的次生性问题。原意识和后反思之间的区别本身也是在反思中才得以显现出来。

3. 反思的变异问题。这是一种发生在原本的体验与后补的反思之间的变异，换言之，与各种原本的生活相比，我们借助于反思而追获的东西在一些人看来有了增多，在另一些人看来有了减少。据此，反思无论在何种意义上都是一种篡改了原本生活的再造。

因此，上面所提出的“反思”的前两个问题——反思认识的循环问题与反思的派生性问题，其实也是“理性”的问题。黑格尔对康德“物自身”的著名批判其实已经明确地说明了这个问题。康德所作出的“现象”与“物自身”的区分表明了认知理性或知性无法认识物自体这一原则，而黑格尔反驳说，理性做出这种限制并区分现象和物自体，其实也证明这种区分乃是它自己的区分。在做出这种区分时，理性决达不到对它自身的限制，而是通过它做出这种限制完全自在地存在。因为这意味着，理性已经超出了这种限制。使一个限制成为限制的东西，其实总是同时包含被限制所界限的东西、所限制的东西。限制的辩证法是，只有通过扬弃自身才存在。所以，标识物自体区别于它的现象的自在存在只是对我们才是自在的。在限制辩证法中表现为逻辑普遍性的东西，在经验中特殊化为这样的意识，即被意识所区分的自为存在乃是它自身的他物。它的真理被认识，是当它被认识为自我，即当它在完全绝对的自我意识中认识自身时。

当伽达默尔拒绝让语言游戏处于一种互相孤立、不发生中介的状况时，这种黑格尔影响就表现得十分明显。黑格尔关于界限的辩证法被应用于诠释学。正如黑格尔在反对康德的知性学说时指出的，界限对于理性只是辩证地存在，因为设定一个界限就表明已经超越了这个界限。伽达默尔也反对任何把视域绝对化的企图，反对把当前的视域与过去的视域相区别，并反对出自我们自身的个体意义结构。任何陌生的视域，只要是可以说出的意义的转换，就能通过理解而得到同化。把语言看作人被固定于其中的东西是一种谬误，因为这个概念只包含一半真理。每一个拥有语言的人都同时“拥有”了世界，在这个世界中，他使自己摆脱了动物环境的限制，并因而使自己向一切语言世界的真理开放。在语言中给予的世界并不是相互排斥的实体，相反，正是语言的力量才使这些“互相排斥”的东西一同出现在理解中。

正是黑格尔看到，知识是一个辩证的过程，在认识过程中进行理解的意识和它的对象都在改变着。在《精神现象学》中，黑格尔力图指出，每一种新的知识的获得都是过去的知识与一种新的并且是扩展了的环境的调解或重新汇合。知识的这种动态性和自我超越性在伽达默尔把理解作为视域的具体融合的概念中处于中心地位。理解过程在于把理解提升到一种更高的普遍性，它不仅克服了理解者自己的特殊性，而且也克服了他者的特殊性。但是对伽达默尔来说，这种“更高的普遍性”仍然是有限的、可超越的，因而不能把它比作黑格尔所达到的概念的绝对知识。伽达默尔主要吸取了黑格尔思想中的经验论或现象学方面。伽达默尔对于“视域融合”过程的描述所表达的并不是绝对知识，而是理性运动的、辩证的生活。正如黑格尔在《精神现象学》中展示的：任何一种经验都转入另一种经验之中。理解具有这种相同的辩证性质。①

相反地，构成反思哲学的形式性质就是如下这一点，即任何出发点都包含在回到自身的意识的反思运动中。正如反思的循环问题而带来的派生性问题的解决，这种解决求助任何的直接性其实都不是一种原初性或者直接的态度，而是自身也是一种反思的结果或活动。

因此，伽达默尔对反思哲学的批判最后也指向反思的变异问题。正如与各种原本的经验相比，我们借助于反思而追获的东西存在着变异，“经验在

---

① 见林格（David. E. Linge）：《哲学诠释学》“编者导言”，夏镇平、宋建平译，上海译文出版社，1994，第 31-33 页具体分析。

先在的普遍性中并不被认识”,[①] “真正意义上的经验总是一种否定的经验。如果我们对某个对象做出一个经验，那么这意味着，我们至今一直未能正确地看事物，而现在才更好地知道了它是什么。所以经验的否定性具有一种特殊的创造性的意义。经验不单纯是一种我们看清和做了修正的欺骗，而是我们所获得的一种深远的知识。所以，我们对之做出经验的对象不能是一种任意捡起的对象，它一定具有这样的性质，即我们通过它不仅获得对它本身的更好的知识，而且也获得对于我们事先已知道的东西，即某种共相的更好的知识。经验通过否定而做到这一点，因此这种否定乃是一种肯定的否定。我们称这种经验为辩证的。”[②] 经验的辩证性就在于经验并不是直线式的一个上升过程，而是一个螺旋式的否定的过程。

所以，从经验的否定性来看，黑格尔的思辨唯心论既包含正确性，也存在局限性，这种局限性就在于它认可了一种完满的历史认知精神，即认可了有限性可在无限的知识中得以消除的启蒙运动的理想；同时，伽达默尔也说明，尽管任何出发点都包含在回到自身的意识的反思运动中，但作为这种倒转的极致，即回到任何直接性，却必不可避免地会陷进某种不可知论。因此，他认为，在承认黑格尔辩证法积极意义的基础上，要充分认识到理解的历史性，从而超越黑格尔的“纯辩证倒转”，这种倒转最后将历史消融在绝对精神的真理之中。

对于伽达默尔来说，超越的可能性就在于海德格尔。海德格尔的《存在与时间》（*Being and Time*）就清楚地表明此在的真实性是作为人的有限性出现的，“有限就意味着时间性，因此，此在的‘本质’就是它的历史性。被海德格尔描述为此在的基本动力的‘理解’并不是一种主观性的‘活动’，而是一种存在的模式，理解总是一种事件（Geschehnis）。这并非表明有一种非对象化的意识伴随着理解过程，而是说，理解根本不能被设想为对某些事物的意识，因为理解的整个过程自身包括着事件在内，它是由事件造成，并充满了事件。被假定为自在存在的反思自由在理解中根本不会出现，理解在

---

① 伽达默尔：《真理与方法》，洪汉鼎译，上海译文出版社，1999，第 451 页。

② 伽达默尔：《科学时代的理性》，薛华等译，国际文化出版公司，1988，第 453 页。

任何时刻都受到存在的历史性的制约。"① 同样，在海德格尔那里，"真理"并不是最终在绝对精神的自我显现中得到其理想实现的完全的无蔽。相反，真理作为解蔽总在于揭示和隐蔽这互相依存的两方面的对立。

但是，我们所要究诘的问题也由此产生，伽达默尔的真理观与海德格尔有什么不同？他在效果历史意识中冒险地采用海德格尔所厌恶的"意识"概念又有何用意？确实，我们在反思哲学的界限处看到了某些答案的痕迹，"批判的自我反思并不会消除我们的历史性"，② 这就是反思的界限。对于伽达默尔来说，从黑格尔的身上可以看出效果历史对意识的限制，这种意识的倒转所表明的恰恰就是理解的历史性，并且这种历史性最终说明的乃是"效果历史意识其实就是存在"这一断语，而真理就是这存在本身。因为意识总是一再地倒转自身，经验总是否定的，所以对此在而言，这种经验在本体论意义上是属于此在的，效果历史意识在意指此在的历史意识上，意味着就是此在的根本运动。

但是，承认反思哲学的界限，承认理解的历史意识，看到偏见的作用从而具有一种效果历史意识，并不意味着承认存在一种永恒的、固定的偏见，我们只能束手无策地陷入这种传统所给予我们的偏见。真正的理解是一种在对话逻辑基础之上的视域融合。因此，我们首先必须明白、承认理解的历史性并不会与进行批判解释的重要性发生冲突。伽达默尔哲学诠释学的目的其实就在于"阐明科学的理解得以出现的人类生活环境并说明重复进行批判性理解的必要性。"③ 对伽达默尔来说，我们确实能够批判地意识到我们的偏见并通过努力倾听文本、别人向我们述说的内容而纠正传统所给予我们的偏见，但是这种对偏见所做的纠正不再被视作对所有偏见的超越从而达到对文本、对方无偏见的理解或"在事件本身中"完成性地理解的事件。

---

① 伽达默尔：《哲学诠释学》，夏镇平、宋建平译，上海译文出版社，1994，第 124-125 页。

② 林格（David. E. Linge）：《哲学诠释学》"编者导言"，夏镇平、宋建平译，上海译文出版社，1994，第 18 页。

③ 林格（David. E. Linge）：《哲学诠释学》"编者导言"，夏镇平、宋建平译，上海译文出版社，1994，第 8 页。

第二章　在海德格尔与黑格尔之间：“事实性诠释学”与意识辩证法的统一

与海德格尔的相遇，对伽达默尔本人对哲学诠释学的建构，是一个“根本性”的事件。按照伽达默尔本人的说法，正是海德格尔让他走上了诠释现象学的道路的。海德格尔认为，相对于近代主观主义来说，人的实存性具有优先性。正如我们之前所分析的，无论是狄尔泰或是胡塞尔，认识或意向性的概念结构最后都由于自身的抽象性最后被彻底破坏了，“由于把目标指向了自我意识和方法理念，而在共同分担的生活世界中失去了与活生生的人的联系。”① 而海德格尔最早对诠释学的构想（《存在论——实际性的解释学》），直至《存在与时间》中的“此在诠释学”却构成了伽达默尔诠释学的基准点。② 正如伽达默尔自己所说的：“理解不属于主体的行为方式，而是此在本身的存在方式。（海德格尔）诠释学标志的是此在的根本运动性，这种运动性构成此在的有限性和历史性，因而也包括此在的全部世界经验。”③

伽达默尔首先继承的是海德格尔开创的基本本体论（Fundamental Ontology）方向。正如美国 R. E. 帕尔默在《海德格尔的本体论和伽达默尔的哲学诠释学》一文论述道，“在海德格尔看来，本体论是关于此在在事实 /实践世界中的在此之在的诠释学，一种‘事实诠释学’；而诠释学乃是对此在的在此之在的揭示。这样，他不仅建立起了一种迥异于传统本体论的新的本体论，而且实现了诠释学发展的本体论转向，为伽达默尔哲学诠释学的形成和发展开启了道路。在《真理与方法》中，伽达默尔将本体论、诠释学和艺术

① 乌多·蒂茨，《伽达默尔》，朱毅译，中国人民大学出版社，2010，第 14 页。

② 乌多·蒂茨，《伽达默尔》，朱毅译，中国人民大学出版社，2010，第 35 页。

③ 伽达默尔：《真理与方法》“第二版序言”，洪汉鼎译，上海译文出版社，1999，第 6 页。

统一起来；而且，更重要的是，他在海德格尔转向语言的启示下，将语言置于哲学诠释学的中心地位，发展出了自己的语词本体论。”① 伽达默尔自己也承认：“海德格尔将理解的概念扩展到有关存在的、亦即对人的存在的基本范畴的规定，这一点，对我有特别的重要性。这促使我批判地超越方法的讨论而扩展对解释学问题的阐述，以便使它不仅考虑科学，同时也考虑艺术和历史的经验。”②

接下来的分析我们也会看到，后期的海德格尔由于“转向”，逐步实现了从早期基本存在论—事实性诠释学向存在思想的转变，极力想用一种特殊的半诗化的语言来克服形而上学的语言。对此，伽达默尔认为，从理解的历史性看，由于任何思想都具有给定的历史性，这种“克服”形而上学的努力只能从传统之内开始。想用一种特殊的半诗化的语言来克服形而上学的语言仍然面临着上文所述的反思哲学的界限问题。从这个角度出发，与西方的形而上学传统及其作为“形而上学语言”的语言决裂，就像在谈论完全不同的开端一样，是毫无意义的。③

一、作为事件生发的诠释学理解

（一）此在的生存论结构——理解

在伽达默尔看来，海德格尔重新唤起了存在问题，并由此给现象学带来一次意义重大的转折。海德格尔“之所以跟随胡塞尔，是因为历史存在并不像狄尔泰所认为的那样可以与自然存在相区别，以便对历史科学的方法论性质给予一个认识论的证明”。④ 尽管胡塞尔的生活世界作为“有作为的生命”，没有将精神科学与自然科学分离开来，但不论精神科学还是自然科学都必须从这种赋有普遍性的意向性作为，也就是从某种绝对的历史性中推导出来。因此，胡塞尔这种自我反思的理解实际上表现出了一种方法论理想，这种理

① R. E. 帕尔默：《海德格尔的本体论和伽达默尔的哲学诠释学》，彭启福翻译，潘德荣校订，《安徽师范大学学报》（人文社会科学版），2002年5月，第30卷第3期，第265页。

② 伽达默尔：《伽达默尔集》，“文本与解释”，严平编选，上海远东出版社，1997，第50页。

③ 乌多·蒂茨：《伽达默尔》，朱毅译，中国人民大学出版社，2010，第39页。

④ 伽达默尔：《真理与方法》，洪汉鼎译，上海译文出版社，1999，第333页。

想表明了认识论的蕴涵和胡塞尔对自然科学主义的焦虑。

与此相反，对于海德格尔来说，“理解”是此在的存在方式，因为“理解”就是能存在和“可能性”。海德格尔用“理解”这个概念来表示我们人这种在者在将存在看作认识对象之前，与存在之间的某种关系。在海德格尔看来，存在与一般的认识对象不同，因为它不在我们之外，在我们追问存在之前，我们就已经存在，就已经处在与存在的关系之中了。由于我们能够对我们的存在发问，而这一所问乃是我们自己的存在，所以在追问存在之前，我们对存在已经有所理解了。

“解释”（Auslegen）就是对已被理解之物的解释。在海德格尔那里，它作为“理解的成形”，是一种第二层次的活动。海德格尔对“解释”与“理解”的关系的规定是；“解释植根于理解，而不是理解生自解释。”① 解释因而是对已被理解的“世界”的解释。海德格尔说道：“寻视揭示着。这话意味着，已经被理解的‘世界’现在被解释着。”② 这个陈述主要是针对自然观点而言：我们自以为在发现着世界；实际上，我们正在发现的世界就是我们已理解的那个世界。“解释并非要对被理解的东西有所认知，而是把领会中所筹划的可能性整理出来。”③ 在海德格尔看来，所有“理解”都具有“先行（Vor）”结构，它可以具体地被划分为前有、前见和前把握。解释永远不是一种对一个现存之物的无前提把握，不是原本原初的活动，因为“解释”不过是把一个原先已有的东西展现出来而已。

正是有鉴于此，伽达默尔认为：海德格尔的《存在与时间》并非是胡塞尔现象学研究纲领的继续或推进，因为胡塞尔现象学出于纯理论的基本意向，剥离掉了人类实际的生活经历，以及把自身作为存在运动来把握的此在的暂时性，而这些正是海德格尔研究所分外关注的。④

不过，仍有很多人存在误解，认为海德格尔其实不过是继续着胡塞尔研究的方向而已。在他们看来，“海德格尔关于日常生活的超验分析，似乎继

---

① 海德格尔：《存在与时间》，陈嘉映、王庆节译，北京三联书店，1987，第 181 页。
② 海德格尔：《存在与时间》，陈嘉映、王庆节译，北京三联书店，1987，第 182 页。
③ 海德格尔：《存在与时间》，陈嘉映、王庆节译，北京三联书店，1987，第 181-182 页。
④ 伽达默尔：《哲学诠释学》，夏镇平、宋建平译，上海译文出版社，1994，第 139 页。

续贯彻了胡塞尔现象学提问的方向。它的结果——对此在的真实性的论证以及对其暂时性和历史性的存在结构的论证——事实上可以说是贯彻了关于赋有此在的有限性的具体视域的超验现象学纲领。”① 此在直接投身于它的世界而不是对世界的反思，《存在与时间》似乎表现出一种研究前反思的人类生活世界经验的努力，此在把生活世界揭示为与自身直接相关的全体，从而作为把自己投射（筹划）上去的可能性领域。

伽达默尔认为，只有当我们认识到海德格尔思想的基本问题——存在的意义是什么——才能看清海德格尔与胡塞尔之间的关联和分离所在。《存在与时间》的目的在于恢复隐藏于占统治地位的西方形而上学背后的存在体验，而此在乃是通向存在意义的唯一途径。在海德格尔看来，支配胡塞尔整个研究立场的存在概念是形而上学的。“对于胡塞尔的现象学来说，历史具有目的，关于它的知识构成了现象学自我反思的意义，这是不证自明的。甚至在胡塞尔承认这任务的‘无限’并抛弃黑格尔的绝对知识的时候，目的论仍然起决定的作用。”② 对海德格尔来说，形而上学的本质——把真理看作为揭示的和把存在看作为被呈现的在场——仍然决定着胡塞尔的超验问题。相形之下，对海德格尔来说，“哲学是普遍的现象学存在论；它是从此在的诠释学出发的，而此在的诠释学作为生存的分析工作则把一切哲学发问的主导线索的端点固定在这种发问所从之出且向之归的地方上了。”③

这种发问的“所从之出且向之归”就是存在的意义。这样，进入存在的模式是通过这种此在对存在早已具备的理解，因此它实际上是以此在的历史性为基础的。海德格尔指出，每一种解释都受到解释者的具体情境控制，根本不存在无前提、“无偏见的”解释，因为解释者不能使自己从自身的事实性中摆脱出来。所以，早在 1923 年，海德格尔“冒险给现象学贴上了后来常用的经院主义标签”的做法，就不是什么奇怪的事了，因为海德格尔的哲学不同于胡塞尔的“先验现象学”，而是建立在“历史解释问题而非先验意识

① 伽达默尔：《哲学诠释学》，夏镇平、宋建平译，上海译文出版社，1994，第 156 页。
② 伽达默尔：《哲学诠释学》，夏镇平、宋建平译，上海译文出版社，1994，第 170 页。
③ 海德格尔：《存在与时间》，陈嘉映、王庆节译，北京三联书店，1987，第 46-48 页。

问题的基础之上”的“诠释现象学”①。

在伽达默尔看来，诠释学如何嫁接在现象学结构之上，这与存在问题是交织在一起的，而处理这一问题的方法就是现象学方法。换言之，海德格尔要做的就是：用现象学的方法来揭示存在的意义。在《存在与时间》里，海德格尔说道：“从本质上说，现象学并非只有作为一个哲学的‘流派’才是现实的。比现实性更高的是可能性。对现象学的领会唯在于把它当为可能性来把握。”②

如何理解这句话呢？我们先阐述海德格尔在《存在与时间》里发展出自己现象学诠释学的历程。在此书的第二章“厘清存在问题的双重任务；本书的方法及构架”，海德格尔单独用了一节“探索工作的现象学方法”来界定“现象学”在词源上的内涵。按照他的分析，现象学（Phanomenologie）在希腊文那里是由 Phainomenon（现象）和 Logos（逻各斯）所组成的。其中，Phainomenon 作为名词是由动词形式 Phainesthai 派生出来的，Phainesthai 意味着：显示自身（显现）。这样的话，Phainomenon 便意味着显示自身的东西，即显现者或公开者。词的前缀 pha 与希腊词 phos 很接近，意指光明，即某某能公开于其中的东西。据此，“现象”可以进一步界定为：就其自身显示自身者，公开者。

在海德格尔看来，被后人“翻译”成理性、判断、概念、定义等多种意味的 Logos，被掩蔽了本真含义，从而也掩蔽了话语的本真含义。“逻各斯”本真的含义就是讲话、言谈，“逻各斯”作为话语的意义就是把讲话或言谈中所涉及的东西公布出来或昭示出来，Logos “是让人看某种东西，让人看话语所谈及的东西，而这个‘看’是对言谈者（中间人）来说的，也是对相互交谈的人们来说的。话语‘让人’从某某方面‘来看’，让人从话题所及的东西本身方面来看。只要话语是真切的，那么，在话语中，话语之所谈就当取自话语之所涉；只有这样，话语这种传达才能借助所谈的东西把所涉的

---

① 伊格尔顿：《二十世纪西方文学理论》，伍晓明译，陕西师范大学出版社，1987，第 74 页。

② 海德格尔：《存在与时间》，陈嘉映、王庆节译，北京三联书店，1987，第 345 页。

东西公开出来，从而使他人也能通达所涉的东西。这就是 Logos 之为展示的结构”①。

因此，现象学就是要让人从显现的东西本身那里，如它从其本身所显现的那样来看它。在存在论的视域下，海德格尔对现象学作了如下界定：凡是如存在者就其本身所显现的那样展示存在者，我们都称之为现象学。“存在论只有作为现象学才是可能的。现象学的现象概念意指这样的显现者：存在者的存在和这种存在的意义、变式和衍化物。”② 因为“现象学所领会的现象只是构成存在的东西，而存在又向来是存在者的存在，所以，若意在显现存在，则先须以正确的方式提出存在者本身”。现象学就是存在者的存在的科学，即存在论。“从这种探索本身出发，结果就是：现象学描述的方法论意义就是解释。此在现象学的 Logos 具有诠释的性质。通过诠释，存在的本真意义与此在本已存在的基本结构就向居于此在本身的存在之领会（理解）宣告出来。此在的现象学就是诠释学。”③ 这是诠释学的第一重意义，即发现存在的意义与此在基本结构的意义。诠释学的第二重意义就是在此发现的基础上，进一步对非此在式的存在者进行种种存在论研究，整理出一切存在论探索之所以可能的条件。最后，因为在存在论上，此在比一切其他存在者都更为优先，所以诠释者要对此在的生存论建构进行分析，亦即把此在的历史性建构起来。

这样，对此在生存结构的分析，表明了一切理解的筹划性质；而理解活动作为未来可能性的筹划，则表明了一种超越，超越存在者的运动。不过，在伽达默尔看来，实存性诠释学的根本点既然是“任何促使和限制此在筹划的东西都绝对地先于此在而存在”，④ 那么，这种此在的生存论结构就必须在对历史传统的理解里找到它的表现。

正如有些论者所言，“在海德格尔看来，本体论是关于此在在事实 /实践世界中的在此之在的诠释学，一种‘事实诠释学’；而诠释学乃是对此在的

---

① 海德格尔：《存在与时间》，陈嘉映、王庆节译，北京三联书店，1987，第 38 页。
② 海德格尔：《存在与时间》，陈嘉映、王庆节译，北京三联书店，1987，第 42 页。
③ 海德格尔：《存在与时间》，陈嘉映、王庆节译，北京三联书店，1987，第 42 页。
④ 伽达默尔：《真理与方法》，洪汉鼎译，上海译文出版社，1999，第 340 页。

在此之在的揭示。这样，他不仅建立起了一种迥异于传统本体论的新的本体论，而且实现了诠释学发展的本体论转向，为伽达默尔哲学诠释学的形成和发展开启了道路。”① 伽达默尔自己也承认，海德格尔将理解的概念扩展到了有关存在的、亦即对人的存在的基本范畴的规定，这对他有特别的重要性：“这促使我批判地超越方法的讨论而扩展对诠释学问题的阐述”。② 从哲学诠释学的建构来看，这主要表现在理解结构即理解的循环的正确描述上。海德格尔对诠释学循环的讨论事实上是指向在世界中的此在的结构本身的，也就是说，它指向对主—客体二分法的克服。此在在他的存在中和他的世界中用理解来理解自身，这种理解并不是同确定的对象打交道，而是与人的存在和生存方式作交流。

海德格尔把理解和解释看作是人的存在和生存方式。此在对历史流传物的理解和解释，实际上就是人追问存在的同时，也对此在的自己进行筹划。存在的“意义”就是这种筹划的产物，是此在的生存的状态。海德格尔告诉我们：“严格来说，我们领会（理解）的不是意义，而是存在者和存在，意义是某某东西的可领悟性的栖身之所。在领会（理解）着的展开活动中可以加以勾连的东西，我们称之为意义。……先行具有、先行看见及先行把握构成了筹划的何所向。意义就是这个筹划的何所向，从筹划的何所向方面出发，某某东西作为某某东西得到领会（理解）。只要领会（理解）和解释造就是此在之在的生存论状态，意义就必须被理解为属于领会（理解）的展开状态的生存论形式构架，意义是此在的一种生存论性质，而不是一种什么属性，依附于存在者，躲在存在者‘后面’，或者作为中间领域飘游在什么地方。”③ 意义是在此在的理解和解释中被建立和筹划出来的。同样，历史是在与此在的生存关联中被筹划出来的，因而没有与此在无关的所谓的本来的历史。据此，作为与此在相对的独立存在的历史对象，也就自然失去了意义。

总之，海德格尔通过自己异乎传统的根本性思考，对诠释学做了重新界

---

① R. E. 帕尔默：《海德格尔的本体论和伽达默尔的哲学诠释学》，彭启福翻译，潘德荣校订，《安徽师范大学学报》（人文社会科学版），2002 年 5 月，第 30 卷第 3 期，第 265 页。

② 伽达默尔：《伽达默尔集》，严平编选，上海远东出版社，1997，第 50 页。

③ 海德格尔：《存在与时间》，陈嘉映、王庆节译，三联书店，1987，第 185 页。

定。诠释学不再是要达到对文本的认识，而是要达到对在时间中存在的自我之理解的认识。海德格尔把存在论、现象学和诠释学这三个内涵本不相属的概念奇妙地结合在了一起。伽达默尔承继了海德格尔这一把诠释学与存在论结合起来的本体论转向及其对理解历史性、时间性的描述，具体地为“前见”（Prejudice）正名，肯定了它在解释中的首要地位。

不过，伽达默尔认为，“海德格尔探究历史诠释学问题并对之进行批判，只是为了从这里按本体论的目的发展理解的前结构。反之，我们探究的问题乃是，诠释学一旦从科学的客观性概念的本体论障碍中解脱出来，它怎样能正确地对待理解的历史性。”① 因此，伽达默尔尽管汲取了海德格尔的此在的前结构及其理解循环思想，强调了理解的历史性及其与历史文化生命共同体关联的结构性意蕴，但在他看来，“事实性诠释学”（Hermenentics of Facticity）既然表明“理解”作为此在的原始性运动形式，那么此在就要冲破沉浸在“被解释性”的自我理解，从而在根本上改变自己；而不像《存在与时间》中的“理解”那样，仅仅是对“此在的存在”进行解释的运动。在理解改变自己这一点上，伽达默尔给理解提出了“应用”这一不可缺少的环节，试图拆掉海德格尔在《存在与时间》中的先验倾向。伽达默尔的“理解”是包含“解释”和“应用”的统一的、整体性运动。在运动中，自己理解和世界理解发生变化，“真理”作为发生事件（Geschehnis）② 就在理解中被经验到，“理解本身表明自己是一个事件”。③

（二）从生存的真理到存在的真理

理解作为事件，表明理解历史性仅仅提及伽达默尔对前期海德格尔的承继，而没有关涉伽达默尔与“转向”（Kehre）后的海德格尔的关系问题。正如上面所指出的，《存在与时间》深深地影响了伽达默尔；同样，海德格尔

---

① 伽达默尔：《真理与方法》，洪汉鼎译，上海译文出版社，1999，第 341 页。

② 在《存在与时间》译为“演历”。词 Geschehnis 在日常德语中意谓“事件、事变”，其动词形式 Geschehen 意谓“发生、出现”。海德格尔在《艺术作品的本源》一文强调“存在之真理”的动词性生成和发展。孙周兴以“生发”译 Geschehnis；而动词 Geschehen 和动名词 Geschehen 则译为“发生”。不过，考虑到伽达默尔强调“发生”是理解作为解释、应用统一的事件发生，我们把 Geschehnis 译为事件，或发生、发生事件。

③ 伽达默尔：《真理与方法》，洪汉鼎译，上海译文出版社，1999，第 397 页。

对伽达默尔决定性的影响也来自“转向”。因此，我们也必须考虑伽达默尔对海德格尔“转向”的解释，并评价它对哲学诠释学的影响①。这其中，《论艺术作品的本源》(*The Origin of the Work of Art*) 一文尤其重要，因为在伽达默尔看来，该文表明了海德格尔后期真正关注的问题。② 正是在这里，真理作为事件这一思想被伽达默尔所汲取了。

对海德格尔研究者来说，所谓的海德格尔后期③“转向”是个不可回避的基本问题，可这一“转向”究竟发生在哪个时段、应该定位在哪些著作上，却各有看法，莫衷一是。但是，无论如何，要充分理解“转向”的意义，就必须面对海德格尔在《关于人道主义的书信》(*Letter on Humanism*，1946) 中写下的这一段文字：

> 绽出之生存既不是某个本质 (Essenz) 的实现，绽出之生存也根本不产生和设定本质性的东西。如若人们把《存在与时间》中所谓的“筹划”(Entwurf) 理解为一种表象性的设定，那么，人们就把它视为主体性的成就了，就没有把它思为与存在之澄明的绽出的关联；而实际上，它就如同“存在之领悟”(Seinsverständnis) 一样，只有在对“在世界之中存在”(In-der-Welt-Sein) 的“生存论分析”之领域内才能得到思考。诚然. 对这另一种离弃了主体性的思想作充分的补充实行和共同实

① “诠释学”一词也关联到海德格尔所谓转向的问题。在与一日本学者的谈话中，海德格尔承认晚期不常用“诠释学”一词，是为了避免一般人误解其诠释学是关于诠释方法的学说，他借机强调“诠释”的根本意义是一种展示 (Darlegen)，而这展示要回溯到神赫尔墨斯 (Hermes) 展示着所带来天命消息的原始意义，Hermeneuein 意味着带来音信或消息。正如海德格尔所说的，“这一原始意义曾驱使我，用它来标识那种为我开启了通向《存在与时间》的道路的现象学思想。曾经至关重要，而且今天依然还要紧的事情是，使存在者之存在显现出来——当然不再以形而上学的方式，而是让存在本身达乎显现。”(海德格尔：《在通向语言的途中》，商务印书馆，2005，第 117、107 页。)

② 伽达默尔：《哲学诠释学》，夏镇平、宋建平译，上海译文出版社，1994，第 219 页；Walter Lammi, “Hans-Georg Gadamer's ‘Correction’ of Heidegger”, *Journal of the History of Ideas*, Vol.52, No.3 (Jul.-Sep., 1991), p489.

③ 对于这种转向，孙周兴在《海德格尔选集》“编者引论”有一概述。(孙周兴：《海德格尔选集》“编者引论”，孙周兴主编，三联书店，1996，第 6-7 页。) 论者认为，针对转向，对海德格尔作前后期之分是有一定道理的，但问题这种转向是在何种意味上的转向，是对前期所谓主观主义的克服，或是一种“倒转”则显然是有争议的。本文主要是立足于海德格尔的自述及相关文本、伽达默尔对之的言说来加以界定。

> 行，现在已变得困难了。这是由于在出版《存在与时间》时，第一部之第三篇“时间与存在”含而未发。在这里，事情整个就倒转过来了。这个成问题的第三篇之所以含而未发，是因为思想在对这一转向（Kehre）的充分道说方面失灵了，而借助于形而上学的语言亦行之不通。我的演讲《论真理的本质》是在1930年思得的，并且当时就宣讲过，但直到1943年才得付印。这个演讲对那个从“存在与时间”到“时间与存在”的转向之思想作了某种洞察。这个转向并非一种对《存在与时间》的观点的改变，不如说，在此转向中，我所尝试的思想才通达那个维度的地方，而《存在与时间》正是由此维度而来才被经验的，而且是根据存在之被遗忘状态的基本经验而被经验的。①

对海德格尔来说，《存在与时间》所要表现的是“另一种离弃了主体性的思想”，只是由于第一部第三篇的“时间与存在”② 没有出版，所以读者在理解这另一种思想时，遭遇到一些困难，从而无法知道这里早已包含的一种“转向”的端倪。海德格尔坦言，这一部分文献之所以没有出版，是因为他意识到传统形而上学的语言没有办法充分地言说“转向”的意义。

那么，究竟什么是“转向”呢？海德格尔告诉我们，可以从1943年出版的《论真理的本质》获得一些线索，并通达这“另一种思想”的维度。可见，以“真理”问题为线索，是一个理解海德格尔“转向”的可能路径。不过，这里我们必须先看看“生存”（Existenz）这个词从《存在与时间》到“转向”之间的转变。

在《存在与时间》中，海德格尔对“此在”的分析是与“生存”概念有关的，“此在的‘本质’在于它的生存”③。由于“生存”在海德格尔那里意味着超越自身存在的能力，因此对于海德格尔来说，“此在”也就是“对最

---

① 海德格尔：《路标》，孙周兴译，商务印书馆，2000，第384-385页。

② 《存在与时间》原计划两部，每部各三篇，1927年发表的，即我们现在所见的《存在与时间》则只是第一部的前两篇（见该书目录即知），而后来1962年的《时间与存在》海德格尔则声言并不是《存在与时间》的继续。

③ 海德格尔：《存在与时间》，陈嘉映、王庆节译，三联书店，1987，第52页。

本己的能在而言的自由存在的可能性”；“此在”在这个意义上也与“理解”有关：“理解（领会）是此在本身本己能在的生存论上的存在。”① 伽达默尔从诠释学的角度特别强调海德格尔的这一主张：海德格尔“揭示了一切理解的筹划性质，并且把理解活动本身设想为超越运动，即超越存在者的运动”②在这里，“此在”意味着主体性所具有的一种自由超越出存在者自身的本质能力，但这种“超出”不是一种脱离自己，成为他人的活动，而是一种脱离自身的常人状态，回到本己的存在上去的行为：“此在被召唤向何处？向其本己的自身”，“向它最本己的能在”，“它最本己的可能性”。“此在”的一个本质特征在于它在“超越”中的“自身找到”。正是这种能力才使“此在”区别于其他的“存在者”：“此在存在的超越性是一种与众不同的超越性，因为最激进的个体化的可能性与必然性就在此在存在的超越性之中。”③

可以看出，“生存”这一概念在转向中被重新加以规定了。在《存在与时间》中，海德格尔把此在之存在方式规定为“生存”（Existenz），并把它与“绽出、超出”（Ekstase，希腊文的 εκστασιζ）联系起来，以此意指“此在”之存在方式乃是在时间性诸环节（将来、曾在、当前）中的“超出、绽出”。而在《关于人道主义的书信》中，海德格尔直接把德文的“生存”（Existenz）一词写为 Ek-sistenz，以标明人之存在方式是进入存在之真理（存在之澄明）中的“绽出”（“出离自身”）。Ek-sistenz 即“绽出之生存”。④同样地，在《论真理的本质》中，海德格尔不是从此在出发来思考真理，而

① 海德格尔：《存在与时间》，陈嘉映、王庆节译，三联书店，1987，第 176 页。

② 伽达默尔：《真理与方法》，洪汉鼎译，上海译文出版社，1999，第 334 页。

③ 海德格尔：《存在与时间》，陈嘉映、王庆节译，三联书店，1987，第 47 页。

④ 海德格尔：《存在与时间》，陈嘉映、王庆节译，三联书店，1987，第 375 页；海德格尔：《路标》，孙周兴译，商务印书馆，2000，第 379-380 页。Ek-sistenz 译为“绽出之生存”是否妥当笔者认为还是值得商榷，Existenz 译为“生存”乃是考虑到在海德格尔那里该词只用在人身上，乃是指人的存在，超出自身、领先于自身的存在（参看陈嘉映《一些重要译名的讨论》），尽管在《关于人道主义的通信》也仍然是关联“此在”而用该词的，但一个间隔号的加入则表明现在的海德格尔的关注点乃是存在，即“立足于存在的澄明（Lichtung）”，而所谓的“绽出”“出离自身”也是于“存在”的绽出与出离，考虑到这些，Ek-sistenz 如译为“脱自—存在”或“出自—存在”是否更好？至少笔者觉得间隔号在翻译的时候还是保留较妥。

是从真理本身出发思考此在以及此在与存在的关系[①]。此时，海德格尔对本质真理之问已经不再像在《存在与时间》中那样，从此在的生存结构的分析出发，而是从存在本身出发；不再认为真理决定于此在，而认为存在本身就是真理。真理不是此在的真理，而是存在的真理。由于这种存在是放出自身的力量，因而是一种自由，存在即自由。由于真理是存在的真理，因而真理的本质是自由。所以，海德格尔认为：“作为正确性之内的可能性，行为的开放状态植根于自由。真理的本质乃是自由。”[②] 自由不是人本性上的自由，而是“揭示为让存在者存在”[③]，是让存在者成为其所是，“让自在，即自由，本身就是展开着的，是绽出的。着眼于真理的本质，自由的本质显示自身为进入存在者之被解蔽状态的展开”[④]。

在《艺术作品的本源》中，海德格尔在“存在者的存在”这一意义上使用了“事件”（Geschehnis，生发）一词。人绽出的生存就是一种面向艺术作品这一存在者的“开放”态度，是一种自由，即“让存在者存在”。“让存在”就表明“人不是存在者的主人”。“让存在”这种“自由”本身也不是人创造出来的，人只是在进入到存在之真理（无蔽）或存在之澄明中，才能与存在者打交道。这种“交道”不是征服和掌握存在者，而只是“参与”而已。艺术作品作为存在者，它存在乃是自行发生的，是一个事件。

从发生（Geschehen）一词来看，它首先是跟《存在与时间》中此在展开存在的生存结构有关。按海德格尔的看法，只有关注于时间，才能把握存在。时间是此在的存在方式，在其诸形态中，未来具有优先地位：“本源而本真的时间性的首要现象是未来”，“未来在本源而本真的时间性的神而化之的统一性中拥有优先地位”[⑤]。海德格尔所谓的此在主要是人的个体存在，未来的重要性相应地关联着个体的生存过程。就此在与时间的关系而言，未来

---

① 伽达默尔认为早在1929《康德与形而上学问题》一书里，海德格尔就不再用人的此在的说法，而改成在此在中存在的自身绽出。（见伽达默尔：《哲学生涯》，陈春文译，商务印书馆，2003，第205页。）

② 海德格尔：《路标》，孙周兴译，商务印书馆，2000，第214页。

③ 海德格尔：《路标》，孙周兴译，商务印书馆，2000，第216页。

④ 海德格尔：《海德格尔选集》上卷，上海三联书店，1996，第223页。

⑤ 海德格尔：《存在与时间》，陈嘉映、王庆节译，三联书店，1987，第185页。

这一时间向度的意义，首先在于它与可能性的联系：可能具有可以然而尚未实现的趋向，总是指向未来，而不同于曾然（过去）与已然（现在）；肯定未来时间向度在此在中的优先性，其实际意蕴亦在于将此在理解为可能的此在："此在总是表现为其自身的可能性。"[①] 未来的时间之维赋予此在的"可能"品格，使其不同于既成的、已完成的存在，而是展开为一个自我筹划的过程。不难看到，时间性规定的真正意义便在于它使此在成为一种历史中的、不断生成的存在，"历史[②]是生存着的此在所特有的在时间中发生的历事"[③]。在这里，历史性和过程性成为时间性的实质内涵。由此看来，海德格尔考察此在的意义，在于试图通过时间性与历史性的沟通，从过程的维度规定人的存在。对此在的这种理解，在某种程度上表现出扬弃存在的既成性、预定性以及终极性的趋向。从现实的形态来看，存在不仅表现为多样性的统一，而且总是同时展开为一个过程，两者从不同的方面展示了存在的具体性，统一性与过程性的融合在人的存在中无疑得到切实的体现。

正因为时间与历史之间的不可分，所以海德格尔在"历史"（Geschichte）与（Historie）之间作了严格的区分。对他来说，"历史"（Geschichte）是"发生"（Geschehen），而"历史学"（Historie）则指的是对实际发生过的历史记载、反省和研究。所以，Geschichte 先于 Historie。如前所述，此在是在生存，即超越中而具有时间性，此在总在"发生""形成"之中，因而只有此在才有"历史性"（Geschichtlichkeit）。换言之，时间性是历史性之所以可能的条件，此在有时间性，所以才有"历史"，才有"发生"，因而所谓"历史性"也就是此在本身的时间性的存在方式。总之，海德格尔在阐述历史性对于此在分析的重要性时，使用"Geschehen"来强调

---

① 海德格尔：《存在与时间》，陈嘉映、王庆节译，三联书店，1987，第 375 页。

② 《存在与时间》中译本的译者陈嘉映指出，在海德格尔看来，"历史"（Geschichte）与"Historie"不同，"Geschichte"指实际发生着的"历史"，是由时间的"到时"性质所决定的；而"Historie"则被用来指按照某种观点对"历文本身"的记载、反省和研究，从而把"历史"最终视为一存在者，视为认识的"对象"，即"历史学"。从德文词形上看，"Cesehichte"是由"Geschehen"衍生而来的，"Geschehen"在德文一般指某一事件的"发生"。考虑到对"Geschichte"一词的理解和两个词之间的渊源关系，陈嘉映将"Geschehen"译为"演历"，而将其名词形式"Geschehen"译为"历事"。（参见海德格尔：《存在与时间》，陈嘉映、王庆节译，三联书店，1987，第 524 页。）

③ 海德格尔：《存在与时间》，陈嘉映、王庆节译，三联书店，1987，第 446 页。

过去与我们当前生存的相缠相绕，乃在于表明历史是此在的生存方式。

伽达默尔认为，在《艺术作品的本源》一文中，海德格尔开始脱离《存在与时间》以此在为中心术语的倾向，直接提出了存在的本质是遮蔽（Conceal）以及去蔽（Reveal）的事件。正因为存在既是遮蔽的又是去蔽的，既是大地（Erde）又是世界（Welt），所以存在者可以独立存在并使自己同人分离。“艺术品的存在不在于其成为一种体验。相反，凭借其自身存在，它是一个事件，一种推翻一切先前被视为习以为常的东西的突进，一种使得以前从未展现过自己的世界展现出来的突进。这种突进在艺术品中以这样一种方式发生，以至于它同时成为永恒。以这种方式产生和支持自己的东西构成处于张力状态的作品结构。”① 正是由于把这种张力看作是世界与大地之间的冲突，海德格尔不仅避免了传统美学的偏见和近代的主观性观念，而且也告别了那种把艺术品解释为理念的感性显现的思辨美学。

更重要的是，海德格尔对艺术品的分析引出了伽达默尔哲学思考的中心问题，即把存在本身看作真理的一个事件。② 事件性的概念使在者免于成为完全的揭示，而这正是主观主义把事物客体化的目的。“揭示和隐蔽之间的冲突并不仅仅是艺术品的真理，而是一切存在的真理，因为真理作为揭示性总是揭示和隐蔽之间的对立。这两方面必然是互相依存的。”③ 事件表明真理乃是自行发生的，人在此只是作为参与者。

正如海德格尔所认为的那样，艺术作品的特征在于，它不是一个对象，而是立足于自身之中。由于它立足于自身中，它不仅属于它的世界，而且世界就在它里面。艺术作品敞开它特有的世界④。一部艺术作品根本意指什么，根本不是像指向某一意义的符号那样指示另一种东西，它只是在自己的存在中描述自己，因而欣赏者才不得不被迫在这种艺术作品上流连忘返。同样，对于哲学诠释学来说，作品是一个事件，它建立了一个自己的世界，而我们

---

① 伽达默尔：《哲学诠释学》，夏镇平、宋建平译，上海译文出版社，1994，第 218 页

② 伽达默尔：《哲学诠释学》，夏镇平、宋建平译，上海译文出版社，1994，第 219 页。

③ 伽达默尔：《哲学诠释学》，夏镇平、宋建平译，上海译文出版社，1994，第 221 页。译文有改动。

④ 在伽达默尔看来，世界这种说法，显然是有意识避免古典美学的天才概念；而在“大地”概念中，隐含着一种隐蔽的企图，即撇开创作者和观赏者的主体性，独立去领会艺术作品的本体论结构。

是被卷入这个世界的，是与之进行一种“遭遇”、一种“周旋”。它表明对作品意义的经验并不是将其作为一个单纯的意义的载体，视其有着所谓的意义的终端。相反地，理解在作品的此在中体验到其意义的高深和无穷。“理解”这个词 Verstehen 应该看作是 ver-stehen，就是和某人某物打交道①，所以，与主客二分的那种强调客观把握的认知不同，理解作为一个事件，意味着它是主客统一的游戏。

在伽达默尔看来，语言在海德格尔后期思想中所起的作用表明，理解的历史性不仅把意识概念从它的中心地位上驱赶了出去，而且驱除了自我概念本身。“因为，有什么比语言的神秘领域更无意识、更‘无我’的呢？我们处于语言领域之中，它允许我们把要表达的东西表达出来，于是存在就被‘时间化’了。然而，如果这对语言的神秘性有效，那么对理解概念也同样有效。理解同样不能被仅仅看作一种进行理解的意识活动，它本身即为存在事件的一种模式。用规范的术语说，海德格尔思想中语言和理解具有的优先地位表明‘关系’同它相关的成分——进行理解的我和被理解的对象相比具有优先性。”②

显然，“理解作为事件”这一说法在于表明：比起理解者和被理解对象这两个成分，理解者与被理解对象之间的关系具有一种优先性。这种关系最终告诉我们，尽管一切理解都是自我理解，但并非是一种事先具有的或最终达到自我占有方式的自我理解。“因为这种自我理解总是仅仅在对某件事（Sache）的理解中实现并且不具有自由地自我实现的性质。我们这个自我并不占有自身，不如说它是自行发生的（Sich Geschieht）。”③

伽达默尔指出，《存在与时间》之后发生的“转折”只是为了进一步制订并阐明存在与人之间关系的基本思想，“海德格尔探究的真正范围是此在的真实性与非真实性、无蔽与掩蔽、真理与谬误之间的内在的、持久的联

① 台湾李明辉教授翻译成“周旋”，“理解”就是跟某个东西在进行周旋，在打交道。（见洪汉鼎：“西方诠释学的定位及伽达默尔诠释学的本质特征”，《中国思想史研究通讯》第二辑，梁涛主编，中国社会科学院历史研究所中国思想史研究室，2004，第 9 页。）

② 伽达默尔：《哲学诠释学》，夏镇平、宋建平译，上海译文出版社，1994，第 50 页。

③ 伽达默尔：《诠释学Ⅱ：真理与方法》，洪汉鼎译，商务印书馆，2007，第 155 页。

系”①，这种思想从海德格尔哲学研究一开始就存在。伽达默尔认为，《存在与时间》中的主观主义并不存在，海德格尔在那里清楚地指出，此在的自我理解并没有使存在客体化或成为此在自觉反思的产物。在那里，“真正的问题也并不是存在以什么方式才能被理解，而是在什么意义上理解就是存在，因为对存在的理解展示了此在的存在特性。”② 正是在这一点上，海德格尔没有把存在理解为意识客体化过程的结果。伽达默尔认为，海德格尔所有的后期概念，例如“事件”，早已包含在《存在与时间》之中。

不过，伽达默尔认为，海德格尔由于不再相信诠释学的概念能使他避开关于意识的先验理论的结果，所以，他极力想用一种特殊的半诗化的语言来克服形而上学的语言。对海德格尔来说，西方的诸语言乃是形而上学思维的语言，被存在—神—逻辑学机制打下了烙印。伽达默尔并不认同这种做法，他认为哲学诠释学通过“为存在于理解中的事件说话，并在对已经反思地认识了自身的诠释学经验的分析中”，就能克服现代的主观唯心主义。所以，当海德格尔的反思越来越集中在克服形而上学的语言时，伽达默尔的目的则致力于如何通过“事件”把海德格尔的后期哲学同整个诠释学关联起来，并把它巩固下来。

概言之，从真理作为事件出发，伽达默尔认为，包括《存在与时间》在内的海德格尔所有的著作，都反映了以一种不受西方形而上学客体化范畴曲解的方法去理解存在意义的不懈努力。前期的海德格尔强调此在作为存在的揭示导致了此在的中心地位，并把此在作为揭示得以出现的“地方”或“场所”；而转向后的他则承认存在的优先性并使此在作为存在的“仆人”或“工具”。这两种强调实际上根本不是矛盾的，而是互补的。海德格尔思想的“转折”实际上是他的注意力从这些相互联系的观点的前者向后者的转移。③

要而言之，从海德格尔的转向来看，作为《艺术作品的本源》基本词语的“Geschehen”，是海德格尔努力超出形而上学传统，试图揭示存在意义的

---

① 伽达默尔：《哲学诠释学》，夏镇平、宋建平译，上海译文出版社，1994，第 139 页。
② 伽达默尔：《哲学诠释学》，夏镇平、宋建平译，上海译文出版社，1994，第 49 页。
③ 伽达默尔：《哲学诠释学》，夏镇平、宋建平译，上海译文出版社，1994，第 45 页。

结果。由此看来，伽达默尔的“事件”相对于“真理”而言其实也包含了上述的意思，即真理是在此事件中发生；在此事件中，真理作为“遮蔽”与“去蔽”的互动运作，是一个生化辩证的过程。不过，伽达默尔认为存在者（如艺术品）可以独立存在并使自己同人分离，存在者的真理还是要通过此在的理解才得以显现，这也意味着要顺应存在或归属存在，并非一定要以一种特殊的半诗化的语言来克服形而上学的语言；因为，在任何理解出现的地方，都会有真理的显现。

因此，“真理”作为“事件”，就是理解作为解释和应用统一的语言事件①，它与后期海德格尔为克服形而上学语言而导致的神秘化倾向，有着不大相同的旨趣——虽然伽达默尔对传统形而上学的态度与海德格尔大体一致。伽达默尔明言，海德格尔对形而上学的批判“为我指出了一条新的道路，他把对形而上学传统的批判变成一种准备，从而以新的方式提出了追问存在的问题，并且使自己处在‘通向语言的路上’。这种语言的道路并不出现在判断陈述及其客观的有效要求之中，它只是不断地关注存在的整体。整体性并不是一种规定着的对象性。……整体性并不是对象，而是包围着我们并且使我们在其中生活的世界境域”②。而正是这种整体性（传统）潜藏着伽达默尔与海德格尔的分野。

可以看出，在早期海德格尔思想中，作为“事实的诠释学”的本体论并没有赋予语言一种中心地位，在《存在与时间》一书就是如此。但在20世纪30年代及其后，海德格尔逐渐转向语言，语言被当作是经验发生的媒介，真理在语言中得到澄明，在艺术作品中得到澄明。显然，海德格尔已处在“走向语言之途”，他在《荷尔德林的诗歌阐释》中转向了作为语言的最精练形式的诗歌的研究，“诗、语言和思”因此成为他的思考的核心。显然，伽达

① 笔者注意到，在前期《存在与时间》一书中讨论诠释者与存在的关系时，海德格尔可能过分强调了此在在诠释过程中的贡献，却压抑了存在的在场；而在转向后，他又单方面强调存在的在场，却压抑了人参与在诠释过程中的贡献。尽管伽达默尔没有明言，但其可能采取类似的观点。正因为如此，伽达默尔才强调应用作为理解的一个重要环节，从而既保留了此在的能动作用，又强调了存在（真理）的自行发生。

② 伽达默尔：“汉斯－格奥尔格・伽达默尔自述”，《真理与方法》，洪汉鼎译，上海译文出版社，1999，第803页。

默尔也受到海德格尔这种转变的影响，在哲学诠释学那里，“语言取代理解的历史性成为伽达默尔哲学诠释学的中心。语言是诠释学经验得以发生的媒介。……而且语言还是诠释学本体论的基本视域。”① 而后期的海德格尔为了逃脱形而上学的语言，就倾向于艺术和诗歌这样的诗意语言，这种语言更偏重私人的独白，存在语言的独白。这种独白、私人的语言与伽达默尔的语言中心论是有本质的区别。

概言之，海德格尔对哲学诠释学有着积极影响。我们可以发现，伽达默尔通过对导致将语言界定为工具的主客二分先验模式这种糟糕的形而上学的克服，发现思维是不能控制语词，而只能受语词的导引，词语破碎处，无物存在；通过将语言的存在看作一个历时态的本体论的过程，将它界定为一种增进我们的自我理解的活生生的诠释学对话，恢复了延续与传统之间的诠释学对话的重要性。②

（三）传统——存在

正如伽达默尔所言，从理解的历史性看，由于任何思想都具有给定的历史性，海德格尔这种“克服”形而上学的努力只能作为对遗传下来的意义的证明，而恰恰是这种意义构成了“诠释学情境”，当下的思维就处在这种情境中。在这种意义上可以说，海德格尔克服传统的努力是从传统之内开始的。

如何在传统之内克服传统呢？伽达默尔承认，“我从海德格尔处学到了‘概念机制’为何物，以及它对思想而言有何意义。最重要的是，我学会了如何去发现在当代思想的概念传统中潜藏着多少自我异化。”克服异化摆在伽达默尔面前的其实乃是概念机制中的“解构”（Destrucktion）③。在海德格

① R. E. 帕尔默：《海德格尔的本体论和伽达默尔的哲学诠释学》，彭启福翻译，潘德荣校订。《安徽师范大学学报》（人文社会科学版），2002 年 5 月，第 30 卷第 3 期，第 268 页。

② R. E. 帕尔默：《海德格尔的本体论和伽达默尔的哲学诠释学》，彭启福翻译，潘德荣校订。《安徽师范大学学报》（人文社会科学版），2002 年 5 月，第 30 卷第 3 期，第 270 页。

③ Destrucktion，海德格尔的《形式显示的现象学——海德格尔早期弗莱堡文选》译为“解构”，而在《德法之争——伽达默尔与德里达的对话》里则译为“解析”，相应的“解构”一词则是 Dekonstruktion。二者的区别见洪汉鼎：“译后记”，《真理与方法》，上海译文出版社，1999，第 967-969 页对“Destrucktion”译名的说明。

尔那里，解构这个词从不意味着摧毁，而只是拆解。解构的目的乃是拾起那些僵化的、无生命的概念，并再次赋予其意义。

对于海德格尔来说，当代思想的概念并非本真地处于当时产生它的“概念机制”之中，遭遇今日处境的它已经“活动于一种经受了一系列形形色色的阐释工作的概念机制之中”。因此，基本概念已经丧失了它们原始的表达功能，尽管如此，“在这些基本概念所经受的一切类比化和形式化中，却保持着一个确定的来源特征：就它们身上仍然有指向它们的对象源泉的意义方向可以证明而言，这些基本概念还携带着它们的原始意义的真正传统的一部分。”因此，“实际性的现象学诠释学看到自己受到指引，要松动一下传统的占支配地位的被解释状态，要根据它被掩盖了的动机、不明确的倾向和解释途径来松动这种被解释状态，并且通过一种拆解性的回溯（Im Abbauenden Rückgang）深入到阐明的原始动机源泉那里；……诠释学只有通过解构的途径才能完成它的任务。”①

当然，诠释学的任务并非仅仅由“解构”来完成，在解构的同时，必然牵涉到对事实本身的还原，而这种解构与还原必然从属于存在者的某种建构（也就是解释者的某种建构）。因此，“解构”“还原”（Reduktion）和“建构”（Kons-truktion）必然是存在现象学的任务，或者说，是现象学诠释学的任务；只有在这条道路上披荆斩棘，才能真正通达真理，这是海德格尔现象学方法的真实含义。在 1927 年夏季学期的马堡讲座《现象学之基本问题》（*The Basic Problems of Phenomenology*）的“导论”中，海德格尔就概述了“现象学方法”的三个基本环节，即“现象学的还原”“现象学的建构”和“现象学的解构”。具体来说，所谓“现象学的还原”，就是要“把探究的目光从质朴地被把握的存在者引回到存在”，或者说，“把现象学的目光从无论如何得到确定的对存在者的把握引回到对这种存在者之存在的理解”。而所谓“现象学的建构”，就是“根据存在者之存在及其结构对这个预先确定的存在者的筹划”。而最基本的“现象学的解构”，如上所述，就是要对“一

---

① 海德格尔：“对亚里士多德的现象学阐释——解释学处境的显示”，孙周兴译，《中国现象学与哲学评论》第五辑，上海译文出版社，2003，第 132-133 页。

种对传统的概念（这些传统的概念必然要应用到它们从中得以创造出来的源泉上）的批判性拆解”，而这种“解构”必然地导向“对存在及其结构的概念性阐释”，即“对存在的还原性建构”。因此，海德格尔认为这三个的基本环节在内容上是“共属一体”的，存在者之存在必须在这种“共属一体性”中得到论证①。

伽达默尔的理论就是构筑在“共属一体”，尤其是“解构”之上的。在伽达默尔看来，通过对传统概念的批判性拆解，即对现象学方法的娴熟运用，我们可以获得概念的本真意义。也正是在这一解构背后，蕴藏着伽达默尔对海德格尔后来转到半诗意语言做法的反驳。因为既然我们都身处于历史性所与的诠释学处境，我们都处于传统给予我们构筑的前见之中，既然我们都处于概念机制之中，我们如何能设想我们可超越形而上学的传统与概念机制，从而构筑非形而上学的思想呢？伽达默尔说，解构作为拆解活动“所服务的目的并非朝向身后的一个神秘起源，一个本原（Arche）或诸如此类的东西。……在作为一项反对意见使用时，它首先反对的是后期海德格尔。”②

对于伽达默尔来说，解构的目的“乃是在活生生的语言中使概念以其交织混杂性说话”，③ 而海德格尔的运思则正是在对被传统固化的概念性进行解构的道路上展开的。伽达默尔由此转向了柏拉图辩证法的开放性，然而，他并不认为这意味着又退回到了古希腊的逻各斯中心主义，况且“逻各斯的缺陷”甚至表明了柏拉图并未完全屈服于它。“毋宁说，他（柏拉图）不间断的辩证法和对话劳作保留着某些交谈的巨大秘密，交谈的持续性不仅改变了我们，而且总是将我们重新又扔回到我们自身，并将我们结合在一起④。……他

---

① 海德格尔：《现象学之基本问题》“导论”，丁耘译，上海译文出版社，2008，第 24-27 页。

② 伽达默尔、德里达等：《德法之争——伽达默尔与德里达的对话》，孙周兴、孙善春编译，上海同济大学出版社，2004，第 82 页。

③ 伽达默尔、德里达等：《德法之争——伽达默尔与德里达的对话》，孙周兴、孙善春编译，上海同济大学出版社，2004，第 83 页。

④ 由此，伽达默尔不仅抵制了黑格尔的绝对精神的历史中介性，而且也从其意识的辩证法看到了对话辩证法的秘密，即辩证法总是在意识的倒转中指向一个较高的真理。论者将在后面具体论述这一观点。

本人就投身于对僵化语词的解构以解放思想。”①

可以看出，针对海德格尔转向后的神秘倾向，伽达默尔一直试图用理解的历史性来反驳它。在伽达默尔看来，传统作为有力量的东西在构筑着我们的诠释学处境，在此，理解表现出来的是一种效果历史。正是因为处境的不可消除性，作为理解者的“效果历史意识”并不具有超越它的可能性。

在伽达默尔看来，理解的历史性意味着此在是“历史性的存在”，而“历史性”表明此在是位于“传统”并隶属于“传统”的。“视域融合”表明了“理解”有着辩证法的结构。首先，它有着朝向传统的归属性；其次，在与传统的相遇中，发觉过去的他者性，通过这一点来确认自己的成见。最后，在“视域融合”中建立新的共通性，从而形成新的自己理解。“效果历史”使理解的这一意义变得明确了，在传统之中，过去对现在产生的效果，以及现在从过去那里传承下来的效果合而为一。所谓“传统”，既是过去的“再现”，同时也是过去在现在中的“创造”。在“理解”之中，不断形成新的传统。正如“事件”的“发生”（Geschehen）是此在的一种遭受，伽达默尔提出的“理解是效果历史的事件”这一命题，表明此在是隶属于传统的，“事件”是辩证的。

可以看出，正如海德格尔把存在定义成事件性的，亦即作为揭示性的而不是实体性的一样，对伽达默尔来说，传统并不是一种隐藏在它的揭示之后的东西。传统就是它的发生，它的不断自我展现。因此，我们可以在存在的隐藏性和传统的不可穷尽性之间发现一种更密切的亲和性，这种隐藏性和不可穷尽性使它面对每一次研究时得以持存而不是仅仅成为客体的总体。

同样地，正如海德格尔宣称存在在同此在的关系中有着优先性和本原性，真理乃是存在的自行展开一样，对伽达默尔来说，传统比人更具有本原性，我们是立足于传统之中，倾听传统。海德格尔的“存在”在伽达默尔这里无疑被视为“传统”了。

正如海德格尔所说，我们乃是在“语言的途中”，伽达默尔关联着传统

---

① 伽达默尔、德里达等：《德法之争——伽达默尔与德里达的对话》，孙周兴、孙善春编译，上海同济大学出版社，2004，第 85 页。译文有改动。

的说法也强调了语言作为诠释学本体论视域的作用，并指明了语言在活生生对话中同时具有去蔽力和遮蔽力的思辨性，因为语言“是传统的贮存所，是我们通过它而存在并感受我们的世界的媒介”,[①] 而诠释学的普遍任务就是倾听语言。正如语言是“传统贮存所”一样，伽达默尔通过把语言作为世界经验的表现，强调了与传统之间对话的重要性，认为理解不能控制语言，而只能受语词的导引。

对哲学诠释学来说，效果历史意识首先是对诠释学处境的意识。我们自己总是与我们所要理解的流传物处于相关联之中，对这种处境进行效果历史的反思，并不是可以完成的，这种不可完成性不是由于缺乏反思，而是在于我们自身作为历史性存在的本质。所谓历史性存在，就是说永远不能进行完全的自我认识。伽达默尔说：“一切自我认识都是从历史地在先给定的东西开始的，这种在先给定的东西，我们可以用黑格尔的术语称之为‘实体’，因为它是一切主观见解和主观态度的基础，从而它也就规定和限定了在流传物的历史他在中去理解流传物的一切可能性。哲学诠释学的任务可能正是从这里出发而具有这样的特征：它必须返回到黑格尔的《精神现象学》的道路，直至我们在一切主观性中揭示出那规定着它们的实体性。”[②] 从这个角度来讲，客观精神在哲学诠释学的理论构建中就具有了重要的位置，它是一切主观见解和态度的基础，从诠释学的角度来讲，它就是构成此在理解之“前见”的传统，由此理解作为事件（自成事件）就具有了效果历史。

这种实体性或许可以叫作客观精神，客观精神就是一种围绕着我们所有人，但谁对它都不具有一种反思自由的精神，它其实反映了自我反思的界限。伽达默尔借此凸现效果历史意识的不可完成性本质。对“效果历史意识”来讲，黑格尔的客观精神也表达了历史的真理，伽达默尔这样批评海德格尔：“海德格尔坚持把黑格尔的‘自我反思’（它无疑与‘外在反思’有着足够明显的区别）理解为是对那支配着黑格尔的朝向自我意识的发展的证

---

① 伽达默尔：《哲学诠释学》，夏镇平、宋建平译，上海译文出版社，1994，第 29 页。

② 伽达默尔：《真理与方法》，洪汉鼎译，上海译文出版社，1999，第 388 页。

明。这样一来，他就使黑格尔走向客观精神的步骤没有得到足够的强调。”① 从上面关于传统的不可超越性来看，伽达默尔一再述说海德格尔与黑格尔之间的关系，其实想表明的就是即使海德格尔本人也无法克服反思哲学的界限。正是通过这一论述，伽达默尔在扬弃海德格尔的基础上，为自己诠释学理论的基本特征（问答逻辑、视域融合②、效果历史意识等）进一步寻找到了根据——黑格尔的辩证法。

二、海德格尔与黑格尔的辩证法

伽达默尔认为：“海德格尔后期哲学的发展所遇到的一切批评，若分析到底，几乎没有不可以追溯到黑格尔立场上的。”③ 有理由认为，海德格尔不曾充分认识到自己与黑格尔的接近并因此没能公正地对待思辨逻辑的做法，这主要表现在两个问题域中：一是海德格尔将历史同化到他自己的哲学方法中，这一点是与黑格尔相同的；另一点是本质上，在海德格尔的所有主张中都隐藏着未被注意到的辩证法。④

伽达默尔在《黑格尔与海德格尔》(*Hegel and Heidegger*) 一文中提出这样一个问题：“是否黑格尔所从事的对一切可以设想的思维之路进行全面的辩证中介，就必然要揭穿每次突破‘在思维中思维自身’的反思怪圈的尝试都是欺骗。是否就连海德格尔试图用来反对黑格尔的那种立场，到头来也会局限于反思的内在无限性的怪圈之中呢?”⑤ 伽达默尔的回答是：黑格尔其实证明了任何“突破‘在思维中思维自身’这一反思怪圈”的努力都是徒劳的，而海德格尔本人确实也受到了反思的内在无限性之圆圈的制约。因此，要承认的是海德格尔的思想必须被安置在黑格尔的思想王国的界限之内，而不是仅从二者思想上的某些一致就得出“海德格尔的问题的极端性和广博性

---

① 伽达默尔：《科学时代的理性》，薛华等译，国际文化出版公司，1988，第 59 页。

② 问答逻辑：Logic of question and answer；视域融合：Fusion of horizons。

③ 伽达默尔：《伽达默尔集》，严平编选，上海远东出版社，1997，第 206 页。

④ 见伽达默尔：《伽达默尔集》，严平编选，上海远东出版社，1997，第 206 页相关论述。

⑤ 伽达默尔：《黑格尔与海德格尔》，邓晓芒译，《哲学译丛》，中国社会科学院，1991 年第 5 期，第 10 页。

足以不漏掉黑格尔提出的一切问题，反而能从背后向他提问”①。

可见，答案的线索其实就是黑格尔的辩证法。伽达默尔认为，海德格尔在《存在与时间》里对黑格尔的意识唯心主义的批判随着他的转向表现出了某种前后的不一致。在转向中，海德格尔主动放弃了先验的自我理解，放弃了存在问题在存在与此在的关系中的地位（此在对存在的理解是追问存在问题的出发点），这反映了海德格尔进一步向黑格尔靠拢。

正如伽达默尔自己所说的，“海德格尔的事实性诠释学乃是包含着对起源于希腊思想开端时期的客观性和主观性概念所做的一种本体论批判，所以，当海德格尔把提问的本体论维度与所有实体的问题区分开来时，这恰好很容易使人想起黑格尔对外在反思的批判。尤其是当海德格尔在他思想的发展进程中，减弱了在他先前巨著（即《存在与时间》）中那种存在论的情绪，并承认自己的先验自我理解是不合适的时候，黑格尔关于客观精神的学说就更清楚地表明了，它对我们仍有着切实意义。”② 黑格尔已经明确地越过主观精神形态、意识和自我意识而引出了精神辩证法，这特别表现在他对历史的理解上。

对伽达默尔来说，客观精神的学说最终体现于历史领域，它表现为历史中的理性。黑格尔以精神的辩证法结构证明了历史中的理性，历史的力量作为对立物被理性的调和性所克服，精神在其中体现为历史进程的必然性，黑格尔在《逻辑学》（*Science of Logic*）中对这种辩证法结构进行了系统的阐明。正如海德格尔所说的，《逻辑学》透露出黑格尔对古希腊哲学遗产的继承，这表明黑格尔是彻头彻尾的希腊人。可以说，黑格尔对自然和人类历史领域进行的理性思维乃是希腊形而上学世界观的彻底化。但是这种逻各斯的彻底化却被海德格尔认为是存在的遗忘，这种遗忘是从古希腊哲学后期开始、而在近代哲学的自我意识的推演中臻于完成的。

伽达默尔认为，从这点看，海德格尔的历史意识与黑格尔哲学的基础即

---

① 伽达默尔：《黑格尔与海德格尔》，邓晓芒译，《哲学译丛》，中国社会科学院，1991 年第 5 期，第 10 页。

② 伽达默尔：《科学时代的理性》，薛华等译，国际文化出版公司，1988，第 36 页。

绝对知识和自由地完成了的自我意识的构想是极端对立的。众所周知，海德格尔认为从柏拉图到黑格尔的西方思想是形而上学的历史，是日益遗忘存在的历史，而他所做的则是试图返回到形而上学的开端的之前，因此，他认为自己不能被理解为形而上学。

在伽达默尔看来，海德格尔对希腊哲学的批判，对形而上学历史的断言，其实并不是偶然的。尼采（Nietzsche）、叔本华（Schopenhauer）可以说是他思想的先驱。欧洲虚无主义的产生、实证主义的活跃，这些都表明了形而上学的终结，也都促进海德格尔到形而上学的背后去的思想步伐。因此，海德格尔对存在问题的追溯，"这种对开端的反思本身并不是开端，而是由某种结尾来中介的。"伽达默尔问"难道真的有可跳出那由于'走回头路'所造成的、形而上学思维的中介关系吗？难道历史不总是连续的吗？难道变化会消失吗？"① 海德格尔的步伐试图超越历史的长河而返回到希腊之前的世界，但这是不可能的。

实际情况表明，海德格尔并不能脱开所谓的形而上学历史。海德格尔从来没有像黑格尔那样谈过历史中的理性、历史必然性。在其后期思想中，他甚至完全有意避开对历史和历史性的表达，而用"命运"（Geschick，Fate）或"存在的命运"（Geschicklichkeit，Our being fated）来取代这种表达。海德格尔在这里似乎要强调这一事实，即历史并不是我们可以选择的可能性问题，它并不涉及历史意识和历史自我意识。在他看来，历史乃是涉及赋予人和人由此得到规定的东西，一切自我决定和自我意识都隶属于它。但是，伽达默尔认为，当海德格尔将形而上学的历史看作是统一的存在遗忘史，并在技术时代看出遗忘的极端发展时，他恰好就把一种内在的逻辑赋予了历史。不仅如此，当海德格尔说形而上学意味着存在的遗忘的时候，"意识到这一点的思维就被给予了必然性，被遗忘的东西也就在一个人那里重新恢复了。"② 认识到遗忘意味着曾经被遗忘的东西再一次被海德格尔回忆起来了，

① 伽达默尔：《黑格尔与海德格尔》，邓晓芒译，《哲学译丛》，中国社会科学院，1991 年第 5 期，第 13 页。

② 伽达默尔：《黑格尔与海德格尔》，邓晓芒译，《哲学译丛》，中国社会科学院，1991 年第 5 期，第 13 页。

这正是思想的命运。伽达默尔说，实际上，在日益增长的存在遗忘与恢复、回忆之间存在着与辩证的颠倒这一联结方式极其相似的关联。

在海德格尔对一切人类自我筹划的未来性的揭示中，我们也可以看出类似末世学的历史意识。技术时代对存在遗忘的急剧深化能够为这种思维提供颠倒的根据，它让海德格尔能够在一切生产和再生产出来的东西后面看见那实际存在的东西，“向着物的泰然任之”（Gelassenheit zu den Dingen）表明了这一点①。

概言之，海德格尔这样一种历史的自我意识，其广博性绝不亚于黑格尔的绝对哲学。它表明海德格尔本人确实也受到了反思的内在无限性之圆圈的制约。在这里，用海德格尔的人的此在的有限性来反驳黑格尔的绝对哲学是不恰当的，因为黑格尔的辩证法本身就不允许我们去思想整体的概念，从而按照完全确定的规定性去思想存在的概念。

伽达默尔认为，海德格尔之所以会对黑格尔的态度模棱两可，其实就在于辩证法在黑格尔那里表现出来的摇摆不定。在他那里，辩证法被认为“能在一切对立和矛盾中看出整体的统一性和统一的整体性的理性观点”；另一方面，辩证法又有和古代辩证法相似的含义，即使一切矛盾对立尖锐化，因此也被看作是对于那些使思想陷入无意义工作的深渊的矛盾的展示，尽管这些矛盾共同存在于使一切对立统一起来的理性观点。为了强调这种含义的差异，黑格尔往往将理性的观点称为“思辨的”，这样辩证法与哲学证明的过程本性相关②，它是使潜在的矛盾展现出来并在理性的观点中得到克服和统一的过程。

伽达默尔说，上述理性的观点——思辨的思想显然隐藏着一种矛盾心理。一方面，黑格尔信赖思想对象化客观化的方法，它在黑格尔泛逻辑方法论那里达到了极点；另一方面，这一哲学证明的方法理想又是以理性的具体

---

① “泰然任之”是一种对技术世界的态度，也“就是要让技术对象入于我们日常生活世界而同时又让它们出于我们的日常世界，亦即让它们作为物而栖身于自身。”（见孙周兴：“编者引论：在思想的林中路上”，《海德格尔选集》，孙周兴主编，三联书店，1996，第 24 页。）

② 参见伽达默尔：《真理与方法》，洪汉鼎译，上海译文出版社，1999，第 597-598 页相关论述。在那里，伽达默尔对“思辨”与哲学证明的关系有一与上述观点相同的论述。

经验为前提的。《逻辑学》中思维规定的整体、诸范畴的辩证整体是以思维本身的尺度为前提进一步为我们提供了这另一方面的证据。总之，黑格尔试图在一切东西中保证思辨和理性的统一，而从这方面来看，海德格尔并无不同之处。正如上面所说的，历史，存在的遗忘和技术时代的极端化，思想原始根源的持续影响和力量，海德格尔都从里面看出了某种同一，而这也是黑格尔试图在一切东西中保证思辨和理性统一的东西。海德格尔的思想中都具有辩证的结构，伽达默尔说：

> 掩蔽和显现的相互联系所意味的东西和这种联系与新的“本质”概念的关系，在海德格尔自己的基本思维经验中能以多种方式现象学地表示出来。(1) 在工具的存在中。工具不是在其客观固执中而是在其可为人用中有着自己的本质，这使我们能全神贯注于超出工具本身之外的东西。(2) 在艺术品的存在中。艺术品在其自身内只有它的真理，这种真理不是以任何其他方式而只是在作品中才能得到。对于观赏者或接受者来说，“本质”在这里相应于他在作品旁的逗留。(3) 在事物中。这个唯一的、独立存在的现实不可能被迫去为我们的目的服务，并且不可替代地与消费对象的概念形成对比，就像在工业生产中发生的那样。(4) 最后，在词中。词的“本质”并不在于被全部说出，而是在于未说出来的东西之中，我们尤其在沉默无语中认识到这点。在所有这四种思维经验中都显而易见的共同本质结构是既包括在场也包括不在场的“此在”。①

怎么会造成黑格尔和海德格尔自身思想和互相关联的歧义性和矛盾呢？这是他们的历史性自我意识所造成的，正因为这样，海德格尔没有看到自己与黑格尔思想的接近——语言的思辨性。伽达默尔针对黑格尔说：“如果让语言说话，并倾听它所说的东西，那么人们就不光是从中听出与黑格尔在

① 伽达默尔：《哲学诠释学》，夏镇平、宋建平译，上海译文出版社，1994，第229-230页。

《逻辑学》的辩证整体中放到概念里来理解的东西不同的东西。”① 黑格尔在里面所说的很多东西与其说表达了本质，不如说表达了本质（Wesen）② 的语言自身。

在海德格尔看来，黑格尔的自我意识方法是继承希腊逻各斯哲学的结果。海德格尔对黑格尔辩证法的批判就是基于这一事实：在辩证法中，思辨的、理性观点的东西是以某种绝对——心灵或理性为其根据的，这种绝对作为在场、现存的东西应该被陈述出来。对于以陈述者在场的时间性为方法的海德格尔来说，他当然会认为思想的去蔽在本质上相关的不仅是遮蔽，而且是把存在隐藏于自身中的语言。被陈述说明的东西只有通过对我们在世界中存在的语言把握才说出自身。这里，“言语与语言整体、与对话的诠释学有关，这种可能性总是超出那被说出的东西。”③

伽达默尔说，“对于海德格尔曾经引导他的思想到‘转向’（Kehre）的东西，我则试图把它描述为我们自我理解的一种界限经验（Grenzerfahrung），描述为效果历史意识，而这种效果历史意识与其说是一种意识倒不如说是一种存在。”④ 限制的辩证法其实就是黑格尔的意识辩证法，它意味着意识只有通过扬弃自身才能够存在。在限制辩证法中表现为逻辑普遍性的东西，在经验中特殊化为这样的意识，即被意识所区分的自为存在乃是它自身的他物。它的真理被认识，是当它被认识为自我，即当它在自我意识中认识自身。界限意味着开放性，伽达默尔从界限的辩证法出发，认为反思其实是无限的界限，因为要确定某物是一个界限，我们一定已经超越

---

① 伽达默尔：《黑格尔与海德格尔》，邓晓芒译，《哲学译丛》，中国社会科学院，1991 年第 5 期，第 15 页。

② 正如孙周兴在关于“Wesen”的“译者注”中所说，后期海德格尔经常把德文名词（das wesen）作动词化处理，以动词 wesen 来表示存在（以及真理、语言等）的现身、出场、运作，所以该词被译为“本质化”“成其本质”。同样，伽达默尔认为 Sein 就是 Wesen，它和 Wesen 都具有被用为名词的“Anwesen”（在场）所具有的动词之时间性特征。概言之，伽达默尔一直在强调语言的思辨性及真理的辩证性。（见海德格尔：《林中路》，孙周兴译，上海译文出版社，2004，第 27 页；伽达默尔：《伽达默尔论黑格尔》，张志伟译，光明日报出版社，1992，第 153-157 页。）

③ 伽达默尔：《黑格尔与海德格尔》，邓晓芒译，《哲学译丛》，中国社会科学院，1991 年第 5 期，第 16 页。

④ 伽达默尔：“汉斯－格奥尔格·伽达默尔自述”，《真理与方法》，洪汉鼎译，上海译文出版社，1999，第 790 页。

了它，而反思在知道它是一个界限之前总是已经跨越了该界限，这对一切界限都是如此，所以反思本身是无限的①。因此，伽达默尔反对任何把视域绝对化、固定化的企图，反对将当前的视域与过去的视域加以割裂。如果谁把自己的视域看成是唯一现实的、不变的，而看不到界限的那一边，即他人的世界里有许多新的视域在向我们开放，谁就无法理解任何东西。这里面隐含着效果历史和视域融合的更为深层的理论根据。

可见，效果历史意识关系到的也是上面所述的前后期海德格尔联结的问题，我们在这里加以强调，则是要特别指出这一点，即伽达默尔之所以能够给予海德格尔前后期一个合法的联结，其背后有黑格尔的客观精神②起支撑作用。在伽达默尔看来，传统作为此在生存的“事实”并不是我们要学会自己解释、学会对付它们的陌生事实，“它是最可理解、最为共同的、被我们所有人一起分享的信念、价值、习惯的事实性，是构成我们生活制度的东西的总概念。”③ 正如语言是传统的“贮存所”，它们背后都有一种共同的东

① 伽达默尔一再强调黑格尔本人对自己哲学的条件性和局限性的认识。在伽达默尔看来，绝对知识是不能脱离精神经历它自身的全部有限形式和所有显现的整个过程的。作为一个思想家，黑格尔充分认识到他自己的条件性和局限性。同样，作为一种先决条件而支持着黑格尔的理论研究和历史研究的那种历史的统一和哲学体系的统一，也是如此。相反，对海德格尔来说，“传统对于黑格尔哲学的理解是一个‘形而上学—神学’（Metaphysical-Theological）的‘绝对精神’体系，它描述了绝对精神（上帝）的自我异化和自我意识过程，也就是自然历史和社会历史过程。作为（逻辑）在先的东西，绝对精神完全规定好了历史的必然过程，历史必然性的根据在于绝对精神自身的逻辑。”（丁三东：《“承认”：黑格尔实践哲学的复兴》，《世界哲学》，2007 年第二期，第 87 页。）照伽达默尔的看法，海德格尔强调要从绝对精神的先验性出发才能理解真理的显现过程，而这是其误解黑格尔的一个因素。（伽达默尔：《科学时代的理性》，薛华等译，国际文化出版公司，1988，第 57-58 页）。伽达默尔举例说，人们可以在《逻辑学》第二版和第一版的比较中看出，黑格尔也在修改自己的作品。因此，黑格尔本人非常明白，他自己的逻辑学是还没有达到最终完善的最初尝试。正如《“承认”：黑格尔实践哲学的复兴》一文里所说，黑格尔区分了“直接的、不反思的现实”和“在自身中反思的现实”，直接的现实只是体现为一种可能性，只有通过反思，它才呈现为一种必然性的过程，黑格尔所说的“哲学作为有关世界的思想，要直到现实结束其形成过程并完成其自身之后，才会出现”在于表明必然性是我们在对过去的历史进行反思时建立起来的，而绝对精神作为历史必然性进程的体系也是反思的结果。从这点来看，黑格尔对于自己哲学体系本身的个人性是有所察觉的。

② 在后面关于柏拉图的论述中，我们将发现，伽达默尔在同一意味上将客观精神理解为理念、存在，他说：“柏拉图的对话集对此有一种表述——思维把人们引向太一、引向存在、引向‘善’，而这些东西就表现在灵魂、国家宪法和世界构造的秩序之中。”（伽达默尔：“汉斯一格奥尔格·伽达默尔自述”，《真理与方法》，洪汉鼎译，上海译文出版社，1999，第 798 页。）

③ 伽达默尔：《诠释学Ⅱ：真理与方法》，洪汉鼎译，商务印书馆，2007，第 393 页。

西——“它根本不是语言，而是一种旨在可能被语言化的共同的东西，也许用‘理性’这样一个词来称谓它也还算可以。”① 很明显，这种可称之为“理性”的东西与黑格尔的客观精神是极其相近的，伽达默尔在此也进一步对海德格尔后期的神秘倾向作了批判。

这种客观精神与它所扬弃的主观精神（自我意识）的关系，反映到诠释者或被诠释者，也就是对话者之间则有如下两个方面：第一，承认的辩证法。这里涉及的主要是对话者的相互关系，也就是主体间性的问题。我们想要表明的是，在对话背后乃是有黑格尔的承认辩证法，这种承认辩证法追溯起来其实也与苏格拉底（Socrates，469BC—399BC）所谓的“自知其不知”有关。第二，问答逻辑和视域融合。事实表明，问答逻辑及其效果——视域融合其实乃是最真实体现效果历史意识的诠释学现象，在那里，黑格尔的实体在问答逻辑里被转化成是海德格尔意味上的事情本身。正因为这样，它一定程度体现了上述的承认辩证法，从而也间接地体现了客观精神在哲学诠释学建构中的基源作用。

三、效果历史意识与对话辩证法

（一）效果历史意识与诠释学经验

伽达默尔认为，黑格尔并不像某些人说的那样，没有为他人的经验和历史他在的经验留下地盘。对黑格尔来说：“精神的生命其实正在于：在他在中认识自身。旨在达到自我认识的精神知道自身与陌生的‘实证东西’相分裂，并且必须学会使自身与这种实证东西相和解，因为它把这种实证东西认作为自己的和家乡的东西。由于精神消除了实证东西的坚固性，所以它与自身达到了和解。就这种和解乃是精神的历史性工作而言，精神的历史态度就既不是自我反映，也不是对它所经历的自我异化单纯形式的辩证的取消，而是一种经验实在的并且本身也是实在的经验。”② 效果历史意识具有经验的结构，它作为诠释学真正的经验形式，反映了经验的普遍结构。在伽达默尔看

① 伽达默尔：《诠释学Ⅱ：真理与方法》，洪汉鼎译，商务印书馆，2007，第 245 页。
② 伽达默尔：《真理与方法》，洪汉鼎译，上海译文出版社，1999，第 444-445 页。

来，“真正的历史对象根本就不是对象，而是自己和他者的统一体，或一种关系，在这种关系中同时存在着历史的实在以及历史理解的实在。一种名副其实的诠释学必须在理解本身中显示历史的实在性。因此我就把所需要的这样一种东西称之为‘效果历史’（Wirkungsgeschichte）。理解按其本性乃是一种效果历史事件。”① 效果历史具有经验的内在历史性。

伽达默尔说，以往的经验理论完全都是从科学出发看问题，因而都未注意到经验的内在历史性。一切经验只有当被证实时才是有效的，经验的科学依赖于它的原则上的可重复性，这意味着，经验要丢弃自己的历史并取消自己的历史。但这并不是说，这方面没有正确地把握经验结构中的真正要素，经验只有在它不被新的经验所反驳时才是有效的，这一点也表现了经验一般本质的特征。

但问题是，经验的普遍性不等于科学的普遍性。按照亚里士多德（Aristotle，384BC—322BC）的看法，经验的普遍性其实是在许多个别的知觉和真正的概念普遍性之间占据着一个显然不确定的中间位置。经验不是科学本身，但经验却是科学的必要前提。经验必须是确实的，也就是说，个别的观察必须表现同样的规则性。只有当那种在经验中所涉及的普遍性被达到了，我们才可能探讨原因的问题并由此走向科学。

这是一种什么样的普遍性呢？它显然是涉及许多个别观察的无差别的东西。但是，经验普遍性无论如何绝不是概念普遍性和科学普遍性。“经验总是只在个别观察里才实际存在。经验在先在的普遍性中并不被认识。经验对于新经验的基本开放性正在于这里——这不仅是指错误得以更正这种一般的意义，而且也指这样的意思，即经验按其本质依赖于经常不断的证实，如果没有证实，经验必然会变成另外一种不同的东西。”②

没有一个人能支配经验产生的过程，它不为这个或那个观察的特殊力量所决定，在这个过程中所有东西都以一种最终不可理解的方式被彼此组合整理在一起。经验是突然地、不可预见地、然而又不是没有准备地从这个或那

① 伽达默尔：《真理与方法》，洪汉鼎译，上海译文出版社，1999，第 385 页。
② 伽达默尔：《真理与方法》，洪汉鼎译，上海译文出版社，1999，第 451 页。

个对象所获得，并且从那时直到有新的经验为止都是有效的。可见，如果和亚里士多德一样，只就“科学”角度来思考经验的本质，那么我们就简化了这种经验产生的过程。对于亚里士多德来说，概念的普遍性就是一种本体论上在先的东西。亚里士多德之所以对经验有兴趣，只是因为经验对于概念形成有所贡献。

经验的过程事实上是一个本质上否定的过程。它不是指那些与我们的期望相适应并对之加以证明的经验。相反，“如果我们对某个对象做出个经验，那么这意味着，我们至今一直未能正确地看事物，而现在才更好地知道了它是什么。所以经验的否定性具有一种特殊的创造性的意义。”经验具有这样的性质，“我们通过它不仅获得对它本身的更好的知识，而且也获得对于我们事先已知道的东西，即某种共相的更好的知识。经验通过否定而做到这一点，因此这种否定乃是一种肯定的否定。我们称这种经验为辩证的。”①

对伽达默尔来说，黑格尔乃是经验辩证要素最重要的见证人。在黑格尔那里，历史性要素赢得了它的权利。他在《精神现象学》中曾经指出那种想确信自身的意识是怎样造成它的经验的。对于意识来说，它的对象就是自在之物，自在之物只能以它对于经验着的意识怎样表现而被知道。所以，经验着的意识具有这种经验：对象的自在性是“为我们”而自在。黑格尔说：“意识对它自身——既对它的知识又对它的对象——所实行的这种辩证的运动，就其替意识产生出新的真实对象这一点而言，恰恰就是人们称之为经验的那种东西。”② 按照黑格尔的看法，经验具有一种倒转意识的结构，它是一种辩证的运动。经验本身的真实本质就在于这样倒转自身。

正如我们所看到的那样，经验实际上首先总是否定的经验。我们对另外某个对象所做出的经验，我们的知识及其对象都在改变，新的对象包含关于旧的对象的真理。以这种方式描述为经验的东西，乃是意识对于它自身所做出的经验。“这种经验的原则，包含有一个无限重要的规定，就是为了要接受或承认任何事物为真，必须与那一事物有亲密的接触，或更确切地说，我

---

① 伽达默尔：《真理与方法》，洪汉鼎译，上海译文出版社，1999，第453-454页。

② 黑格尔：《精神现象学》上卷“导论”，贺麟、王玖兴译，商务印书馆，1983，第60页。

们必须发现那一事物与我们自身的确定性相一致和相结合。”① 经验概念正是意指这一点，即同我们接触的事物与我们自身的确定性相一致和相结合。这就是意识所发生的倒转，即在陌生的东西中、在他物中认识自身。

当然，按照黑格尔的看法，意识的经验运动必然会导致一种不再有任何他物或异己物存在于自身之外的自我认识。这样，经验的辩证运动必须以克服一切经验为指归，而这种克服是在绝对的知识里，即在意识和对象完全等同时才达到，经验的本质在这里从一开始就被某种超出经验的东西所设定。所以，伽达默尔反驳黑格尔说：“经验的辩证运动的真正完成并不在于某种封闭的知识，而是在于那种通过经验本身所促成的对于经验的开放性。”② 这样一来，经验概念就不只是指这一事物或那一事物给予我们教导这种意义上的经验，它意指整个经验。在这个意义上，经验在这里是某种属于人类历史本质的东西，人类的历史存在包含着一种基本的否定作为本质要素。从这种历史本质出发，我们达到了对人类存在界限的洞见——经验就是对人类有限性的认识。

效果历史意识作为一种真正的经验形式，反映了经验的普遍结构。在诠释（对话）中，流传物（对方）乃是作为“你”出现的，一个“你”不是对象，而是与我们发生关系。就此而言，黑格尔提出的经验结构要素在这里将有一种变更，因为经验对象本身在这里具有人的特征，所以这种经验乃是一种道德现象，并且通过这种经验而获得的知识和他人的理解，同样也是道德现象。为此，伽达默尔区分出三种对“你”的经验：

第一种对“你”的经验试图从同伴的行为中看出典型的东西，并且能够根据经验做出关于另一个人的预见，伽达默尔称为“人性知识”。这意味着我们理解另一个人，正如我们理解我们经验领域内的另外某个典型的事件，我们可以估量他。正如所有其他工具一样，他的行为也是作为工具服务于我们的目的。“如果我们把对‘你’的态度和对‘你’的理解这种表现人性认识的形式应用于诠释学问题，那么对应的东西是对方法的素朴信仰以及通过

① 黑格尔：《小逻辑》，贺麟译，商务印书馆，1982，第 46 页。

② 伽达默尔：《真理与方法》，洪汉鼎译，上海译文出版社，1999，第 457 页。

方法可能达到的客观性。”①

第二种对“你”的经验中，“你”被承认为一个人，不过，尽管我在对“你”的经验中有牵连，但对“你”的理解仍是一种自我相关的形式。这里，我—你关系不是直接关系，而是一种反思关系。“一个人要求从自身出发去认识另一个人的要求，甚至要求比另一个人对自身的理解还要好地去理解这另一个人。这样，这个‘你’就丧失了他对我们提出要求的直接性。他被理解了，但是这意味着，他是从另一个人的观点出发被预期和在反思上被截取了。”②

与这种对“你”的经验相对应的，就是被称为史的意识的东西。史的意识依据于方法的客观性，否认经验的历史条件性，从而自认为摆脱了前见。这意味着破坏了传统的真实意义，没有看到正是传统构成了我们的前见和问题方向。

第三种对“你”的经验才是真正的诠释学经验，它表现为一种效果历史意识，具有对传统、对“你”即他人的开放性。对他人的开放性包含这样一种承认，即我必须接受某些反对我自己的东西，即使没有任何其他人要求我这样做。

从这里出发，伽达默尔进一步分析了效果历史意识的逻辑结构。在他看来，诠释学意识特征的开放性意味着一种承认，而且也意味着提问，因为承认意味着不同，而这显然要预设这样一个问题：事情是这样还是那样。问题的优先性被指出来。

可以看出，承认的辩证法对一切理解事件具有普遍性的意义，这使得我们与传统的关系都要被它所改变。无论如何，传统在任何理解背后都起着支撑作用，传统与我们也是永远处于一种对话之中，效果历史意识表现的正是这样的逻辑结构。传统的精神、理念在我们的生活中持续地产生着作用。同样地，承认的辩证法作为效果历史意识，意味着对话辩证法的内核，它体现在对话者之间的问答逻辑和视域融合上。

---

① 伽达默尔：《真理与方法》，洪汉鼎译，上海译文出版社，1999，第461页。

② 伽达默尔：《真理与方法》，洪汉鼎译，上海译文出版社，1999，第462页。

必须看到，承认[①]意味着对生命的尊重。正如伽达默尔所说，“有生命之物事实上绝不可能被对象意识、被企图探究现象法则的理智努力所真正认识。有生命之物不是那种我们可以从外界达到对其生命性理解的东西。把握生命性的唯一方式其实在于我们内在于它。”[②] 这种内在首先要求我们要明白有生命物的自我保存性，它是靠与自己相异的东西来滋养自身。对黑格尔来说，生命物的这种结构在自我意识的本质里有其对应面。黑格尔自我意识学说的真理就在于：自我意识乃是在它所知的一切东西里认识它自身。这就是说，理解者必须要看到，自己作为有生命的个人，乃是依靠他人而生存的，反映在自我意识上，则必须承认另一个自我意识的自为存在。只有通过这样的承认的辩证法（The Dialectic of Recognition），才能真正认识自己，从而真正地进行对话。

（二）承认的辩证法及对话者关系

伽达默尔指出，对黑格尔来说，精神的概念只有在自我意识中才算已经实现；自我意识既是自我，也是对象，“意识在自我意识里，亦即在精神的概念里，才第一次找到它的转折点，到了这个阶段，它才从感性的此岸世界之五色缤纷的假象里并且从超感官的彼岸世界之空洞的黑夜里走出来，进入到现在世界的精神的光天化日。”[③] 因此，第四章“自我意识”——“意识自身确定性的真理性”在《精神现象学》占据了一种中心的地位。这里，黑格尔通过自我意识的确定性证明了他的理性（nous）唯心主义。黑格尔把理性规定为思想与实在的统一，在理性概念中，实在并非是思想的他物，也就是说，知性与现象的对立对黑格尔来说并不是合法有效的矛盾。“把实在分解为普遍性与特殊性、理念与现象、规律与它的例子的两分法，如同意识分为意识与它的对象两方面这种划分一样，必须予以排除。”自我意识“就其于

① “承认”（Anerkennung，Anerkennen）这个词基本上形成于16世纪，“Erkennen”在13世纪时主要是一个法律用语，指判断、发现（比如一个人的罪行），它不仅仅具有“认识”“认知”的含义，在“承认”中，更多的是“实践的而不仅仅是理智的承认”。（Michael Inwood，*A Hegel Dictionary*，Blackwell Publishers，1992，p245.转引自丁三东《“承认”：黑格尔实践哲学的复兴》，《世界哲学》，2007第2期，第83-84页。）

② 伽达默尔：《真理与方法》，洪汉鼎译，上海译文出版社，1999，第325页。

③ 黑格尔：《精神现象学》上卷，贺麟、王玖兴译，商务印书馆，1983，第122页。

自身之内区别自身，而不是从外面为它所从之区别自身的他物的界限所限制而言，它自在地就是无限的。”① 甚至，意识一旦达到了这个无限性的概念，意识就不再是知性了，而毋宁说是以自我意识的形式露面了。真理不再像知性所设想的那样高卓，那样超越地存在于超感官世界之中，存在于“内在的”世界之中，不如说意识自己就是这个“内在的”世界，即是说，它是自我意识。

因而，对黑格尔来说，我们获得自我意识之时，也就等于进入了真理的家园。真理不再是过去从意识立场看来似乎是异己的东西；相反地，真理就在意识自身之内，自我意识认识到生命的结构包含于自身之中。

有生命的东西是类，而不是个体。这就是说，生命乃是一个被反思的统一体，对它而言，特殊样式的差异不是差异。这样，对黑格尔来说，这个“我”乃是作为类，而不是个体的特殊样式。一个具有自我意识的存在本身必然是生命，这就说明，“我”作为一种有意识的生命，一切生命的类的特性对它而言乃是“给定的”。不过，它自身并非仅仅只是结构上的一个类，“作为‘我’，它不仅仅事实上是自在地使每个有差别的东西合而为一的单纯普遍性；毋宁说，当它单独作为自我意识而是‘自为的类’的时候，它便‘自为地’认识到，所有另外的生命也正是类。”② 这是因为它最终认识的不是别的只是它自己。

因此，自我意识通过欲望满足而获得的对自身的确证，并不具有合法性。对黑格尔来说，如果欲望是通过“对他物的取消”而获得满足的话，那么事物必然被毁灭，并回归于无，因而这欲望根本上也是无。这样，欲望着的自我意识通过这种方式并不能发现任何东西。欲望的自我意识总是被这个他物所限制着，但欲望对这个他物作为特殊个体所具有的差别不感兴趣，它只是通过他物来提供满足，从而给予自身确信。因此，“在其活动中不断产生和消失的欲望之中的自我感，看上去似乎是自我意识的真理，然而它绝不

① 伽达默尔：《伽达默尔论黑格尔》，张志伟译，光明日报出版社，1992，第 77 页。
② 伽达默尔：《伽达默尔论黑格尔》，张志伟译，光明日报出版社，1992，第 81 页。

是自我意识的真理。”[①] 这样，黑格尔认为，通过欲望的满足甚至取消了作为自我意识的资格。

与此相反，自我意识必须经验到，它的对象乃是独立存在的，对象也是“他物”，也是意识，而这意识也是自我。因此，作为寻求真正的自我意识的欲望，“只有在这个他物是独立的，同时又承认它不是独立自主的存在，倒不如说它轻视自己的存在，而是‘为另一个东西’的存在的时候”[②]，才能在他物中发现它自己。而只有自我意识才能够成为这样的他物，才能够以其不停止存在的方式而取消自身。所以说，如果自我意识要成为真正的自我意识，那么它就必须独立自主，并且找到另一个自愿成为“为它”的自我意识；这另一个自我意识通过否定自身所需要的不是别的，正是对其自身的认可。自我意识唯有成为双重的自我意识才是可能的。但是，“这也意味着，第二个自我意识不仅有自愿证实第一个自我意识的自由，而且也有否定对它的认可的自由。”[③] 这就是自我意识的独立和依赖，即主人与奴隶的辩证法，也就是承认的辩证法。

伽达默尔认为，如果自我意识仅当其自身被承认之时才是存在的，那么它将必然卷入隐含于承认之本性中的辩证运动。这可以从黑格尔把自我意识双重化的辩证法称之为“精神性统一体”看出来。伽达默尔说：“存在着某种类似精神的东西，它不是作为一个个体观点的自我意识，而是一个‘世界’的自我意识，由于它是社会性的，所以它是通过相互承认而富有生命的。”[④] 这是一种复杂的运动，这里的自我意识依赖于他物，但又与欲望对欲望对象的依赖有所不同，欲望的对象乃是一个简单被取消的对象。的确，正像欲望的自我意识一样，这里的自我意识必须取消独立存在的他物，以便获得对自己的确定性，但是，它也必须由于与他物相关而返回自身。“在这里，自我意识在一种更为精神性的意义上依赖于作为自我的他物。”[⑤] 这个他物不

---

① 伽达默尔：《伽达默尔论黑格尔》，张志伟译，光明日报出版社，1992，第 83 页。
② 伽达默尔：《伽达默尔论黑格尔》，张志伟译，光明日报出版社，1992，第 84 页。
③ 伽达默尔：《伽达默尔论黑格尔》，张志伟译，光明日报出版社，1992，第 84-85 页。
④ 伽达默尔：《伽达默尔论黑格尔》，张志伟译，光明日报出版社，1992，第 86 页。
⑤ 伽达默尔：《伽达默尔论黑格尔》，张志伟译，光明日报出版社，1992，第 87 页。

再仅仅是第一个自我意识的他物，而是一个与第一个自我意识相对立的自由的他物，这个他物由此才能为第一个自我意识提供证明。与第一个自我意识一样，他物也向其自身回归。

伽达默尔说，这个辩证的全部过程只有当它完全是相互之间的承认才是合法有效的。相互关系在此是本质的关系。而正因为承认辩证法乃是在相互关系中产生的，所以它是在一个过程之中，在生死之中经验到的。“当黑格尔从自由的绝对性与死亡的绝对性之间的本质关系中推导出自由的自我意识的时候，……黑格尔提供给我们的乃是主人与奴隶之间关系的一种观念系统。”①

在伽达默尔看来，一个作为有生命的自我意识，如果只是在与另一个自我意识在一起才能发现自己，那它还不具备确实可靠的根据。必须知道，生命之间的相互威胁并不能带来自我的确信。自我意识的双重化的辩证过程表明，生命对于第一个自我意识是本质性的，同样对第二个意识也是本质的，并且后者尤其需要前者的生命，因为它还不具有真正的自为存在，它否定自己乃是为了第一个自我意识对它的肯定。这样一个为了争取相互承认的过程意味着自我意识确实是双重的，而且划分为主人和奴隶。

黑格尔在主人的自我意识里发现了辩证的颠倒。主人必定认识到，他无法确证他的作为真理的自为存在，因为他在奴隶那里所得到的确信只是屈从意识的依赖性和非本质性，这种真理只是“虚假的真理”。辩证的颠倒表明自我意识的真理不得不到服侍的意识中而不是主人的意识中去寻找。不过，奴隶意识最初则是“在自身之外”的，它是在主人那里知道自己，而不是作为自我意识的真理知道它自己，所以，颠倒的结果是，服侍的意识在这个颠倒中返回到自身。总之，从本质上讲，奴役是真正自我意识的反面；在服侍意识中，奴隶的自我乃是对主人的彻底屈从。所以，对服侍的意识来讲，它显然还不具备自我意识或自身的自为存在。

黑格尔把服侍意识的颠倒建立在自我意识所遵循的生死搏斗规则的基础上，他把死亡作为绝对的主人。这个主人意指比奴隶把自身交付于它并由此

① 伽达默尔：《伽达默尔论黑格尔》，张志伟译，光明日报出版社，1992，第 90 页。

丧失了独立性的那种服侍更大的主人。当奴隶对自我屈服表示认可时，对于服侍意识来讲，除了主人的满足之外，没有什么东西具有需要意义。然而，在面对死亡这个绝对的主人时，奴隶就有了保持自身，保持单纯的自为意识和纯粹的自为存在的需要。

这样，服侍的自我意识出现了，在不断经受住死亡的恐惧后，纯粹的自为存在被提高到自我意识的水平。这时，死亡作为“主人是以纯粹自为存在为他的对象的”。① 当然，黑格尔也认为，“这种奴隶意识并不一般地仅仅是这种普遍的转化，它乃是在服务中现实地完成这种转化的。在这种过程中，在一切个别的环节里，他扬弃了他对于自然的存在的依赖性，而且他用劳动来取消自然的存在。”② 劳动是被限制的欲望，与欲望的直接满足不同，在这里，“意识坚守自身而不取消对象”，它是“延迟了的满足的消逝”③。正是劳动通过“形成”对象，而把它的形式印刻在对象上，意识把对象变成了持久存在的东西。“这种意识现在在劳动中外在化自己，进入到持久的状态。因此那劳动着的意识便达到了以独立存在为自己本身的直观。”④

显而易见的是，在劳动中，奴隶发现了自己能力的自我意识，看到了它自己持续和恒久的肯定，并且，它使得超越死亡的恐惧成为可能。伽达默尔认为，奴隶在生死搏斗中的恐惧事实上表明他仍然是一个被自然存在的锁链所束缚的奴隶，对被奴役生存状态的单纯忧虑，本性上并不是自由的开端。因此，从现实来看，废除了奴隶制并不代表消除了奴隶的感觉；一个人不再为某个主人而劳动，并不意味着他具有自由的自我意识——即使他有着熟练的技术或其他什么而能获得成功，但仍然可能停留在奴役的水平上。

在伽达默尔看来，如果劳动要成为真正的自我意识的基础，它必须源于“能力的意识”。自我确证只能在它自己，并且正是因为如此而显示出包含于其能力之自由中的纯粹自为存在的形式之中才能得到。简而言之，它根本不

① 其实，“在恐惧中他感觉到自为存在只是潜在的”。见黑格尔：《精神现象学》上卷，贺麟、王玖兴译，商务印书馆，1983，第 131 页。

② 黑格尔：《精神现象学》上卷，贺麟、王玖兴译，商务印书馆，1983，第 130 页。

③ 黑格尔：《精神现象学》上卷，贺麟、王玖兴译，商务印书馆，1983，第 130 页。原文为：“劳动是受到限制或节制的欲望，亦即延迟了的满足的消逝，换句话说，劳动陶冶事物。”

④ 黑格尔：《精神现象学》上卷，贺麟、王玖兴译，商务印书馆，1983，第 130 页。

是能力本身，而是对其能力的意识。这乃是一种自由的自我意识的意识。伽达默尔说，就此而论，“我们所具有的乃是一种你与我于其中是同一的真正普遍的对象。它将被发展为理性的自我意识。”① 它是作为一切实在之确信的理性，因为既然“他物”不可能与理性有什么不同，那么对于自我意识的一切现实或实现而言，客观、真实的世界就丧失了任何异己存在的意义。在这里，自我意识发现了纯粹普遍性形式下的精神（客观精神），这就是诸如使每个人结合在一起的伦理和风俗，“自我意识并没有丧失在这种普遍性中，倒不如说正是在那里它发现了自己，而且就其满足而言，它认识到了它的单个存在是错误的。”② 对于自我意识来说，劳动的实际目的将在这一个非异己的劳动世界之中实现。

可以看出，伽达默尔通过论述黑格尔的主人和奴隶的辩证法，旨在说明：一个自由的自我意识只有在承认另一个意识乃是自为存在的时候才能获得，生命之间的相互威胁并不能带来自我的确信；相互承认的辩证过程表明，生命对于第一个自我意识是本质性的，同样对第二个意识也是本质的。它也表明通过屈从和同化异己的方式决不会获得一点自我感觉，只有被另外一个对立的自我意识承认才能给予我的自我意识以真实的具体的确证。

黑格尔在这里表述了一个很深刻的思想，即，“人只有在社会关系中，在自己与其他人的关系中，在相互承认中，才能实现自己；孤立的人不能成为真实的人。”③ 在黑格尔看来，每一个人只有通过别人承认其为自我意识着的，才能找到自己的真实性。相互承认的运动“纯全是两个自我意识的双重运动。每一方看见对方做它所做的同样的事。每一方做对方要它做的事，因而也就做对方所做的事，而这也只是因为对方在做同样的事。单方面的行动不会有什么用处的，因为事情的发生只有通过双方面才会促成的。”④ 所以，自我意识的自我性，或者说自我意识之所以成为自我意识，只在于我从别的自我意识那里获得承认并给予别的自我意识以承认。人的使命只有在诸自我

① 伽达默尔：《伽达默尔论黑格尔》，张志伟译，光明日报出版社，1992，第99页。
② 伽达默尔：《伽达默尔论黑格尔》，张志伟译，光明日报出版社，1992，第100页。
③ 张世英：《自我实现的历程》，山东人民出版社，2001，第100页。
④ 黑格尔：《精神现象学》上卷，贺麟、王玖兴译，商务印书馆，1983，第124页。

意识的关系中才能得到实现。在伽达默尔看来，黑格尔在这里所阐发的关于自我意识与自我意识“相互承认”的论述，在一定程度上包含了人的独立自主的思想，是对那种以我为主，以他人为客、为手段的思想的某种批判。只有相互承认对方是主体（自我意识），而不是我为主，你为客，这样才有平等对话的可能。

所以，承认是相互的，只有当我从别人那里获得确证，而别人同样也从我这里获得确证时，自我意识才成为自我意识。通过这种相互承认的辩证法，我们可以理解人类普遍生活中更本质的方面。同样，“依据相互承认的辩证法，每一种友谊和爱情的结合都具有可能从概念上清楚地表述出真实的共同性。这正是黑格尔最伟大的功绩之一，即他就是由此使家庭、社会和国家出现，从中人们引出了令人信服的观念：它们都是产生于在普遍意识方面对主观精神和个人意识的征服和超越。”① 正是在这一基础上，自我意识发现了某种纯粹普遍性形式下的精神，即黑格尔前面所说的客观精神，这是将个人集合起来形成共同体的基础。伽达默尔说“这种客观精神的冲击，是指，不是个人意识，而是凌驾于个人意识之上的一种共同的和规范的现实才是我们在国家和社会中生存的基础。”② 伽达默尔强调了这一基础，而这无疑改变了对话者之间的关系以及理解者和传统之间的关系③。

---

① 伽达默尔：《科学时代的理性》，薛华等译，国际文化出版公司，1988，第 28 页。

② 必须注意的是，在伽达默尔看来，黑格尔“这种关于客观化在制度中的精神的学说与为现存制度的不可改变的合理性辩护无关。黑格尔不是不分青红皂白地为制度辩护，而是反对那种只从个人角度看问题的更世故的托词。他以压倒一切的精神力量指出了社会生活中道德主义的局限性和抽象的内在道德的不可靠性，这种道德在使人类结为一体的生活的客观结构中并没有得到体现。”（伽达默尔：《科学时代的理性》，薛华等译，国际文化出版公司，1988，第 26 页。）这正如承认——原始认可并不是无条件承认社会的合理性或正当性，而是意味着相互理解唯有在原始认可的基础上才可能成功。（伽达默尔：《诠释学Ⅱ：真理与方法》，洪汉鼎译，商务印书馆，2007，第 565 页。）

③ 正如伽达默尔说：“黑格尔的辩证法——我指的并不是系统地构成哲学证明的方法，而是指作为它基础的概念向其对立面‘转化’的经验——也属于我们人类经验内在自我解释的形式和主体间性的表现。”伽达默尔承认，自己在《真理与方法》一书对哲学诠释学的建构中对黑格尔作了一种“含糊”的使用，而对这种含糊性所做的详细解释和确切说明则是在《伽达默尔论黑格尔》一书予以完成的。（伽达默尔：《诠释学Ⅱ：真理与方法》，洪汉鼎译，商务印书馆，2007，第 559 页。）正是有鉴于此，论者才有充分的理由以《伽达默尔论黑格尔》中诸篇对黑格尔辩证法的研究文章来对哲学诠释学的逻辑建构进行进一步的厘清。

（三）问答逻辑和视域融合

通过上述分析，我们可以看到黑格尔辩证法在伽达默尔效果历史意识中的涵贯。然而，对伽达默尔来说，黑格尔哲学毕竟包含着积极和消极两个方面。伽达默尔强调说：“我们必须从黑格尔的观点以及与黑格尔相区别的观点来规定效果历史意识的结构。”①

首先，黑格尔的“历史”辩证法是建立在思辨唯心主义基础之上的，这一点是伽达默尔竭力拒斥的。伽达默尔的哲学诠释学并没有像黑格尔那样把主体性当作理解的最终根据。从上面关于理解作为事件的论述中我们可以看出，哲学诠释学并不是建立在自为意识上，而是根据人类在世存在的传统，人类在世存在的语言性。这不是一个正反合命题的辩证法，伽达默尔所谓“没有通过争执和协调而产生的人与人之间相互信任的内在意识，就没有友谊、婚姻和爱情的关系。这种理解的奥妙是黑格尔辩证法的秘密。它被叫作合题。”② 其想表明的更多的是作为发生事件的传统、语言本身。在他看来，正因为传统、语言乃是一个类似艺术作品的自在的存在者，所以我们只能消除主—客观对立，以一个参与者的身份与之对话。与海德格尔一样，伽达默尔批评的是人类的主观意识，即那种认为能够在主观性基础上建立起知识客观性的意识。伽达默尔所认为的真理乃是我们参与其中的事情（Sache）本身的展开，我们只能被它所引导③。在哲学诠释学的辩证法中，被探究的事情提出问题并要求对其回应，而我们只能立于我们所从属的处境做出回答。可见，黑格尔的辩证法乃是一个人自己的视域和“传统”“语言”的视域之间

---

① 伽达默尔：《真理与方法》，洪汉鼎译，上海译文出版社，1999，第 444 页。

② 伽达默尔：《科学时代的理性》，薛华等译，国际文化出版公司，1988，第 29 页。

③ 由于海德格尔的现象学是诠释的，而正确的诠释依赖于正确的前见，且正确的前见来自事物本身，于是，哲学思考要始于事物给出正确的前见。要注意，在海德格尔的现象学定义里，其文字是强调：“让人来看”，它是被动式。它不是指“由自己去看”，而是“让去看”，它强调现象学的“看”是被动的。在这个定义下，思考者的主动性和主宰性被减弱，改为由对象的主动性和主宰性替代。于是，思考者若要得到正确的前见，不是他主宰自己的思考活动，主动猎取和肯定对象的意义；相反，正确的前见来自对象的给出，思考者似乎是被动地接纳它。概言之，在思考的过程中，思考的始点来自事物，并且，它的终点也是事物，因为思考的目的是事物本身的意义。在伽达默尔看来，海德格尔的诠释学现象学是始于事物的显示，终于事物在显示中给思考者的肯定。从思考过程中人与事物地位之倒置而言，这正是海德格尔现象学的革命性意义。

的一种辩证。“我们继承了传统，遭遇到传统；同时，传统也制造出了否定性的因素，而这个否定性就是辩证的生命所在，就是探究（探讨）行为的生命之源。”①

要而言之，伽达默尔所提的辩证，根据的是海德格尔转向后所阐释的“事件”，即《存在与时间》中所叙述的理解历史性思想。辩证的目的就是“让遭遇到的存在者或事情开显其自身”。② 承认的辩证法表明的乃是一种对话的游戏结构，无论是与传承物对话，或者与另一个他者对话，我们首先要承认有这种可能性，即它可能比我们自己的前见知道得更清楚，我们乃是对话的参与者，而不是引导者。

也正因为辩证乃是视域融合的辩证，伽达默尔坚决反对黑格尔“真理是全体”③ 这一观点。伽达默尔指出，历史意识的特征不在于“黑格尔意义上的‘绝对知识’。也就是说不能在于它以某个当代的自我意识去统一精神生成物整体。试图把精神历史的全部真理包含在自身之内的哲学要求，恰恰被历史世界观所否认。这其实就是为什么需要历史经验的理由，即人类意识不是无限的智慧。对于无限的理智来说，一切事物才是同时的和同在的。意识和对象的绝对同一性对于有限的历史性的意识来说是根本达不到的。这种意识总是卷入历史的效果关系之中。”④ 对伽达默尔来说，受制于历史性的自我理解永远不可能达到所谓的“全体的真理”，我们所拥有的真理只能是有限的和相对的，是未完成的真理，而未完成性就意味着开放性。这样，我们在此必须对问答逻辑、视域融合这一在海德格尔与黑格尔之间交接的思想进行阐释，以便了解他们之间的分合。

在阐释问答逻辑和视域融合之前有必要回顾一下伽达默尔对“诠释学循环”（Hermeneutics Circle）的阐释。伽达默尔着重转述了海德格尔的这段话，“循环不可以被贬低为一种恶性循环，即使被认为是一种可以容忍的恶性循环也不行。在这种循环中，包藏着最原始认识的一种积极的可能性。当

① 帕玛：《诠释学》，严平译，台北桂冠图书股份有限公司，1992，第 193 页。
② 帕玛：《诠释学》，严平译，台北桂冠图书股份有限公司，1992，第 193 页。
③ 黑格尔：《精神现象学》上卷，贺麟、王玖兴译，商务印书馆，1983，第 12 页。
④ 伽达默尔：《真理与方法》，洪汉鼎译，上海译文出版社，1999，第 302-303 页。

然，这种可能性只有在如下情况下才能得到真实理解，这就是解释理解到它的首要的、经常的和最终的任务始终是不让向来就有的前有、前见和前把握以偶发奇想和流俗之见的方式出现，而是从事情本身出发处理这些前有、前见和前把握，从而确保论题的科学性。”① 他认为海德格尔这里所讲的循环的结构不是要求一种理解的实践，而是描述那种理解性的解释得以完成的方式。

这种方式就是解释者无须丢弃他内心已有的前见直接地接触本文，而是只要明确地考察他内心所有的前见的正当性，也就是说，考察其根源和有效性。因此就有一种“完全性的前把握”（Fore-conception of Completion），这个前把握乃是一切理解的前提，它要求我们只有文本真正表现出完全意义统一体的时候，我们才能说是理解了它。然而，如何形成“完全性的前把握”呢？亦即如何考察解释者内心所有的前见的正当性呢？

伽达默尔从海德格尔的“从事情本身出发”的观点出发，认为使得理解得以开始的就是让事情本身说话，这也就是说，先要承认事物的他在性，先让事物自己说话；当我们面对传承下来的事物，我们首先要承认有这种可能性，即它可能比我们自己的前见知道得更清楚②。当传承物对我们开始说话，并最终形成了一个意义的统一体时，我们也就形成了“完全性的前把握”。不过，并非每次都能够这样完满，有时传承物说话了，但我们却无法理解，那么这时我们就要考虑其他解释者的意见了。伽达默尔在此看到了一种隶属性的意义，“亦即在历史—诠释学过程中传统因素才通过作为基础和承载者前见的共同性得到实现。诠释学必须从以下观点出发：谁想理解，谁就和传承物讲出的事物相联结，并且和传统有一种联系或获得一种联系，传承物就

---

① 海德格尔：《存在与时间》，陈嘉映、王庆节译，三联书店，1987，第 187 页。

② 在研究海德格尔的学者中，帕玛（R. E. Palmer，或译帕尔默）清楚地看到了这种人与事物的地位之倒置，他认为：“它（海德格尔的现象学）意味着一种习惯方向的反面：指示事物的并不是我们；相反，倒是事物向我们显现自身。这并不是在表明某种原始的泛灵论，而是表明这种认识：真正理解的本质就在于以事物的力量，导致事物明显起来的东西。”（帕玛：《诠释学》，严平译，台北桂冠图书股份有限公司，1992，第 146 页。）这里，“以事物的力量，导致事物明显起来的东西”其实就是指“事物显示它自身的力量”。

是从这种传统中说话的。”① 解释者相对传统有着这样的隶属性。

把传统作为理解的基础，并由此出发，解释者与传承物之间显然就有了一种熟悉与陌生的对立性。伽达默尔在此又引进了“时间距离”（Temporal distance）。他认为，时间距离应该被当作理解的积极的和建设性的可能性来认识，因为时间距离被传统的持续性填满，而正是在传统的光照中所有传承物才向我们显示。因此，只有与传承物拉开足够的距离，只有当所有与传承物的实际关联消退了以后，文本才会对我们真正说话，同时，我们真的前见才会形成。可见，时间距离其实乃是对上述“完全性的前把握”的一个补充性的说明。

总之，从海德格尔的诠释学循环出发，伽达默尔得出了理解历史性的诸多规定，这其中最重要的是在传统基础上所得出的“效果历史”这一重要断制。在他看来，历史作为传统根本就不是对象，而是我们自己与他者的统一体，是一种关系，隶属者与承载者的关系。“在这种历史关系中同时存在着历史的实在和历史理解的实在”，这就是效果历史，理解就是一种效果历史事件。效果历史表明理解有着重要的应用功能。

按照浪漫主义诠释学的看法，诠释学只具有两种功能，即理解功能和解释功能，而无视它的应用功能。伽达默尔根据古代诠释学、特别是法学诠释学和神学诠释学的实践，强调了应用在诠释学里的根本作用。他认为，我们要对任何文本有正确的理解，就一定要在某个特定的时刻和某个具体的境况里对它进行理解；理解在任何时候都包含一种旨在与过去和现在进行沟通的具体应用。伽达默尔特别援引了亚里士多德关于理论知识和实践知识的重要区分，认为诠释学知识完全不同于那种脱离任何特殊存在的纯粹理论知识，诠释学本身就是一门现实的实践的学问，或者说，理解本身就是“一种效果，并知道自身是这样一种效果”②。可见，历史效果就是应用。应用并不是某种一成不变的原理或规则向着任何情况的所谓放之四海而皆准的运用，而是相反，它应用于具体情况，是对一般原理或规则的修正和补充。这样，效

① 伽达默尔：《诠释学Ⅱ：真理与方法》，洪汉鼎译，商务印书馆，2007，第 74 页。
② 伽达默尔：《真理与方法》，洪汉鼎译，上海译文出版社，1999，第 438 页。

果历史意识就具有了开放性的逻辑结构。开放性意味着问题性。我们只有取得某种问题视域才能理解文本的意义，而且这种问题视域本身必然包含对问题的可能回答。精神科学的逻辑本质上就是“一种关于问题的逻辑”①。这种问答其实就是一种视域融合。这就是说，一种诠释学处境是由我们自己带来的各种前见所规定的，这些前见构成诠释者的当前视域，诠释者正是带着这种视域对本文进行提问，从而在本文做出的问答中达到某种视域融合。伽达默尔说，视域融合乃是效果历史意识的任务，它是一般诠释学的中心问题，这就是一切理解中的应用问题。

视域融合是在问答逻辑（即对话）基础上的融合。要注意的是，对话不是指一般的人际交谈。一般人际的交谈可能是漫无边际、空洞无物的，就是说，它没有谈论的事情（Sache）②，更不去探讨事情本身的意义。海德格尔在《存在与时间》§35 所说的闲谈（Chat）是一个很好的例子，因为它的语言不基于事情，而是听从人与人之间随便乱说的语言传播。与闲谈相比，对话必须有一个贯穿整个探讨的论题。在对话时，双方都希望理解它、得到它的意义。伽达默尔强调，对话不是由对话者的意志主导，而是由被探讨的事情所引导。因此，当对话成功时，双方所理解的乃是所探讨的事情本身。“当人与别人展开对话，及被对话吸引而投入其中时，决定该对话的，不是

① 伽达默尔：《真理与方法》，洪汉鼎译，上海译文出版社，1999，第 475 页。

② 《路标》中“Sache”关联着乃是“Ding”（物）。从海德格尔的思想来看，“Ding”意指的是能够独立存在的存在者，诸如工具、艺术品、语词等。对海德格尔来说，这些存在物的本质结构就是“在那儿”，既包括在场的存在又包括不在场的存在。这里，正如存在与传统相对应，伽达默尔将“事情”“物”转用到了传承物，也就是传统具体形态，我们在后面的语言观也可以看到类似的观点。对伽达默尔来说，传承物和负载着传统的语言都是能够敞开自身存在的存在者。要而言之，所谓的真理之遮蔽与揭示的交互联系的意义及其同新的“本质”概念的关系可以在海德格尔自己的基本思想体验中，通过不同方式现象学地显示出来。（1）在工具的存在中。工具的本质不在于其客体坚固性，而在于其可为人所用. 这使得我们能够专注于工具本身以外的东西。（2）在艺术品的存在中。它以这样一种方式将真理保持在自身之中，即，真理只有在作品本身中才能获得。对于观者和接受者来说，“本质”在此只相应于它逗留于作品之际。（3）在物体中。物体作为唯一自存的实在，不能被驱使为我们的目的服务，并且在其不可替换性意义上与消费对象——如工业产品的概念相对立。（4）最后，在语词中。语词的“本质”不在于被完全表达出来，而在于隐而未言者，正如我们特别在无语和沉默中所看到的那样。明显存在于这四种思维经验中的本质的共同结构就是“在那儿”，既包括在场的存在又包括不在场的存在。（见伽达默尔：《伽达默尔集》，严平编选，上海远东出版社，1997，第 209 页；伽达默尔：《诠释学Ⅱ：真理与方法》，洪汉鼎译，商务印书馆，2007，第 78-90 页。）

那自我扬弃或自我宣示的个人意志。反而，对话所关注的事情法则引出当时的正反语句，最后使它们互相交错组合起来。因此，一旦对话成功，充塞在对话者中的，是对话中的事情。"① 提问之所以可能，其实表明了提问者不肯定或不执着于自己的知识，因为如果不这样，那自然就无须提问。所以，对伽达默尔而言，提问预设了苏格拉底的"自知其不知"②。提问者对固有知识的不确定，正表明他所持的是开放的态度。

不过，提问者的开放性并非单纯地顺从和隶属于事情。伽达默尔认为，提问是有方向的，这就是说，问题指示了一个方向，他说："问题的本质包含：问题具有某种意义。但是，意义是指方向的意义。所以，问题的意义就是这样一种使答复唯一能被给出的方向，假如答复想是有意义的、意味深长的答复的话。问题使被问的东西转入某种特定的背景中。问题的出现好像开启了被问东西的存在。因此展示这种被开启的存在的逻各斯已经就是一种答复。它自身的意义只出现在问题的意义中。"③ 提出一个问题就是指出一个方向，以限制提问者的思考。所以，提问本身的意义就是方向意义，循着此方向，提问者看到在对话中的事情。也正是因为提问者总是被方向所限，所以他只能看到事情的某个方面，而不是它的整体，即他所理解的事情，永远内在于由特定方向展开出来的视域里。

但是，提问的方向并不能保证提问是一个真正的提问，因而不一定能让提问者触及事情和得到答案；一个歪曲的问题是没有答案的，因为它不指向一个探讨的领域④。所以，真正的提问不仅要具有方向，还要带领提问者到达探讨的领域和得到合理的答案。通常认为，提问始于提问的人，因为问题显然出自提问者，由提问者主导自己的思考去提出问题。可是，在伽达默尔看来，提问是在对话中进行，对话不是由人主导的；恰恰相反，对话者往往是被引导者。"虽然我们说我们'进行'一场谈话，但实际上越是一场真正的谈话，它就越不是按谈话者的任何一方的意愿而进行。因此，真正的谈话

① 伽达默尔：《诠释学Ⅱ：真理与方法》，洪汉鼎译，商务印书馆，2007，第 182 页。
② 伽达默尔：《真理与方法》，洪汉鼎译，上海译文出版社，1999，第 465 页。
③ 伽达默尔：《真理与方法》，洪汉鼎译，上海译文出版社，1999，第 465-466 页。
④ 伽达默尔：《真理与方法》，洪汉鼎译，上海译文出版社，1999，第 467 页。

绝不可能是那种我们意想进行的谈话。一般说来，也许这样说更正确些，即我们陷入了一场谈话，甚至可以说，我们被卷入了一场谈话。……在这种进行过程中谈话的参加者与其说是谈话的引导者，不如说是谈话的被引导者。”① 在一场真正的对话里，对话者不是引导者，反而是被引导者的，这是说他们说话不是出于自己的意志，而是基于当时的事情。可以说，在陈述中，不是陈述对话者的心灵状态，而是陈述事情的意义；在聆听时，不是听对话者的个人意见，而是听事情的如何说出。同样地，答案不是对话者针对当时的问题说出他内心的观感，而是事情相应着问题显示出其意义；提问也不是询问对方心中的观念，而是探讨事情在该问题方向下的某个方面。对话中的语言，虽然出自人的发声，但它并不反映人本身，而是显示事情。

因此，原初的提问不是由人向事情提出，而是由事情向人提出，它基本上是事情借着文本向人提问。伽达默尔说：“某个流传下来的本文成为解释的对象，这已经意味着该本文对解释者提出了一个问题。所以，解释经常包含着与提给我们的问题的本质关联。理解一个本文，就是理解这个问题。”② 诠释始于事情在文本中向诠释者提问。基于这个提问，诠释者才会反过来回答它，向文本提出问题，由此展开对话。

“提问就是进行开放”③，文本向人提问，是指文本中的事情向人开放它自己，让它和人都进入开放的境域中。但是，事情的开放性不意味着事情已经清楚地显示出来，人们已经清楚地理解它了，因为假若是这样，人就无须提问了。另一方面，事情又不是把它自己开放为模糊不清或完全没有确定性的情形，以致人对它一无所知，因为这无法让诠释者向它提出问题，在问题方向下思考它。事情是在一个特定的方向下，向人开放成多个可能性，但它们似乎是正确的，又似乎是不正确的。正由于事情当时具有这些正反的可能性，因此它成为可提问的。“被提问东西必须是悬而未决的，才能有一种确定的和决定性的答复。以这种方式显现被提问东西的有问题性，构成了提问

① 伽达默尔：《真理与方法》，洪汉鼎译，上海译文出版社，1999，第 489 页。
② 伽达默尔：《真理与方法》，洪汉鼎译，上海译文出版社，1999，第 475 页。
③ 伽达默尔：《真理与方法》，洪汉鼎译，上海译文出版社，1999，第 466 页。

的意义。”① 事情向人的这种开放性，就是事情向人提问。

但是，即使事情借着文本向人开放它自己，显现出多个对反的可能性，若是人完全不在自己前见的影响下，则事情依然无法触动他，引起探讨的兴趣和动力。只有当事情与人当时的前见相遇，产生了差异和触动，才能引起探讨的兴趣和动力。“在精神科学里，致力于研究传统的兴趣被当代及其兴趣以一种特别的方式激发起来。研究的主题和对象实际上是由探究的动机所构成的。因此历史的研究被带到了生命自身所处的历史运动里，并且不能用它正在研究的对象从目的论上加以理解——这样一种‘对象’本身显然根本不存在。这正是精神科学区别于自然科学的地方。”② 在伽达默尔看来，前见是诠释之所以可能的条件，只有在前见中，人才会对他的事情做出回应。

总之，“对我们讲述什么的流传物——本文、作品、形迹——本身提出了一个问题，并因而使我们的意见处于开放状态。为了回答这个向我们提出的问题，我们这些被问的人就必须着手去提出问题。”③ 在重建问题时，人一方面要在自己的前见中，另一方面要依据文本中的事情去寻找答案。伽达默尔说：“我们试图重构流传物好像是其回答的问题。但是，如果我们在提问上没有超出流传物所呈现给我们的历史视域，我们就根本不能这样做。重构本文应是其回答的问题，这一做法本身是在某种提问过程中进行的，通过这种提问我们寻求对流传物向我们提出的问题的回答。一个被重构的问题决不能处于它原本的视域之中。因为在重构中被描述的历史视域不是一个真正包容一切的视域。其实它本身还被那种包括我们这些提问、并对流传物文字做出反应的人在内的视域所包围。”④ 重建问题永远不能只内在于事情的历史视域里，因为事情的历史视域不是客观独立的，而是被涵盖在一个更普遍或更广大的视域内——它包括了我们和事情。在存在论里，我们与事情不是各自独立，而是互相统一、彼此影响的。所以，在重建问题时，不能预设事情的独立性，放弃我们自己的前见，回到事情的历史视域去，以求所谓客观地理

---

① 伽达默尔：《真理与方法》，洪汉鼎译，上海译文出版社，1999，第 466 页。
② 伽达默尔：《真理与方法》，洪汉鼎译，上海译文出版社，1999，第 365 页。
③ 伽达默尔：《真理与方法》，洪汉鼎译，上海译文出版社，1999，第 480 页。
④ 伽达默尔：《真理与方法》，洪汉鼎译，上海译文出版社，1999，第 480 页。

解它。提问者能重建一个具体的问题，是由事情和提问者两方面的视域互相取到协调而成。所以，重建问题意味着事情视域和提问者视域两者之互相融合，即视域融合。

总之，“在真正的理解活动中，正如在真正的对话中，解释者为问题所牵制，因此无论文本还是解释者都要受论题的摆布——正如柏拉图所说，受逻各斯的摆布。”① 因此，我们说“非得进行”一种讨论，或被“卷进”一场讨论。这些表述方式指出理解活动中的浮力因素，它使对话双方都超越自己的视域而进入一种探询的过程，这种探询过程具有自身的生命，会有其超出我们的预感或料想的延伸和发展。伽达默尔强调说：“真实的理解活动不断地超越那可以通过方法论的努力和批判的自我控制达到的对他者语词的理解。每一场对话都是这样，通过对话就出现了一些不同的东西。”② 柏拉图的对话体现的就是这种辩证意义上的诠释学的具体运作过程，它使所有参与者超越了他们原来的视域。

必须注意的是，由于提问者参与提问，因此提问与他密切相关，这保证了提问者探讨事情的兴趣，构成探讨的动力。正如伽达默尔所指出的，“方法论的贫瘠与真正的理解之间的区别就在于想象，也就是在论题中看出值得提问的东西并提出进一步询问论题的问题的能力。”③ “解释学意识的真正力量是我们看出何者该问的能力。”④

在伽达默尔看来，探讨事情是在对话的过程中。根据苏格拉底所示，对话要预设“自知其不知”，这是说对话者在他的提问中不固执己见，更不一味地以己见抗拒对方的意见；相反，他必须愿意接受它，才能有真正的对话。但这不是指提问者单向的开放性——无条件接受对方的意见、完全隶属于它，因为单向地接受对方显然只是单方面的听从，没有双方面的对话。对话的意义就在于“谁具有提问‘艺术’，谁就是一个能阻止主导意见对于问

---

① 林格（David. E. Linge）：《哲学诠释学》“编者导言”，夏镇平、宋建平译，上海译文出版社，1994，第12-13页。

② 伽达默尔：《哲学诠释学》，夏镇平、宋建平译，上海译文出版社，1994，第57-58页。

③ 林格（David. E. Linge）：《哲学诠释学》“编者导言”，夏镇平、宋建平译，上海译文出版社，1994，第12页。

④ 伽达默尔：《哲学诠释学》，夏镇平、宋建平译，上海译文出版社，1994，第12页。

题的压制的人。谁具有这种艺术，谁就会找寻一切支持意见的东西。辩证法并不在于试图发现所说东西的弱点，而是在于显现它的真正强大。辩证法并不是那种能使某个软弱东西成为强大东西的论证艺术和讲演艺术，而是那种能从事物本身出发增强反对意见的思考艺术。”① 真正的对话不是强化自己，弱化对方；相反地，提问者在问题的方向下，要根据事情，找寻证据来加强对方的论证。对于这点，我们可以这样解释，提问者若仅强化自己、弱化对方（包括文本中的意见），则他的思考就只会不断肯定自己，永远停留在原来的视域里，无法冲破固有的限制，获得事情的新知识。反之，提问者只有根据事情开放自己，找寻证据去支持对方的意见，才可能动摇自己的视域，冲破自己的限制，开拓一个新的知识领域。

总之，在对话中，提问者要依循问题的方向，聆听对方（文本）的意见，更要找寻证据去支持它，以对事情有更深入的理解。由于他所要理解的不是他自己，而是事情的意义，因此他不是以自己的意见去强迫事情接受，而是以事情的意义来修正自己的前见，从而明白事情的意义。因此，在对话过程中，提问者要慎重考虑对方的意见。伽达默尔说：“进行谈话并不要求否证别人；相反地，要真正考虑别人意见的实际力量。因此，谈话是一种检验的艺术。但是检验艺术就是提问艺术。”② 所谓“考虑对方的意见”，不仅是找寻支持它的证据，而更要根据它反过来检讨自己的前见，摆脱那些与事情不一致的前见，以求理解事情的意义③。所以，对话不仅要开放对方的意见，也是一个检验自己前见的过程。在一个成功的对话中，提问者被改变了，他不再是过去的自己，而是另一个新的自己。

从视域融合的观点看，探讨的过程是提问者在其问题方向下，在他的视域中去了解事情，再根据事情视域中的意义，反过来修正他视域中的前见，如此反复。在这样的来回往返中，提问者根据事情视域而导致彼此视域的修正，摆脱那些让它们隔离、无法融贯的意义，直至视域完全融合。在融合的

① 伽达默尔：《真理与方法》，洪汉鼎译，上海译文出版社，1999，第 472 页。

② 伽达默尔：《真理与方法》，洪汉鼎译，上海译文出版社，1999，第 472 页。

③ 伽达默尔在此之前提到了理解的“完全性的前把握”，见伽达默尔：《真理与方法》，洪汉鼎译，上海译文出版社，1999，第 376 页相关论述。

视域中，事情的意义与提问者的前见完全融贯一致，彼此协调，互相充实。在事情的主导下，提问者和事情皆从其以前的视域，提升到另一更广大的视域里，因而都摆脱了以前的片面性，获得了更普遍的意义。“这样一种自身置入，既不是一个个性移入另一个个性中，也不是使另一个人受制于我们自己的标准，而总是意味着向一个更高的普遍性的提升，这种普遍性不仅克服了我们自己的个别性，而且也克服了那个他人的个别性。‘视域’这一概念本身就表示了这一点”①。

由此可见，成功的对话会带来事情的新意义。这里，事情的新意义并不表示它不是事情的本来意义，或者扭曲了事情的本意。在伽达默尔看来，意义一定是在问题方向下的意义。由于不同的探讨是在不同的问题方向下，因而事情会呈现出不同的意义，但无论如何，由于探讨是由事情主导、并由事情完成其自我显示的过程，因此，即使事情呈现不同的意义，它们也依然是由事情本身而来。所以，相同的事情容许不同的意义。在伽达默尔看来，差异是同一中的差异，而真正的同一必定包含差异。因此，事情之所以显示出不同的意义，是由于它本身是同一的，而且，由于它是同一的，它也必定显示出不同的意义，并由它们构成它的同一。因此，事情杂多的意义，并不意味着其同一性被破坏；相反地，这反倒显示出其本身丰富而充实的同一性。

通过以上论述，可以看出，伽达默尔与海德格尔之间的关系主要表现为以下方面：

第一，从理解的历史性来看，伽达默尔明确将海德格尔对理解的前结构分析，以及对人类存在其内在历史性的分析，当作哲学诠释学建构的真正起点。对伽达默尔来说，真正的历史意识乃是要意识到每一种解释都受到解释者的具体情境控制，根本不存在“无前提”“无偏见的”解释，解释者不能从自身的事实性中摆脱出来。这样，“事实性诠释学”通过理解历史性这一此在的本体论条件与哲学诠释学关联在一起。

第二，论者认为转向后的海德格尔对本质真理之问已经不同于《存在与时间》，他不再从此在的生存结构的分析出发，而是从存在本身出发，认为

① 伽达默尔：《真理与方法》，洪汉鼎译，上海译文出版社，1999，第 392 页。

存在本身就是真理。伽达默尔认为《本源》一文对艺术品的分析支持他哲学思考的中心问题，即把存在本身看作真理的“发生”。事件表明真理乃是自行发生的，人在此只是作为参与者。理解同样不能被仅仅看作一种进行理解的意识活动，它本身即为存在事件的一种模式。对哲学诠释学来说，作品是一个事件，它建立了一个自己的世界，而我们是被卷入到这个世界的，被卷入是一种“遭受”。与主客二分那种强调客观把握的认知不同，理解作为一个事件乃是主客统一的游戏。

第三，后期的海德格尔极力想用一种特殊的半诗化的语言来克服形而上学的语言。对此，伽达默尔认为，从理解的历史性看，由于任何思想都具有给定的历史性，这种“克服”形而上学的努力只能从传统之内开始。对伽达默尔来说，任何促使和限制此在筹划的东西都绝对地先于此在而存在，《存在与时间》中此在的生存论结构必须在对历史传统的理解里找到它的表现。

在伽达默尔看来，传统作为有力量的东西在构筑着我们的诠释学处境，因而理解表现出来的是一种效果历史。正是因为处境的不可消除性，作为理解者的“效果历史意识”并不具有超越它的可能性。伽达默尔通过海德格尔与黑格尔关系的论述表明，海德格尔本人也无法克服反思的界限。由此，论者探讨了黑格尔辩证法与哲学诠释学建构的逻辑关系。

首先，论者认为，黑格尔的意识辩证法表明，反思在知道它是一个界限之前已经跨越了该界限，反思是无限的。与海德格尔将真理看作“遮蔽”与“去蔽”的互动运作的辩证过程相似，伽达默尔通过对黑格尔“经验”的否定性的批判继承，揭示了哲学诠释学经验的辩证本质，指出诠释学经验具有“否定性”“有限性”和“开放性”的辩证本质。效果历史作为一种真正的经验形式，反映了经验的普遍结构。

其次，通过将黑格尔辩证法引入诠释学，伽达默尔认为诠释学的辩证法在于诠释者的视域和“传统”视域之间的一种辩证；通过对黑格尔“承认辩证法”的揭示，伽达默尔阐发了对话者关系的辩证法思想，指出效果历史意识就是对话者关系的体现。这样，伽达默尔以对话者关系为连接纽带，在效果历史意识和对话之间成功地架起了一座沟通的桥梁。

最后，论者认为，伽达默尔所说的辩证，其根据在于海德格尔转向后所阐释的“事件”和《存在与时间》中所叙述的理解历史性思想。辩证的目的则是“让遭遇到的存在者或事情开显其自身”。承认的辩证法表明的是一种对话的游戏结构，即无论是与传承物对话，还是与另一个他者对话，我们首先要承认有这种可能性，即它（他）可能比我们自己的前见知道得更清楚，我们是对话的参与者，而不是引导者。论者对问答逻辑和视域融合的论述则试图清楚地表明这一论点。

第三章　在黑格尔与柏拉图之间：语言的思辨性与对话辩证法

伽达默尔坦言，自己在与黑格尔对话时，背后总有柏拉图的思想在支撑着。通过柏拉图的对话，他逐步认识到对话在诠释学理论中的中心位置和人类关于世界经验的语言性质①。对伽达默尔来说，柏拉图的辩证法是植根于活生生的对话之中，并从负面揭露感官知觉的易谬性转为积极显露同一性中的差异，强调多元的参与。尽管黑格尔声称他的辩证法与柏拉图的是一样的，但他的方法之所以成为辩证法并不是因为它起源于对话，而是因为它的基础在于矛盾中的思考，有着爱利亚派（Eleaticism）的辩证法源泉。

是什么促使黑格尔从古代的不同辩证法中寻找到自己东西的呢？伽达默尔认为就是语言的思辨性。作为语言之逻辑本性所能提供的思辨性向导，古代哲学堪称典范，伽达默尔指出，黑格尔的方法论原则（对于一种概念于其中进展到更高的差别和具体性的内在演进过程的要求）依然植根于语言的逻辑本性之中，思想的辩证进展与对自己语言中思辨精神的倾听这两者归根结底具有同样的本性。就此而言，柏拉图理念的显现与黑格尔辩证法所阐释的思想之思辨的自我运动乃是接近的。正是从柏拉图和黑格尔那里，伽达默尔看到了辩证法与语言、语言与理性、语言与人的精神的统一，并将它们整合到自己的哲学诠释学中。

还是先把目光朝向海德格尔对真理含义的重新挖掘，而这挖掘是在古希腊文获得的。在海德格尔看来，真理源于古希腊的 aletheia（古希腊原文

---

①　在《真理与方法》“第 3 版后记”里，伽达默尔径言：“我的意图则是，把哲学诠释学的领域同柏拉图的——但不是黑格尔的——辩证法联系起来。”（伽达默尔：《诠释学Ⅱ：真理与方法》，洪汉鼎译，商务印书馆，2007，第 553 页。）

αληθεια)，原意为“去蔽、展现、揭示”，意味着这样那样得到揭示的存在者。相应的动词 alethenien 则指把存在者从掩蔽状态中取出来让人在其无蔽状态中来看。[①] 在海德格尔看来真理就意味着此在的开展，而此开展则存在着掩蔽与去蔽的斗争，是一个开放的辩证的过程。在分析诠释学与现象学关系时，我们发现海德格尔在从词源上对“现象学”进行的详尽的探讨时，就发现存在与语言之间一种原始的关联，在那里，存在的意义的发生、涌现是一种本源的言说，在者的去蔽就在言语的揭露中得到。海德格尔的这一溯源本身就暗含着存在现象学与伽达默尔的对话辩证法（Dialectic of dialogue）的一致性。只不过不同的是，海德格尔并不太关注公共性的人际交往和沟通，他更关注的是私人性的、语言对此在的存在的意义的问题。伽达默尔继承了真理辩证性这一点，并且发现苏格拉底的辩证法是用对话形式来表现真理。“人们通过各种对话，就参与到真理之中。辩证法的提问方式便是提问和回答，提问就是进行开放，被提问的东西的开放性在于回答的不固定性。……回答的不确定性和开放性构成了提问的意义。苏格拉底辩证法的真理含义正在于此。”[②] 柏拉图充分展示了苏格拉底的对话和辩证法，伽达默尔认为他从中发展出在对立面思考的思维方式。当然，这种辩证法的承继还包括集辩证法之大成的黑格尔。严平甚至认为伽达默尔只是去掉黑格尔形而上学中的唯心主义方面，整个体系的框架也与其形而上学的体系的体系框架有类似之处，隐含着想复兴黑格尔的倾向。

不管如何，从柏拉图那里，伽达默尔发现，语言的思辨结构是一种使意义整体得以说明的语言表述。辩证法里存在的不是主体方法上的主动性，而是思维所“遭受”的事物本身的行动。因此，意义进入语言表达其实指明了一种普遍的本体论的结构——“能被理解的存在就是语言”。语言乃是事件本身，从语言中心出发的诠释学经验是一种事物自身的行动，这种行动同现代科学的方法论相反，乃是一种遭受（Erleiden），一种作为事件的理解。

要而言之，语言本质上是对话的语言，它只有通过相互理解的过程才能

① 见《存在与时间》第四十四节“此在、展开状态、真理”，第 245-265 页详细分析。

② 严平：《走向解释学的真理》，东方出版社，1998，第 49 页。

构成自己的现实性。谁进行理解，谁就进入了一种事件。有意义的东西通过事件表现出来，这意味着理解其实就是获得真理的事件，而理解事件的开始则意味着提问和回答，因而对话辩证法总是先于任何的事件而存在的①。

一、逻各斯②与辩证法

（一）黑格尔与柏拉图

伽达默尔说，对于黑格尔来讲，柏拉图的辩证法③还不是纯粹的辩证法，因为它是从假设的前提开始的，而这些假设前提并非按照某种内在的必然性

① 有论者同样认为哲学诠释学最终的理论归结处在对话辩证法，却不同意伽达默尔在辩证法上有重柏拉图而轻黑格尔的倾向，认为如果离开了黑格尔这个环节，古代的辩证法包括柏拉图辩证法可能只是很一般的东西。（见《通向辩证法之途》，三联书店，2001，第 88、89、378 页。）与之相反，本文通过下面关于"'逃入逻各斯'之路"的分析，恰恰要表明，这是通过柏拉图的对话辩证法，黑格尔的思维辩证法才有最终的措置之处，另外，在论文下章，论者也将通过伽达默尔的哲学生涯来进一步表明柏拉图的对话辩证法乃是哲学诠释学重心这一观点。伽达默尔说："熟悉黑格尔哲学的人将会理解黑格尔为什么拒绝倾听柏拉图所发出的，关于事物是同一还是差别的问题无论如何必须以具体说明细节为其前提的呼声。因为这种要求直接与黑格尔的辩证方法相矛盾。这就是说，黑格尔的辩证法乃在于自在和独立地思想一个规定，以便使它显示出自己的片面性，从而迫使我们去思想它的对立面。"（伽达默尔：《伽达默尔论柏拉图》，余纪元译，光明日报出版社，1992，第 27-28 页。）黑格尔只是看到了反思的思辨本性。也正是在这里，伽达默尔指出，与苏格拉底、柏拉图的对话不同，黑格尔自己的哲学辩证法显然是一种对白，这种对白乃是借助于某种极不相同的方法论概念，实现了一种自我展现思想的理想，这种方法论概念更多地依赖于笛卡尔方法的原则。而这乃是伽达默尔贯其一生所要批判的东西。

② 逻各斯（Logos）一词来自动词"言说"（Legein），所以逻各斯的存在是内在于语言当中的。Logos 的复数是 Logoi。从词源学来看，Logos 的基本含义至少有以下两方面：一是语言；二是与语言同时进行的行为，即人的理性，所以说 Logos 具有"理性"（Ratio）和"言说"（Orato）这两层含义。而从延伸意义来看，Logos 意思则非常丰富，正如海德格尔所说，逻各斯"一向被解释为：理性、判断、概念、定义、根据、关系"。（海德格尔：《存在与时间》，陈嘉映、王庆节译，三联书店，1987，第 40 页。）从伽达默尔相关"逻各斯"的论述来看，他在柏拉图那里是把逻各斯界定为"概念"，而在黑格尔那里则是为"判断"，从而把逻各斯与黑格尔的"先验逻辑"关联起来，认为"先验逻辑"根据的是希腊的"逻各斯"概念。概言之，正是通过逻各斯，伽达默尔将黑格尔和柏拉图统一在"辩证法"的名下。（伽达默尔：《诠释学Ⅱ：真理与方法》，洪汉鼎译，商务印书馆，2007，第 54-55 页；伽达默尔：《科学时代的理性》，薛华等译，国际文化出版公司，1988，第 140 页。）但是，归结来看，伽达默尔承继了海德格尔关于逻各斯的"基本含义是言谈"和"又意味着理性"的思想，从而强调语言的本质在于对话、语言表明人是有理性动物、对话乃是人思想的体现的这些主张。（海德格尔：《存在与时间》，陈嘉映、王庆节译，三联书店，1987，第 40、44 页；伽达默尔：《哲学诠释学》，夏镇平，宋建平译，上海译文出版社，1994，第 59 页。）

③ 从柏拉图那里看，辩证法一词首先出现在《美诺篇》中，其后，则主要出现在诸如《斐多篇》《理想国篇》《斐德罗篇》《智者篇》和《斐里布篇》等对话里，这其中，《巴门尼德篇》更是被黑格尔视为古代辩证法的最伟大的作品。（黑格尔：《精神现象学》上卷，贺麟、王玖兴译，商务印书馆，1983，第 49 页。）

而彼此产生。事实上，就关于哲学证明的方法论观念而言，黑格尔的确较少关注《巴门尼德篇》（*Parmenides*）这一“古代辩证法的最伟大的作品”，或者其他任何一篇柏拉图的后期对话。不过，黑格尔的辩证法乃是概念的自我运动，思想自身的逐步展开，与此相应，他认识到，“柏拉图的伟大成就正在于他揭露了感性确定性和植根于此的意见的荒谬性。因而他把思想看作是如此的自我充足，以至于它可以努力摆脱感性知觉的干扰，从而在纯粹的思想普遍性中认识实在之真理。”① 正如伽达默尔在《柏拉图〈吕雪斯篇〉中的言语与行为》（*Logos and Ergon in Plato's Lysis*）一文所指出的那样，言语与行为之间的冲突所反映的并不仅仅是雅典时代的特征，它也呈现在一切哲学认识之中。在雅典的历史上，诡辩的阴影并不只是在某一特定时刻才伴随着哲学，而是始终伴随着的。柏拉图的对话之所以不同于在我们传统中的其他哲学著作，它与现实发生着并将始终发生关系，其最重要的根源就在于此。“苏格拉底与智者学派之间的对立形成了柏拉图思想的出发点。”②

柏拉图的辩证法是与对话紧紧关联在一起的。柏拉图“将讨论时运用的假说法引荐为方法上的助手，用此方法的目的是检验一种尝试性地提出来的概念是否正确，即：把这概念和已知概念联系起来并发挥由这种联系的可能性而产生的所有可能结论，从而检验那种概念是否正确。……这些被当作整体的逻辑运算——借以求得理念与理念之间的相互关系——柏拉图称之为辩证法。”③ 黑格尔从这里看到了思辨性辩证法的最早成长，因为与智者们相反，柏拉图超越了那种单纯地推翻某一特殊观点而让普遍性间接地浮现出来的方法，他力求纯粹、独立地在思想之中展示普遍性，即以定义或规定来正确地把握普遍性。

不过，在黑格尔看来，古代哲学所造就的概念并未从它们试图把握的特殊存在物之具体杂多的土壤之中连根拔起。这就是说，古代人的哲学意识还有着欠缺之处，在他们那里，精神仍然沉浸于实体之中。用黑格尔的术语

① 伽达默尔：《伽达默尔论黑格尔》，张志伟译，光明日报出版社，1992，第 6 页。
② 文德尔班：《哲学史教程》上卷，罗达仁译，商务印书馆，1997，第 161 页。
③ 文德尔班：《哲学史教程》上卷，罗达仁译，商务印书馆，1997，第 164 页。

说，实体还只是纯粹的“自在的”概念，精神还没有经验其自身是“自为的”，还没有经验其自身是主体。因此，古代哲学不可能完成从思想到普遍性的单纯提高，精神还没有自觉地发现自己，没有达到自我意识。

因此，古代的辩证法在黑格尔看来只是客观辩证法。黑格尔的辩证法汲取了古代辩证法的这一方面，也就具有了“客观的”特征，不过，当他让“实体赋予自己以自我意识”时，其辩证法也便同时具有了“主观的”特征。因此，他的辩证法并不仅仅是思想的辩证法，而且也是被思想之物的辩证法。着眼于此，伽达默尔试图维护黑格尔辩证法的完整性。他说，那种认为黑格尔的辩证法乃是在一个范畴的体系中把握世界的整体或者把世界的体系解释为某种概念性关系的普遍性体系的观点是错误的，这些观点都没有看到黑格尔辩证法客观性的一面。伽达默尔认为，黑格尔的体系并不是建立在一条没有任何真正连续性的发展线索上的任意性建构。规定辩证发展的，并不是概念性关联本身，而是在那些思想规定的每一个规定之中，陈述每个规定的自我意识之中的“自我”。

其实，黑格尔在《逻辑学》中所试图说明的概念的自我运动完全依赖于意识与对象的绝对中介，而这是《精神现象学》的主题。《现象学》为《逻辑学》的纯粹知识准备了思想因素。从此处看，《现象学》的辩证法乃是一种认识与真理之间的差别于其中被超越的运动，“在意识中的差别、主体与客体之间的鸿沟被消除掉的过程之中，使普通意识提高到哲学意识的道路”这是现象学的科学的对象。这种科学本身就已经在科学的水平之上了，《精神现象学》并不是某种的预备性的导论，从科学来看，它的辩证法与《逻辑学》的并无二致。

伽达默尔试图说明，尽管支配黑格尔辩证法运动的法则是近代哲学的自我意识真理，但黑格尔的辩证法也回到了古代辩证法，而且比其之前的任何方式都更具有返本归源的姿态。这一点在《逻辑学》显得分外突出，在其中，古希腊哲学的整体被集中概括在思辨哲学之中。虽然近代哲学的观点——所谓绝对是生命、绝对是运动、绝对是精神，乃为《逻辑学》的出发点，但这个出发点却并非只存在于看到一切认识之根据的自我意识的主体性之中，它也存在于古代辩证法之中。“不如说，黑格尔自一切实在之理性本性之中，从而于一种作为真正实在的精神概念之中，看到了这个根据。这就理所当然地使他排列在古希腊之 nous（理性）哲学的传统之中。”①

这在黑格尔“有”（Being）、“无”（Nothing）和“变易”（Becoming）这一使思想之连续规定成为一个统一过程的最抽象概念中表现得最为明显，“支配着这一连续规定的法则就是，思想之最简单最古老的概念已经‘自在地’表述了绝对的定义，即绝对是精神，从而绝对地在认识了自己的知识概念之中达到了现实，这就是在希腊思想由之开始它的过程之运动的辩证法中，第一次认识了自己的认识的运动。”② 黑格尔在古代看到了这样一种自我认识的运动。在黑格尔看来，芝诺的辩证法看到了运动概念中所显示的矛盾，从而使精神能够第一次而且似乎是以直接的直观形式意识到了它自己。但是，对黑格尔来说，运动并不是存在着的精神能够对象化的某种东西，黑格尔说：“我们习惯于把运动看作宾词或状态（因为我们对于某物的理解和述说有所断定并且固定下来了），但运动其实就是自我，是作为主体的主语，并且恰恰是消逝过程中的持久东西。”③

运动问题也是晚年柏拉图辩证法面临的问题。对于柏拉图来说，“使这些理念相互协调的‘灵魂’就是运动，所以，思想着理念之间相互关系的 logos（逻各斯）必然是一种思想运动，从而必然是一种被思想之物的运动。”④ 运动辩证法就是把运动思想为存在所导致的矛盾。对于辩证法来说，如果没有矛盾，借着运动而被假定的“存在”是不可想象的，运动与存在乃是相互伴随的，而这正是《智者篇》（*Sophist*）所获得的结论。

不过，在伽达默尔看来，只是在亚里士多德那里，运动与思想的一致才成为最基本的问题，energeia（现实）表达了这种一致性。dynamis（潜能）具有一种纯粹的本体论意义，它不仅意指运动的潜能，也意指存在的潜能，

---

① 伽达默尔：《伽达默尔论黑格尔》，张志伟译，光明日报出版社，1992，第 12 页。

② 伽达默尔：《伽达默尔论黑格尔》，张志伟译，光明日报出版社，1992，第 13 页。

③ 黑格尔：《自然哲学》，第 57 页。转引自伽达默尔：《伽达默尔论黑格尔》，张志伟译，光明日报出版社，1992 第 14 页。

④ 伽达默尔：《伽达默尔论黑格尔》，张志伟译，光明日报出版社，1992，第 14 页。

从而赋予 hyle（质料）的存在方式以规定。而 energeia（现实）乃是与 dynamis（潜能）相对应的，所以由此看，它也被假设了某种纯粹的本体论功能。伽达默尔说，它意味着纯粹的在场本身。这个在场“在其纯粹状态下乃发源于推动者，发源于 nous（努斯），发源于理性——即，发源于严格说来在最高意义上存在的东西。”因此，它最初乃是关于运动的一个概念，“它所指称的是某物之与单纯可能性或能力正相反对的完成了的现实。”① 从这里看，尽管最高存在中不可能有任何运动，但亚里士多德对 energeia 的存在概念化之中其实意味着 energeia 包含了有着某种存在于运动之中的自然事物。甚至，“在亚里士多德对运动的规定中，他超越了存在与非存在之间单纯的辩证对置，而且当他把运动的本性规定为‘作为可能之可能的 energeia（现实）’时，他超越了柏拉图。”②

如果足够敏感的话，我们可以发现黑格尔在《逻辑学》的开端所论说的与亚里士多德关于运动的规定极其相似。在黑格尔看来，运动的辩证法与思想的辩证法之间存在着一致性。当然，我们必须明白，黑格尔之所以超越古代的辩证法乃在于他欲使我们认识到，“沉浸于实体之中的自我意识的形式，与它的独立的纯粹本质性的形式，乃是同一个精神运动的两个虚幻形式。”这里，辩证法超越了知性在主体和客体之间设置的差别。为了让传统本体论僵死的知性范畴流动起来，黑格尔说“它们自己鼓动自己”。这意味着知性范畴不再是与自我意识相对立的实在，而是精神本身。

在古希腊，知性范畴乃是表述自然存在物的，这意味着当它们描述自然存在物运动的时候，它们便插入了辩证法的对立。黑格尔从这种对自相矛盾的否定中导引出精神的更高真理；“矛盾对于古代哲学而言是毫无价值的证据”，在黑格尔这里则成为肯定的东西。

然而，黑格尔究竟在什么意义上恢复了古典辩证法呢？而柏拉图在更高的反思水平上再现的关于运动的否定辩证法，到底是如何与证明绝对即精神这一更高的真理联系在一起的呢？

---

① 伽达默尔：《伽达默尔论黑格尔》，张志伟译，光明日报出版社，1992，第 15 页。

② 伽达默尔：《伽达默尔论黑格尔》，张志伟译，光明日报出版社，1992，第 16 页。

伽达默尔认为，要回答这个问题，必须以“黑格尔关于为表达哲学的思辨本质而作为一种恰当媒介的陈述问题作为我们的出发点。”在黑格尔看来，陈述或判断的形式对于思辨真理的表达而言是不合适的，哲学所需要的是理解。

在一个判断之中作为基础的是主词，而宾词作为内容乃是它的偶性。因此，主词既可以在这一方面被规定为这个东西，也可以在另一方面被规定为那个东西，主词被判断的那些方面对主词本身而言是外在的。因而规定是外在于内容的，在规定的发展中没有任何必然性可言，所有主词的规定非本质地以外在的关系彼此并列陈杂。黑格尔称所有这样的知性判断为形式推理。在形式推理中，“关于内容的知识的确不是由某物‘不是如此’的否定性直观而得以增进的，因为存在于任何否定之中的肯定因素并未成为观察的新内容。”① 因此，形式推理只是陷入了自身否定之中而不能自拔。更为重要的是，以主词为基础，从一个理念推展到另一个理念，这些理念在每一个都与这个主词有关的意义上不过是形式推理。总之，形式推理“这种理智运动外在地使它的运动过程时刻集中在事物的表面之上，就好像事物本身是不动的和僵死的”。②

与形式推理相比，思辨的思维从事理解。黑格尔对哲学的命题的分析表明：哲学的命题与知性判断相比具有不同的性质，在它那里主词并不表现为固定的基础，同样，思想达到的也不是与他物相关的宾词，而“毋宁说达到的乃是一个迫使我们回到主词的宾词。在宾词中，我们得到的并不是什么新的或者与主词不同的东西，因为在思想宾词时，实际上我们是在深入主词之所是的东西。那个被当作固定基础的主词现在被抛弃了，思想在宾词之中所思想的并非别的东西而只是重新发现了主词本身。”哲学命题表达了主词和宾词的同一性，从而超越了二者之间的差别。从此处看，哲学命题甚至不能算是一个命题。“在人们期望有所断定中什么也没有断定，因为这个‘是’或命题中的系词在此具有一种异乎寻常的作用。它不是使用他物来陈述某物

① 伽达默尔：《伽达默尔论黑格尔》，张志伟译，光明日报出版社，1992，第 19 页。

② 伽达默尔：《伽达默尔论黑格尔》，张志伟译，光明日报出版社，1992，第 20 页。

的存在，而不如说是为了发现它所失去的坚固根据，在描述思想于其中从主词进展到宾词的运动。”①

就思想与运动的关系乃是“反思的”（思想在运动中思想自身）而言，思想宾词在深入主词之所是的东西时其实表明的是思想回到了自身，这里思想的反思乃是自我反思，思想沉浸在主词自身所是的本质之中。“依黑格尔之见，这就是辩证的思辨性的本质——思想所思的不是别的只是这个自我，思想所思的乃是自我自身的存在，而自我意识中的自我于其中总是已经认识了自己了。如此说来，自我意识中的主体性就是一切命题之中的主词，它的宾词正像它们凭其自身而被纯粹地思想的那样，乃是思想之单纯的抽象或规定。”②

因此，思想一个规定并不是去思想规定所从属的他物，相反，规定是“在其自身之内”被思想的，这就是说，规定在自身内既是被规定的东西，也是从事规定的东西。这样，在它之中，规定使自身与自身相关，而被规定的东西对其而言又是他物。伽达默尔说，就此而论，它已经被推进到潜在于其自身之内的矛盾之中了，而且，它在这种矛盾对立中自为地产生统一。

因此，在一个给定的规定中，思想所思的乃是这个规定自身；也因此，思想在其自身之中发现了所有其他规定的根源。“只有当所有规定的绝对中介，同一与非同一的同一，都在概念的概念或精神之中被思想时，返归自我的演进运动才可能停下来。”思辨的运动具有这样不断地由其自身而形成自身的内在结构。哲学在黑格尔看来应该是概念自身的演进过程。

总之，在黑格尔看来，辩证法有三个本质性的因素：第一，思想是凭其自身所获得的关于自在之某物的思想。第二，就此而论，它必然同时是思想相互矛盾的规定（否定）。第三，矛盾规定的统一（肯定）。黑格尔认为，所有这三个因素都可以在古代人的辩证法中找到。

然而，正如我们上面所讲的，古希腊的辩证法乃是否定的辩证法，矛盾对于思想来说乃是没有价值的。因此，辩证法的第三个因素显然是很难在古

① 伽达默尔：《伽达默尔论黑格尔》，张志伟译，光明日报出版社，1992，第 21 页。

② 伽达默尔：《伽达默尔论黑格尔》，张志伟译，光明日报出版社，1992，第 21-22 页。

希腊找到的。伽达默尔说，“不过，黑格尔在柏拉图哲学中看到了一种肯定的、思辨的辩证法，一种导向客观辩证法而非只为消除偏见的辩证法。在他看来，柏拉图的思辨辩证法也包含着对存在与非存在、差别与非差别这些矛盾和对立的洞见，而这意味着柏拉图认识到了这些矛盾的相互关联，从而产生了一个更高的统一体”。黑格尔这些看法和解释，所依据的乃是《巴门尼德篇》和《智者篇》。

不过，伽达默尔对此提出了质疑。他说，像《巴门尼德篇》那样揭示矛盾是否能获得肯定的证明效果是很成问题的。同样，《智者篇》的主旨与黑格尔的意图，即代替形式逻辑而建立矛盾的辩证法作为更高的思辨逻辑方法，其实也没有丝毫相似之处。

伽达默尔着重论述了《智者篇》被黑格尔误解的情形，他说，黑格尔对《智者篇》整体乃是否定的而非肯定的辩证法并没有判明清楚。他指出，黑格尔之所以坚持柏拉图在《智者篇》认为同一必须同时也是差别的时候才能被认识，乃是根据其对文中 259b 那段话的根本误解。实际上，黑格尔根据自己的意思把那段话翻译为：“困难而真实的工作在于揭示出另一物就是同一物，而同一物也就是另一物，并且是在同样的观点之下。”① 而在伽达默尔看来，原文所说的乃是，真正困难的是当有人说同一在某些方面是不同的时候，必须解释是在什么意义上和什么方面它是不同一的，反之如是。这样，柏拉图的原意则正好与黑格尔的解释相反。正如原文所说的，柏拉图的意思是说不具备关于某方面的详细说明就不断地在论证中把同一看作差别、把差别看作同一并且以这种方式制造矛盾，乃是毫无意义的事情。

---

① 该段话在《伽达默尔论黑格尔》的中译本被译为“把握真实的困难之处在于另一物就是同一物，而尤其是就同一方面而言，同一物也就是另一物。”（伽达默尔：《伽达默尔论黑格尔》，张志伟译，光明日报出版社，1992，第 26 页。）而在柏拉图的《智者篇》259b 我们没有发现这段话，倒是 259c-259d 有这么一段话，这句话是承接上面的“真正困难并值得花费气力的是其他一些事情”，这“就是我前面说过的，要抛弃那些不能引导前进之路的诡辩，一步一步地跟上我们的论证，批判在某种意义上不同的事物是相同的，或相同的事物是不同的这样的论断，准确地解释它们在什么意义上、在什么方面可以被说成是相同的或不同的；仅仅以某些模糊的方式揭示相同就是相异，或相异就是相同、高就是矮、相像就是不像，不断地在论证中展示这样的矛盾，并以此为乐，这不是真正地批判. 而可以视为初次接触真实事物的、乳臭未干的小子所为。”（柏拉图：《柏拉图全集》第 3 卷，王晓朝译，人民出版社，2003，第 68 页。）

伽达默尔说，实际上，柏拉图在《智者篇》中意在阐述他的逻各斯理论本质，从而为建立差别、划分类别和下定义提供肯定性的辩护。因此，这里的同一与差异乃是“通过表明一个存在于与他物关系中的事物同时一方面是差异，而另一方面又是同一的这一点而被证明的。”① 这显然与黑格尔的辩证法没有相似之处，正如我们所讲的，《逻辑学》中的辩证法乃是要通过把一个环节推到自相矛盾的地步，从而使把这一矛盾的诸方面结合在一起的更高真理或综合的统一体成为可能，而这与柏拉图为了消除谬误、解除矛盾而通过建立差别、划分类别和下定义来获得实际认识的意趣显然是不一样的。可以看出，逻各斯理论针对的是诡辩术，这种诡辩术在还没有关于事物的详细知识的情况下便去证明某物是同一还是差异，其势必陷于空谈和误导。

因此，就其真实情形而论，柏拉图之关于事物是同一还是差异的问题必须以具体说明细节为其前提的观点，恰好是黑格尔所批评的那种“知性和表象思维方式的诡辩”。在伽达默尔看来，黑格尔的辩证法乃是自在和独立地思想一个规定，以便使它显示出自己的片面性，从而迫使我们去思想它的对立面，同一与差异乃是同一的。而柏拉图的观点则避免了思想规定的纯粹概念性内容，“它不是致力于思想作为主词的规定，而宁肯去思想作为属于一个主词的，而且在不同情况下都可以归属它的宾词的规定。”柏拉图以具体细节详细说明的最终结果就是宾词规定的并列杂陈。这样，黑格尔通过保留未加规定的东西以便把思想规定推向矛盾的方法，也一定会被柏拉图斥之为诡辩方法。如此看来，黑格尔与柏拉图的辩证法其实是大相径庭的。

然而，伽达默尔认为，黑格尔总体上对柏拉图的理解乃是正确的。这主要是因为黑格尔要使固定的思想规定流动起来的任务，与柏拉图源于所有言谈的不可避免之混乱状态的洞见旨趣相似。柏拉图的“遁入逻各斯之路”表明了矛盾乃是思想的命运，柏拉图从苏格拉底哲学中看到了超越混乱状态的新的可能性。对柏拉图来说，“使之陷入矛盾的谈话的力量，能够具有真正的哲学功能：通过对偏见的反驳，它能够展现关于事物真实关系的思想。”②

---

① 伽达默尔：《伽达默尔论黑格尔》，张志伟译，光明日报出版社，1992，第 26-27 页。

② 伽达默尔：《伽达默尔论黑格尔》，张志伟译，光明日报出版社，1992，第 30 页。

伽达默尔说，柏拉图在《第七封信》（*Seventh Letter*）中对于哲学知识的说明，使得逻各斯的肯定与否定两方面功能乃是由事物本性而来的这一点显而易见了。对柏拉图来说，认识的工具，如语词、概念、直观或想象等，作为逻各斯显现不可缺少的东西，自在地就是含混的，因为它们每一个都维护自己，而当它们这样做时便掩盖了所意指的事物。“陈述的本性在于，它自己无法保证对于其自身意义的正确理解。”因此，“使对于事物如其所是那个样子的观察成为可能的东西，同时也正是能够歪曲它们的东西。如果我们的注意力仅仅集中在被陈述之物本身，那么哲学就无法同诡辩的形式推理区别开。”① 真理知识唯有在活生生的交谈讨论之实在中才能获得，哲学就只是对话辩证法，“因为一切言语，即使是那些确然表达了内容之内在结构和差别，即表达了理念之间相互关系的言语，皆于自身内保持着‘一’与‘多’的矛盾，因而也参与了这一矛盾之争论的开展。”《巴门尼德篇》告诉我们的就是这一道理，老巴门尼德使青年的苏格拉底认识到，认为单一理念具有不可毁灭的永恒性，可以保证被意谓之物的同一这一看法或规定显然是不够的，还必须学会分解与事物无关的理念。“任何言语在本性上正像它们是多一样，也是一，因为实在于其自身之内就被区别开了。它自己就是逻各斯。”②

因此，在柏拉图看来，如果人们可以就宾词的本性而形成详细的意见，那么就可以成功抵御智者的诡辩术。然而，对黑格尔来讲，宾词的本性在陈述里其实就是主词，宾词与主词乃是同一的。一个哲学陈述乃是以对立面的同一性的思辨关系为前提的。这思辨关系一旦被断定，则就必须明白事物不可能存在由于它而成为差异的单方面的单纯特性。伽达默尔说，从这一点来说，黑格尔在柏拉图的哲学里为自己的观点寻找支持又是有道理的。正如柏拉图在《理想国》（*Republic*）第六卷所指出的，思想的进程完全是从理念进展到理念，而根本不需要从外面引入任何东西。同样地，对黑格尔而言，“至高无上的不是逻辑说服力的观念，而是哲学证明的观念，即思想之内在

---

① 伽达默尔：《伽达默尔论黑格尔》，张志伟译，光明日报出版社，1992，第 30 页。

② 伽达默尔：《伽达默尔论黑格尔》，张志伟译，光明日报出版社，1992，第 31 页。笔者在下文会详细论述这一观点。

的、连续性的阐明。”这与柏拉图对话中的逐步区分和界定乃是相近的，在柏拉图的对话中，没有任何的演绎推理，而只有某种通过对内容的理解而达到的东西所实现的问题和回答的转换。

可以看出，伽达默尔在这里试图表明，对话辩证法其实与思想之内在的、连续性的阐明有着一致性，在对话中表现的其实就是思想（思维）的辩证运动。

伽达默尔继续说，同样地，黑格尔对亚里士多德的解释，也出现理解与误解相混杂的情况。他特别留意黑格尔的下面这段话：

> 思维对于亚里士多德乃是一种对象，正像其他的对象一样，——是一种情况。他没有说唯有思维才是真理，一切都是思想；但是他说，它是第一性的、精力最充沛的、最受尊敬的。我们说，思想，作为对自己发生关系的东西，乃是存在的，是真理。我们还说，思想是一切的真理；亚里士多德并不这样说。……亚里士多德没有用现代哲学的语言来表达他的思想；但根本上，观点是一致的。①

对黑格尔来说，nous（理性）作为最优越的东西，只是思想自身的东西，乃是意指思想的自我乃是至高无上的，而并非意指与之相反的被思想之物。但是，对亚里士多德而言，“关于至高无上者的规定必须直接以被思想之物为其开端。”对亚里士多德来说，假如 nous（理性）是至高无上的，那么作为已被建立起来的东西——它所思想的东西，被思想之物，就不是与其自身不同的他物，相反，它其实是通过被思想之物而思想自身。

因此，归结来讲，亚里士多德与柏拉图一样，他们的思想路线都是从被思想之物开始的，而不是从思想自身开始的。对他们来说，“被认知之存在与被思想之存在的运动最初源自实在或存在，至于实在或存在必定蕴涵理智的生命与运动，那只是后来的结果。”② 这就意味着，思想自身的自我就不能

① 黑格尔：《哲学史讲演录》第二卷，贺麟、王太庆译，商务印书馆，1983，第 300 页。
② 伽达默尔：《伽达默尔论黑格尔》，张志伟译，光明日报出版社，1992，第 36 页。

被看作是能动性的，energeia（现实）并非意指在自我的自发性之中来规定某个产生性的始源，而是在事物的创造性过程中不受限制的、充分的存在，它在 ergon（行为）之中实现自身。所以，伽达默尔说，黑格尔其实乃是从错误的前提出发，即从绝对是活动、绝对是生命、绝对是精神出发来说明柏拉图和亚里士多德。

伽达默尔说，黑格尔是以其在他物之中的自我认识的精神概念出发，把生命规定为"自我反思"，而柏拉图、亚里士多德则把自己运动的东西或者在自身之内具有运动源泉的东西，看作根本的存在，从被思想之物出发，他们把这一自我相关的结构引申为 nous（理性）概念。所以，如果要说黑格尔与柏拉图、亚里士多德的一致，那么也就是这一自我相关性的结构本身。

可以说，伽达默尔一直试图在黑格尔与柏拉图、亚里士多德三者之间寻找一种一致的地方。自我相关性表明了伽达默尔哲学诠释学所一直坚持的反思的辩证法。而正如上面所述，反思的无限性与诠释学的视域融合及效果历史概念是密切相关的，甚至可以说，反思的辩证法为这些概念提供了深层的根据。不过，在这里，正如伽达默尔把黑格尔列入希腊理性主义传统一样，伽达默尔强调思想与被思想的相关结构，旨在为后面的哲学诠释学理论建构，即从语言的角度，为阐述"理性乃是由语言所构成""对话辩证法乃是理性的表现"诸观点寻找哲学的根据。

伽达默尔接下来问，到底是什么使得黑格尔能够从古代辩证法那里寻找到自己的东西呢？他的答案就是语言的思辨性——"作为语言之逻辑本性所能提供的思辨性的向导，古代哲学是堪称典范的。"在伽达默尔看来，"黑格尔的方法论原则——对于一种概念于其中进展到更高的差别和具体性的内在演进过程的要求——依然植根于语言的逻辑本性和它所提供的向导之中。"① 伽达默尔说，就此而论，"思想的辩证进展与对自己语言中思辨精神的倾听这两者归根结底具有同样的本性。"② 依黑格尔之见，命题或语句的外在形式正如语词的指称力量一样，在自身之内承负并保存着辩证法的呈现与进展所

---

① 伽达默尔：《伽达默尔论黑格尔》，张志伟译，光明日报出版社，1992，第 39-40 页。

② 伽达默尔：《伽达默尔论黑格尔》，张志伟译，光明日报出版社，1992，第 40 页。

需要的内容。所以，对黑格尔而言，寻找真理的相应形式也就是某种永无止境的尝试，它在这种反复的尝试中不断进步。就此而言，柏拉图理念显现的真理与黑格尔辩证法所阐释的思想之思辨的自我运动乃是接近的。

伽达默尔在分析黑格尔的辩证法时说，《逻辑学》的真正问题是：黑格尔“以他在语言的‘逻辑本能’（Logical instinct）中所发现的自然逻辑为依据时，他为他的作为先验逻辑的《逻辑学》所规定的目标究竟是否令人信服地得到了证明。”① 这里语言的逻辑本能指的是思想指向“逻辑实在”的趋向。伽达默尔说：“可以肯定，在语言中所反映出来的是具有希腊逻各斯本质特征的具体化的理性趋势。”② 这种趋势甚至在它的真理性问题还没有解决的地方，也依然在现实化。这就是说，它给予了思维和说话以它的普遍具体化（The concretization of the universal）的特殊本性。

关于语言的“逻辑本能”的说法意味着语言把我们引向逻辑学，因为在语言中自然地发挥作用的范畴在逻辑学中同样地被聚集起来。伽达默尔认为，“对于黑格尔来说，语言在逻辑学的观念中达到了它的完满，因为在逻辑学中思想经历了发生于其自身之内，并且在语言的自然逻辑中起作用的所有规定，而且思想以思维概念的方式把这些规定相互结合起来了。”③

伽达默尔质疑黑格尔：语言是否真的只是具有一种等待思想去渗透并且使之概念化的本能逻辑吗？黑格尔这样做乃是看到了逻辑与语法之间的一致性的结果，但是，不论语言与逻辑在它们的具体使用中表现出多大的一致性，“隐含于每一种语言的语法之中的自然逻辑都决不会在哲学逻辑同一源始的功能里彻底地表达殆尽。”语言永远不可能通过向逻辑的转化而真正地提高到它的“概念”。所以，真正的语言的自然逻辑并不意味着我们可以随意把语言当作一个给定的工具，而是语词本身规定了我们使之付诸使用的方式。自然逻辑就是某种不依赖我们，而我们依赖于它的东西。伽达默尔认为，黑格尔讲到自然逻辑的时候，可能也是意识到了语言的使用方式。所

---

① 伽达默尔：《伽达默尔论黑格尔》，张志伟译，光明日报出版社，1992，第123-124页。

② 伽达默尔：《伽达默尔论黑格尔》，张志伟译，光明日报出版社，1992，第124页。

③ 伽达默尔：《伽达默尔论黑格尔》，张志伟译，光明日报出版社，1992，第125页。

以，对他来说，概念也不是所谓思维的工具；相反，思维必须服从概念。因此，伽达默尔认为《逻辑学》的任务总是以思维在那里居有其所的语言为前提，绝对知识之不可逾越的界限正是在我们的语言的经验之中显露出来的。“使语言之述说成为可能的，并不是作为自我规定着的概念的抽象直接性的‘存在’，不如说，用海德格尔称之为‘澄明’的存在来描述它更为恰当。不过澄明既意指解蔽，也意谓遮蔽。”①

从存在的真理这一角度说，“一种能够把语言的作用既看作是揭示和表达的同时又看作隐藏或遮蔽的思想，在黑格尔的逻辑学尝试中只能找到真理的一方面——概念之已经完成了的规定性这一方面。”不过，黑格尔的逻辑学也间接地超越了自身，从黑格尔喜爱的“逻辑实在”这一术语我们可知黑格尔认识到了概念完成的不可能性。对黑格尔来说，“逻辑实在”乃是一切思想规定的基础，黑格尔称之为“思辨的”维度。②

黑格尔指出，与一切把一个宾词给予一个主词的陈述语句不同，“思辨陈述”要求思想向其自身回归。“思辨陈述在同语反复与其意义的无限规定中的自我扬弃这两个极端之间保持着中项地位。”③ 思辨陈述乃是一辩证的运动，一旦它要求客观化的辩证阐明，这种辩证运动就停顿下来了。以这种方式唤起和推动思想的思辨陈述，包含着保持自身独立性的肯定。因此，尽管思辨陈述也要求辩证阐明，但像艺术品一样，它的内容永远也无法为特定的解释所穷尽。思辨陈述指向一个真理的整体，而无须存在着这样一个整体或说出这个整体。这正如语言，语言的思辨结构是一种使意义整体得以说明的语言表述。伽达默尔认为在此预示了海德格尔的真理概念。

思辨陈述作为在自身之内的存在就是反思的存在，显示自身之物的反映就是“反思”一词的字面含义。伽达默尔通过援引海德格尔在《尼采》一书里面的话表明，海德格尔把反思同 aletheia 联系起来，在那里反思被看作

---

① Gadamer, H. G.. *Hegel's Dialectic: Five Hermeneutical Studies*, translated and with an introd. by P. Christopher Smith New Haven: Yale University Press, 1976, P95.参见伽达默尔：《伽达默尔论黑格尔》，张志伟译，光明日报出版社，1992，第 128 页。

② 伽达默尔：《真理与方法》，洪汉鼎译，上海译文出版社，1999，第 595-598 页。对黑格尔的“思辨”及“思辨辩证法”有较详细的论述。

③ 伽达默尔：《伽达默尔论黑格尔》，张志伟译，光明日报出版社，1992，第 129 页。

"深入 aletheia 的反映而无需 aletheia 本身的在场"。然而，必须要注意的是，逻辑实在的"思辨"维度并不是通过语言来说明 aletheia 的。对于海德格尔来说，语言乃是存在之家，"正是在语言中出现了使在场者解除遮蔽，以便达到在一个陈述中使在场者客观化的情况。但是，在此有其居所的存在本身并未因此而祛除遮蔽，而是把其自身遮蔽在说话中发生的一切解蔽状态之内；如同存在于说话中的遮蔽一样，语言本身本质上始终是被遮蔽着。因此，海德格尔从来没有说过反思为这一原始的'澄明'提供尺度。"① 因此，正如伽达默尔所说的，显示自身之物的反映——反思当然不同于原始的"澄明"，在"澄明"之中显示自身之物首先存在于其中，而归根结底，这乃是语言展示其作用的其中。《逻辑学》里作为逻辑实在的反思只有在语言中才能找到自身的根基。伽达默尔最后说，黑格尔的逻辑学试图把逻辑实在思想作为一切客观化的基础，但是，"一切思想的语言性质仍然要求向相反方向的思想把概念还原为有其效用的语词。具体化的思想越是彻底地反思自身，并且展开辩证进程的经验，它就越发明确地指向它所不是的那种东西。辩证法必须在诠释学那里返回自身。"② 黑格尔的辩证法只有在语言这里才能找到其最终的根基。

总之，尽管伽达默尔认为黑格尔的精神概念仍然是对主观精神作批判的基础，但更重要的是，超越了自我主观性的精神概念在语言现象中具有它真正的对应部分，"语言现象具有更适合我们的有限性的优点。作为精神，它是无限的，作为每一个事件，则是有限的。"③ 从这样的论点出发，先验的自我概念所揭示其实是理性和精神，"思想"意味着黑格尔向柏拉图和亚里士多德传统的理性形而上学的返归。并且，思想在逻辑学中被概念的方式予以规定，也反映了语言的思辨性。

① 伽达默尔：《伽达默尔论黑格尔》，张志伟译，光明日报出版社，1992，第 132 页。
② 伽达默尔：《伽达默尔论黑格尔》，张志伟译，光明日报出版社，1992，第 134-135 页。
③ 伽达默尔：《哲学诠释学》，夏镇平、宋建平译，上海译文出版社，1994，第 128 页。

（二）柏拉图的理念论及辩证法[①]

1. 柏拉图的问题视域

"理解一个问题，就是对这问题提出问题。理解一个意见，就是把它理

① 辩证法，Dialectic，德语 Dialektik，希腊文 Dialektike。有论者指出，"辩证法"这个词从词源上说来源于希腊字 dialegō，该词由两个部分构成，一个部分是 dia，原义为通过、凭借，另一部分是 alegō，原义为关心、留意；而 dialegō 原义则为选取、分辨、鉴别等，后来引申为谈话、讨论等。（见方朝晖：《"辩证法"一词考》，《哲学研究》，2002 年第 1 期，第 31-37 页具体论述。）通过伽达默尔关于柏拉图研究的文本来看，"辩证法"一词的意义主要有以下几方面：它有时是指逻辑论证法，即根据本质进行归纳和划分的哲学技能；有时则是指把一种见解或断定归结为荒谬的类似诡辩的修辞技能，从而提出问题；有时则是在反驳的基础上，通过相反的例子或逻辑来指向一个较高的真理。但不管怎样，辩证法有一种讨论、对话的意义在里面，这种讨论、对话可以导向更高的真理。（伽达默尔：《伽达默尔论柏拉图》，余纪元译，光明日报出版社，1992，第 1 页。）同样，对于黑格尔的辩证法，伽达默尔认为"黑格尔辩证法的意思就是直接通过矛盾的尖锐化跨进到矛盾统一的更高真理的过程。精神的力量就在于综合和中介一切矛盾。"（伽达默尔：《黑格尔与海德格尔》，邓晓芒译，《哲学译丛》，中国社会科学院，1991 年第 5 期，第 11 页。）辩证法体现在"扬弃"这一个概念上。在黑格尔那里，"扬弃首先是否定的意思。某物的被承认特别由于指出其矛盾性而被取消亦即否定。但黑格尔又将扬弃的含义转化为对一切真理环节的保存，使之在矛盾中被承认，甚至于将扬弃提升为包含和统一着一切真理的真理。辩证法因此反对知性抽象一切的片面性，维护具体性。理性的普遍统一力量不光能中介思维的对立，而且能扬弃现实的一切对立。"（伽达默尔：《黑格尔与海德格尔》，邓晓芒译，《哲学译丛》，中国社会科学院，1991 年第 5 期，第 11 页。参见伽达默尔：《伽达默尔论黑格尔》，张志伟译，光明日报出版社，1992，第 143 页。）黑格尔把统一一切矛盾的理性看作存在的普遍结构，精神的本质就在于使对立物转化为自己的东西。或者如黑格尔喜欢说的，在他物中实现自我认识并以这种方式扬弃异化。这就是自我异化及其克服的问题。精神通过辩证法而达到与普遍性的同一。这样，精神的辩证法作为对存在的普遍理解也贯穿着人的历史本质，伽达默尔认为，黑格尔在其《逻辑学》中对它进行了系统的阐明。不过，正如有论者所说的，"'辩证'（Dialectics）的原本意义是'交谈'（Conversation）或'对话'（Dialogue）。黑格尔的'辩证'正如柏拉图的一样，可以说是'心灵与其自身的对话'（Dialogue of Mind with Itself）。"（里夏德·克朗纳：《论康德与黑格尔》，关子尹编译，同济大学出版社，2004，第 186 页。）从对辩证法的论述来看，伽达默尔显然考虑到辩证法这一原始含义，尽管如同 logos，辩证法在黑格尔那里已演变为逻辑论证方法。另外，必须注意的是，从"对话"（dialogue，dialog）一词的词源来看，它是由希腊语的 διά（diá，通过，凭借）加上 λόγος（Logos，理性，言）组成，表示的是在两方或者更多方之间通过逻各斯而进行的互动性交谈、思想交流。显然的是，伽达默尔一直试图在对话与辩证法之间寻找一种共同性，径直说，一种柏拉图与黑格尔之间的共同性。总的来说，参照上文关于逻各斯的说明，可以发现，"对话"（Dialogue）"辩证法"（Dialectic）和"逻各斯"（Logos）这三个语词之间存在着字源学上的直接联系。最后，必须指出，在柏拉图那儿，辩证法与理念论（The Doctrinr of Ideas）是不可分的，这一点很多学者都曾指出来。例如，策勒尔在《古希腊哲学史纲》一书第 3 章第 4 节论述柏拉图思想的部分，就把辩证法与理念论等而同之，使用了"辩证法，或理念论"这个表达式。（E·策勒尔：《古希腊哲学史纲》，翁绍军译，山东人民出版社，1992，第 139 页。）中国学者陈康也明确指出："柏拉图的辩证法，从总的方面说，相当于后来哲学中所讲的形而上学和认识论。"（陈康：《陈康：论希腊哲学》，汪子嵩、王太庆编，商务印书馆，1990，第 176 页。）伽达默尔显然也持相同的观点，论文在接下来的论述将对此有所昭示。

解为对某个问题的回答。”[①] 伽达默尔对柏拉图哲学的阐释是从敞开柏拉图的问题视域开始的。这样，一个“批判”的柏拉图就出现了。这个柏拉图认为，当时雅典的伦理共同体处于分崩离析状态，这使得传统的诗歌教育不再起作用了。智者派利用诡辩术对诗歌进行歪曲，试图攫取世俗的政治权力。这样，传统的荷马及大悲剧家们的诗歌不但没有起到原来为共同伦理提供标准的作用，反而使城邦公民的灵魂更加放荡了。柏拉图的问题视域一开始就与正义、城邦这些话题关联在一起。

从柏拉图自身的经历来看，苏格拉底对他产生了极大的影响。在《第七封信》中，柏拉图叙述了他与苏格拉底相识对他的命运产生了多大的影响，叙述了当这个他深深崇敬并竭力仿效的人被当时盛行的诡辩术指控为败坏青年而被处死时，他内心受到的巨大震动。在苏格拉底身上，柏拉图明白了一个人如何才能够在活生生的现实中毫厘不爽地、无条件地执着于他所认为是正确的东西，并且自我充实，不为外界的一切影响所动。在《克力同篇》（*Crito*）一文里，苏格拉底的拒绝出逃表明其所执着的东西就是正义，而正义之所以是毫无疑问、无可争辩的真实事物就在于它乃是理念。“正义并不是由某种习俗约定的（它的约束力是有争议的）而生效的东西；它是绝对真实的，它的存在超越一切为社会约定所确立的行为以及一个社会的全部信念。……理念论正是在精心推敲这类事实时，系统论述了一切真实知识的条件。”[②] 理念论从一开始就与正义的话题关联在一起。

所以，《理想国》对理想城邦的讨论，同样也是对“苏格拉底何以可能”这同一问题的回答。在这个用哲学来治理的城邦中，正义，即个体与整体的完全同一是无处不在的现实。

伽达默尔认为，尽管苏格拉底在自己的论证中也经常使用诡辩术，也有许多缺乏逻辑严密性之处，但正如亚里士多德在《形而上学》（*Metaphysics*）一书中所说，辩证法与诡辩之间的差别仅在于对生活方式的选择，即辩证法严肃认真地对待所讨论的事情，而诡辩家们则只把它们看作是赢得论证，证

---

① 伽达默尔：《真理与方法》，洪汉鼎译，上海译文出版社，1999，第 482 页。

② 伽达默尔：《伽达默尔论柏拉图》，余纪元译，光明日报出版社，1992，第 5 页。

明自己正确的材料。

所以，在苏格拉底一柏拉图的辩证法中，提问的艺术——辩证法艺术并不是那种用以制服人的论证艺术，相反地，在听众看来，使用辩证法艺术、提问和探究真理的艺术的人很可能会遭遇到论证失败的结果。作为提问艺术的辩证法被证明可靠，只在于那个知道怎样去问的人能够掌握他的问题，也就是说，能够掌握开放的方向。“提问艺术就是能继续提问的艺术（die Kunst des Weiterfragens），但也就是说，它是思考的艺术（die Kunst des Denkens）。它之所以被称为辩证法，是因为它是进行某种真正谈话的艺术。”① 谈话必然具有问和答的结构，“柏拉图所描述的问题和答复、知识和无知之间的戏谑性的替换中，包含承认问题对于一切有揭示事情意义的认识和谈话的优先性。应当揭示某种事情的谈话需要通过问题来开启该事情。”② 由于这种理由，辩证法的进行方式是问和答，或者更确切地说，是一切通过提问的认识的过道。

伽达默尔坚持认为，柏拉图的每篇对话必须被理解为说出来的语言，一场发展着的讨论。因此，我们不仅要解释他们所提出的论述的客观的或表达语意言语的意义，而且（甚至主要地）要解释它们所包含的加强语意和取得语效的言语的意义。伽达默尔证明，一场出色讨论的开端常常不是做出“言语行为”的人；它有一个讲话结构，不是作为我们遵从其规则的一场游戏，而是作为我们参加于其中的游戏③。

要而言之，伽达默尔认为，柏拉图之所以追随苏格拉底并进一步发展他的谈话艺术，其目的是要把辩证法当作对事物的理由和基础最高和最终的要求，而不仅仅是反对政治家、诡辩家和诗人。在这个意义上，柏拉图如此表达善的观念：善是一切知识的最高对象。可见，在辩证法中，柏拉图所欲求的是有关理念的知识，而这理念关联的是柏拉图的哲学观念：人的至善追

---

① 伽达默尔：《真理与方法》，洪汉鼎译，上海译文出版社，1999，第 471 页。

② 伽达默尔：《真理与方法》，洪汉鼎译，上海译文出版社，1999，第 466 页。

③ 早在“*Plato's Dialectical Ethic*”一书里面，伽达默尔就用“游戏”这一概念来说明对话的特点了。（见 Gadamer, H. G.. *Plato's Dialectical Ethics: Phenomenological Interpretations Relating to the Philebus*, translated and with an introduction by Robert M. Wallace, New Haven: Yale University Press, 1991. p. 32.）

求。善的追求之路就是“逃入逻各斯”之路——对话辩证法之路。

2.“逃入逻各斯”(Flucht in die Logoi，Flight into the *Logoi*)——“辩证的柏拉图”

对伽达默尔来说，柏拉图的辩证法所达到的基本规定是植根于活生生的对话之中的。这种指向和引导对话的原初辩证法和逻辑关系的相互渗透最终演变成柏拉图关于概念形成的精辟理论，即天才的假设和划分的程序。柏拉图告诉我们，这乃是辩证术的精髓所在。因此，在阐明柏拉图的辩证法时会遇到这样一个问题，就是他从苏格拉底的对话艺术中发展出来的两个程序：一个是在对立面中进行思想训练；另一个是区分各种概念，二者是如何互相联系的。

确实如此，柏拉图从数学的逻辑来解释“一”(Das Eine)和“多”(Das Viele)之间的关系是一个事实，同样地，他在诸如《巴门尼德篇》《智者篇》中展示在对立面中思维的因素也是一个事实，然而，它们的共同基础在哪里呢？这个答案关涉到“一个见解与其可证明性之间的差异”这一问题。伽达默尔说，《巴门尼德篇》中按相反假定进行的辩证法为此提供了一个例证，辩证法家知道如何在对话讨论和论证、相反论证中如何前进，但正如柏拉图所反复强调的，要向反对它们的某个人证明它们的有效性，这是极其困难的，“论敌的否证有着如此大的力量以至于要成功地证明理念的有效性需要超乎寻常的方法。”① 从柏拉图的思想意图来看，这超乎寻常的方法显然与理念数论有着直接的关联。《第七封信》“附论”正是要表明从理念数论来看，一个见解也只能在讨论中证实自己的真理性②。

柏拉图为了说明一个见解只能在讨论中证实自己的真理性，举了圆这个数学研究对象的例子。这从侧面反映了这样一个主题：获得见解及交流见解的途径、媒介、契机不能推动某人去理解。亚里士多德的三段论或演绎系统，欧几里得的几何学，可以通过它们的逻辑一致性构成证明推动我们去认

---

① 伽达默尔：《伽达默尔论柏拉图》，余纪元译，光明日报出版社，1992，第105页。

② 伽达默尔坦承，他是从伟大的对话家柏拉图(包括苏格拉底)那里认识到“哲学的语言”总是在“同自己历史的对话中不断地构成”，而《第七封信》的附论在其中起着至关重要的作用。(见伽达默尔：《诠释学Ⅱ：真理与方法》，洪汉鼎译，商务印书馆，2007，第15页。)

识真理。但是，在柏拉图看来，这在理念哲学的领域里却是不可能获得的，我们关于事实的讨论和论证中应用的所有方法都不能保证另一个人获得理解，我们具有内在的说服力也并不足以抵抗任何反对者的攻击。为了让我们明白这一点，柏拉图在我们关于某个事物的观点中，区分了三种要素，三种我们的知识可以借此传达的途径，此外，他还加上了第四种途径，即为前三种因素所产生的知识本身。论者把作为被认识的知识对象的实在本身列为第五种因素，当然，它并不是认识的途径。它们可列之如下：

（1）名字和词；

（2）解释或概念规定；

（3）现象，例证性的影像，例子，图形；

（4）知识或见解本身；

（5）事物本身；

柏拉图断定，前面四种因素都不能保证"事物本身"会通过它们逐渐得到认识，这从"圆"可以看出。我们知道，真正的圆与我们平常所见的圆形事物乃是不相同的。当然，这里所说的圆并不是柏拉图叫作理念的东西，它乃是数学结构的范畴，是可感世界与可知世界的居间者。正是通过圆这一图形，让我们认识到存在于可感世界诸多的圆的本性，这就是几何学的对象——圆自身。因此，在柏拉图看来，像圆这种数学实体特别适合说明对纯思的转向，而纯思的转向乃是达到真正知识的途径，纯思的转向意味着对理念的转向。

很显然，圆只是所有那些我们只能用思想去认识的事物的一个例子，它证明，除非一个人知道名字，能够通过概念规定去解释用来命名的那个词，否则他就不能传达他的知识。这一例证也说明了柏拉图的逻各斯是什么，逻各斯根本不是一般性的陈述，而是本质规定，是定义性的陈述。柏拉图关于圆的概念规定"周围各点与中心等距离"说明了这一点。

对上述的第三个因素"图形"的说明，柏拉图是以人在沙堆上所画的圆及制造出来的圆来进行的。他表明，虽然可感现象和阐释性例证不同于圆自身，但圆却呈现在这两种形式的影像中，正如它呈现在词和概念中。

而第四个因素知识或见解本身则与前三个不同，它只存在于灵魂之中。尽管如此，它也不是圆自身，因为圆自身并不存在于灵魂中。由此看，见解并不属于真正的实在，而属于生成物，见解总是在变化着。

尽管上述的四种认识途径互有差异，但存在着把它们集合在一起的共有东西，这就是事物本身。在圆这个例证中，圆自身就是这种东西，它通过这种或那种途径而呈现出来。但是，柏拉图进一步表明，尽管这四种途径与真正的知识不可分离，但它们都具有一样的性质，即，"如果一个人利用了它们，那么他就永远不能用完全的确实性把握事物本身。"[①] 事物本身不会通过这些途径完全而无遮蔽地展现出来。这些途径，无论是单个地看还是集合起来看，它们实际上都不能推动某人去认识事物自身。

伽达默尔说，奇怪的是，柏拉图尽管只强调逻各斯（第二个因素）的缺陷，而没有谈及其他的诸如词、言语、图形、灵魂的缺陷，但实际上这四种因素都有缺陷。其实，"逻各斯的缺陷也就是这四类的缺陷，也正是依赖它们的我们的理智自身的缺陷。它们自己并没有提供保证说，事物自身会真正'无遮蔽地'存在于它们之中。"[②] 所有这些途径都断定自身是独立存在的东西，有它们自身的实在，因此有一种把自身与所表现的事物区分开来的特性，在进行揭示的过程中它们同时也遮蔽了要通过它们得到展现的事物。

但是，伽达默尔问道，为什么断定自身并遮蔽了要通过它们得到展现的事物乃是词以及在词中所出现的概念规定性的缺陷呢？柏拉图认为，这是因为有关事物的所有指定多少总有些武断，在约定情况不同的情况下，同一规定也可以指称别的事物。正如柏拉图在《克拉底鲁篇》（*Cratylus*）所说的，如果一个事物不是声音的意义的话，那么词的声韵就根本没有揭示该事物的任何内容，这里柏拉图通过约定的武断来说明，词借以命名一个事物的声音自身的意义并不是十分明确的。词的这种歧义性容许一个词表现其他事物，而不呈现出所意指的事物。

柏拉图继续论证说，定义性的陈述因为是由词组合而成，所以同样也有

---

① 伽达默尔：《伽达默尔论柏拉图》，余纪元译，光明日报出版社，1992，第115页。
② 伽达默尔：《伽达默尔论柏拉图》，余纪元译，光明日报出版社，1992，第116页。

缺陷。伽达默尔在这里指出，由于一个词的歧义可以通过具体的语境而被减少，所以，从单个词到完整的讲话的转变可以充分克服约定指称本身所存在的缺陷，柏拉图的辩证法提出逻各斯理念之间的“分有”（Teilhabe，Participation），显然是考虑到了这一点。这样，柏拉图用反对词的论证来反对定义性的陈述就令人费解了。显然，“只有逻各斯才能克服词本身的缺陷。作为区分性质的概念定义，它的真正目的是要超越在语言的日常用法中，以及它对事物的命名中所存在的人为因素。通过规定那个概念，它使事物的本然面目呈现出来。”① 然而，柏拉图为什么又会说逻各斯具有缺陷呢？概念性定义如果通过词的论证同样是有遮蔽事物的危险，为什么又只有它才能克服词的缺陷呢？

伽达默尔说，正如柏拉图没有诉诸种一属图式提出圆的定义，同样地，一个人要描绘思想的辩证分类，他不能预先假定这个分类性概念规定的系统学说，相反，“他必须说明概念性定义自身的程序怎样包含着武断和不确实的成分，因为一个事物可以归入的种（genus）显然缺乏意义的单一性。”② 从逻辑上讲，伽达默尔认为柏拉图可能是打算以“全部理念的系统”为背景来揭示这种定义的武断性，并因而根除这种武断性。《智者篇》里最高种之间的相互联系，《巴门尼德篇》里巴门尼德教导苏格拉底达到这样一个否定性的结论，即不可能纯粹通过孤立的理念自身来定义它，而理念之间的联系又妨碍我们对由理念构成的紧密的金字塔获得一个肯定概念，它们都说明了柏拉图对理念系统的诉求。

如此看来，作为人，我们只能在有限的、有条件的情况下认识整体实在的秩序。柏拉图所谓“二”的不定性，清楚地表明无歧义的“存在”的结构是不存在的。因此，在讨论事物时，“意义的相互分离的众多方面的效价包含着一种富有成果的歧义。”这其实就是辩证法的创造性，是逻各斯作为概念规定的程序所具有的缺陷的肯定方面。伽达默尔说，语言与说话的全部基础，它们得以可能的根据其实就是歧义性。柏拉图清楚地知道，一切困境的

---

① 伽达默尔：《伽达默尔论柏拉图》，余纪元译，光明日报出版社，1992，第120-121页。

② 伽达默尔：《伽达默尔论柏拉图》，余纪元译，光明日报出版社，1992，第121页。

源泉其实就在我们谈话中，《斐多篇》（*Phaedo*）就已谈到“逃入逻各斯”的论述。在这篇对话里，柏拉图描述他对自然哲学研究与解释自然事物朴素、直观方法原则的反对态度，因为这种未经中介的哲学，无法让自身转向反思。柏拉图借着苏格拉底之口说，由于他对古代思想家们不了解，他踏上“次佳之路”，不再直接地观照太阳，而是去寻求反映在逻各斯中的真理——设定形式的程序。① 柏拉图在此表明，“在逻各斯中寻求真理根本不是什么第二好的道路。实际上，它是获得真理的唯一途径。”②

不过，还是让我们先回到上面关于四种认识途径的论述上。在柏拉图看来，前三种认识途径固然都是有缺陷的，而第四种途径（处于认识或知道状态的灵魂）也同样有缺陷。我们称作对真理的知识和见解的灵魂状态必定也具有断定自身并因而遮蔽事物自身的性质。伽达默尔认为，这可以从柏拉图在“附论”所讲到的灵魂的“不良教养”（Bad Nurturing/Upbringing）中看出。灵魂的“不良教养”有一种拒绝承认对手们有对的可能性的偏执，它总是从自己的立场出发，断定自己的认识是正确的，并且达到不停对他人进行反证的地步。伽达默尔说，这里阻挡客观真理之路的因素在于“不良教养”的人认为，“第一，一个观点或见解总是我的观点或见解，总具有这样那样的特殊性质。第二，由于我过于注重自己，所以一般说来总是先入为主地反对别人的观点。”③

伽达默尔认为，正如上面所说的，这四种途径之所以都有缺陷，乃是因为它们都是自有的实在，囿于自身。“为了成为途径，它们必然拥有某些对它们是非本质的事物。这是认识途径的固有性质。在柏拉图看来，这就是我们错误的源泉。”④ 可见，《第七封信》关注的其实是一个事物怎么能够确实无疑地存在于所说的内容中，被揭示出来，而这其实也就是一个见解怎么才能变得可理解的问题。只是因为我们的“不良教养”，我们一般都不习惯去

---

① 柏拉图：《斐多篇》96A-101E，《柏拉图全集》第1卷，王晓朝译，人民出版社，2003，第104-111页。

② 伽达默尔：《伽达默尔论柏拉图》，余纪元译，光明日报出版社，1992，第216页。

③ 伽达默尔：《伽达默尔论柏拉图》，余纪元译，光明日报出版社，1992，第124页

④ 伽达默尔：《伽达默尔论柏拉图》，余纪元译，光明日报出版社，1992，第124页。

寻求真实事物自身。

因此，在柏拉图看来，一个人要去认识真实事物本身，除了理智上的理解和记忆外，还必须对事物拥有一种“亲近感”（Affinity）。[①] 这种亲近感就是苏格拉底通过谈话艺术告诉我们的，存在着正义本身、美本身、善本身这样的事物。柏拉图坚守这一目标，同时也超越了它。伽达默尔说，“柏拉图坚持认为，理解真正的好的和坏的人同时也就理解了整个实在的真和假。”[②] 在此，柏拉图通过“整个实在”揭示了作为见解之基础的整体的持久统一性。柏拉图在这里显然意指的是，“这个或那个德行（原译文为“德性”，现按照现代汉语词典要求，皆改为“德行”）的问题总是被归结为德行的统一体和整体的问题”。这个整体最后在《理想国》以一个政治乌托邦的形式出现了，通过知识整体达到善的理念的途径在那里作为真正的教育形式也得到了展开和论述。

正是从这里出发，伽达默尔认为，柏拉图的“一”与“不定之二”（The Indeterminate Two）的学说作为他哲学的真正主题并不是超越并否定理念论的一个环节，而是在理念论之后的一个环节。正是“一”与“多”的辩证法确立了人类讨论和见解的界限，确定了我们居于单一意义和众多意义之间的情形。柏拉图所关心的乃是存在的意义，是在逻各斯的统一和杂多中揭示其本然面目。正是这个存在意义的问题导致他走向“一”和“多”，走向了逻各斯全体。

对柏拉图来说，逻各斯的全体是一个真正的全体，但有限的人类知识只有通过它在特殊语境中才能获得它。“是什么”（What is）乃是作为事物无限联系的整体。在《蒂迈欧篇》（*Timaeus*）里，柏拉图想要表明的是，理念乃是整个世界的秩序，得穆革（Demiurge）以理念作为范型，通过光照而造成事物。不过，在创造中，相异、无限却对理念构成了阻碍。伽达默尔说，理念与必然性的并置说明柏拉图的宇宙学隐含着毕达戈拉斯（Pythagoras）的对立学说。但是，“对立实际上是一种逻各斯结构概念中的对立。它不是起

① 这其实是针对智者诡辩的说法，伽达默尔也说，认识的这四种途径也都有产生诡辩的危险。

② 伽达默尔：《伽达默尔论柏拉图》，余纪元译，光明日报出版社，1992，第 129 页

源于宇宙学，而是起源于辩证法。”① 伽达默尔说：“正如在世界的秩序化和定型的过程中不可避免地会碰到障碍一样，在阐明所讨论事物的谈话中也会不可避免地碰到障碍。在《斐多篇》提出要‘逃入逻各斯’之后，那种对话在柏拉图哲学中提供了唯一的通向知识的途径。辩证法的劳作最终会把握到‘是什么’的真理，并且，向我们显现出来的从本性上说，它是无止境的、无限的。”柏拉图的毕达戈拉斯主义（Pythago-reanism）乃是一种人的毕达戈拉斯主义，“多”“不定之二”所维系的不仅是世界的秩序，也是人类认识的可能性。“逃入逻各斯”表明，通过认识的四种途径而进行的反复、无休止的运动实际上就是辩证法技艺。

晚期对话《斐利布斯篇》（*Philebus*）的主题正是：是否最高的善也是一种愉悦，或者永恒的幸福是否等同于此在的短暂愉悦？柏拉图的关怀最后得到了提撕，即最重要的提问不是什么是善的理念，而是对此在而言，什么是最适宜的善?② 善的理念乃是正确与正义地实践生活的指南，所以生活是由愉悦与理智恰如其分地节制的混合，人在一切交往活动中，两者成分都不可以过或不及，而当循中庸之道而行。这里，一与多的辩证关系再次被点出。伽达默尔认为，《斐利布斯篇》与《蒂迈欧篇》一样，都是以直接应用理念论来认识我们的世界或生活。《蒂迈欧篇》建立起了一种物理学，而《斐利布斯篇》则建立起了一种伦理学或实践学说。与《理想国》不同，《斐利布斯篇》并没有探讨“善”的理念以及它作为人类生活之范型的功能，与之相反，它所问的是，人类的具体生活具有暂时性和不纯洁性，既为知识和见解所决定，又为愉悦和冲动所影响，它怎么可能仍然会是善的？或者说它怎么能够分有善呢？

正如柏拉图在《理想国》通过洞穴比喻告诉我们的，只有通过思想的力量才能使我们从现实世界的枷锁中解放出来，只有在一次次的辩证法的教育下，通过思想训练才能使我们克服重重眩晕的感觉，从而分有“善”。同样

---

① 伽达默尔：《伽达默尔论柏拉图》，余纪元译，光明日报出版社，1992，第134页。

② Gadamer，H. G.. *The Idea of The Good in Platonic-Aristotelian Philosophy*，trans.by P.Christopher Smith，Yale University Press 1986，p.217.

地，《斐利布斯篇》一开始就假定了《巴门尼德篇》所提出的“分有”难题乃是不太恰当的，因为“分有”之说认为人类根本不可能获得关于理念的知识。伽达默尔说：“确实，可认识的确定秩序的各种形式将众多的形式系统化了。因而，只有当理念的知识意味着不确定的确定性（每个理念凭借而它而在这样一个系统获得其完满的定义）时，人们才能谈论它。”① 所以，“最后甚至正直生活的理想也被归结为正当的和谐混合，其中每个无尺度的事物也接纳其规定性。”②

正如前面所说的，“逃入逻各斯”表明：认识的四种途径尽管都有其缺陷，但是也只能通过辩证法，即通过它们反复地讨论去逐步地接近事物本身，同样，“善”也是以这种方式出现，以至于它的确定性也是在无尺度和不确定中才能被寻求和发现。德行从来就不是先于实践存在的，我们对于何谓正义、何谓美或多或少胸中有所了然，但却是要透过多次的与他人的讨论和实践来不断校正。伽达默尔说，“得穆革”对世界的创造，意味着人类对世界的认识在每一点上都是一种不确定性的确定化，一种无秩序的秩序化，而这其实潜藏着世界乃是理性的这一前提性预设。在《蒂迈欧篇》中所明确阐述的实在秩序，作为事物的秩序或者人们自身生活的秩序乃是出现在一切人类行为可能性之前的。构造世界的目的乃是为理想的人类灵魂结构和社会结构的可能实现提供基础。正如我们前面所说的，必然性对理念的实现是一种阻碍，但理念的实现却必须依赖于它，神的创造也要为前秩序的必然性所制约，或者说，它也有其可能性的制约。同样，对于人类来说，人的实践和认识使自己灵魂的运动秩序化，也是受到种种现实制约的，而人的受制约这点意味着我们不能逃避作为共同体中之一员的责任，或者说，逃避社会生活的这一必然性。

可见，柏拉图理念论的核心与对话辩证法乃是一致的。理念论表明并非存在一个形而上的理念世界，然后把现实世界的一切存在都视为对其的分享

---

① 伽达默尔：《伽达默尔论柏拉图》，余纪元译，光明日报出版社，1992，第 208 页。

② Gadamer, H. G.. *Dialogue and Dialectic*: *Eight Hermeneutical Studies on Plato*, translated and with an introd. by P. Christopher Smith, CT: Yale University Press, 1980. p. 191.

或反映。这正如我们卷入苏格拉底的对话时，总有一个无法逃避的结论在背后，一个超越各种差异观点的共同意义指涉作为关照，并因此赋予我们以一个意义的共同体。这也正如伽达默尔通过《柏拉图〈吕雪斯篇〉中的言语与行为》所表明的那样，理念乃是超越一切有条件东西的真正实在——自身即是善的东西。“人与人之间的友谊在于这样一个事实：一个人通过一个人发现了他的自我意识、自我信任，并非他只希望在另一个人中忘掉他自己，忘掉他的需要。”伽达默尔通过苏格拉底找到了一个描绘这种需要和满足在其中的充满张力的关系的特征的名词，这就是希腊词 Oikeion，即“共属一家的”①。真正认识到理念、认识到“善”的理念的人会明白，理念是与之共属一家的。要而言之，自由乃是自身所确立的，“康德的批判对人类自由的‘证明’与柏拉图对灵魂不朽的证明一样，没有说明什么。但它确实证明了决定一切自然科学的因果率的先天有效性不可能否证我们人类的自由。对康德来说，自由只是一个理性的事实。而柏拉图用另一个名称来称呼这同一个事实，那就是‘理念’。”②

二、语言的思辨性与对话辩证法

正如柏拉图在《巴门尼德篇》所揭示的那样，思想的发生在于每个概念都唤起另一个概念，这里，没有一个概念是独立存在的，相反，每一个概念都使自己同另一个概念联系起来。伽达默尔认为，《巴门尼德篇》以这种形式来实现它的目的，即证明孤立地思维一个理念是不可能的。由于没有任何理念是单独有效的，而且思想分别达到的矛盾的结果都唤起新的假设，因而我们的思想乃是处于一种永恒的运动状态。这样，作为实在的“一”乃是在

---

① 正如伽达默尔在后来的《友谊与团结》一文所说的，Oikeion 总是表现在友谊的不同形态之中，而各种友谊其实早就具备了人与人之间的“共同关系（Miteinander）与相互关系（Füreinander）”。概而言之，友谊反映了一种意义的共同体，真正的友谊在于承认人与人之间的相互隶属（Zueinandergehören），而从这一点来看，它与黑格尔的承认辩证法又是关联着的。（参见伽达默尔：“友谊与团结”，林维杰译，《本体与诠释：中西比较》（第三辑），成中英主编，上海社会科学院出版社，2003，第 283 页；伽达默尔：《真理与方法》，洪汉鼎译，上海译文出版社，1999，第 464 页。）后文也将对隶属性做一分析。

② 伽达默尔：《伽达默尔论柏拉图》，余纪元译，光明日报出版社，1992，第 42 页。

它所包含的“多”之中被展示出来，“一”作为整体的展开，表现了理念之普遍的相互联系和分离的辩证关系。

可见，正如只有在理念之相关结构的整体中，事物的真正知识才能达到，个别的语词也只有在话语的统一性中才能确定它的意义和相对的单义性。因此，逻各斯这种发现共同性以及从多中看出一这种辩证的能力非常接近于语言的自由普遍性和语言的语词构成原则。这种辩证的能力乃是寻找事物类似的共同性——种类的相应性是服务于概念的定义，而概念与语言之间的联系又是不可消除的；概言之，共同性预先就潜藏在语言之中，而概念只是辩证能力从中寻找出来的结果，也就是说，概念是对话辩证法的成就，伽达默尔对“逃入逻各斯”的论述正是要指出这一点。

因此，对伽达默尔来说，语言是理解得以进行的普遍媒介。人一出生就处于语言当中；由语言所具有的生活世界，是人理解世界上的事物的本体性条件。因此，甚至可以说，语言具有世界的本体地位。“语言并不是一个封闭的可以言说的领域，与这个领域相对另有其他不可言说的领域。毋宁说，语言是包容一切的。”① 自然而然地，在存在论的视域下，“能被理解的存在就是语言”。②

(一) 语言的世界性与思辨性

在伽达默尔看来，语言一开始就是人类的语言。以语言作为基础，并在语言中得以表现的是人拥有世界；这就是说，世界是对人，而不是对其他生物而存在的世界，它是通过语言而得以表述的。伽达默尔认为，洪堡(Humboldt) 关于每一种语言都是一种特有的世界观这一看法说明，相对附属于某个语言共同体的个人，语言具有一种独立的此在，如果个人是在某种语言中成长起来的，则该语言就会把个人引入一种确定的世界关系和世界行为之中。

更为重要的是，语言相对于它所表述的世界并没有它独立的此在，世界之所以是世界，是因为它要用语言表达出来，世界是在语言中得到表述的。

---

① 伽达默尔：《哲学诠释学》，夏镇平、宋建平译，上海译文出版社，1994，第 67 页。

② 伽达默尔：《真理与方法》，洪汉鼎译，上海译文出版社，1999，第 606 页。

可以看出，语言的原始人类性意味着人类在世存在的原始语言性。

从语言的世界性，伽达默尔引出语言特有的事实性。伽达默尔说，“语言从根本上说首先就不是作为一种确定的语言类型（就如语言学家对语言的看法），相反，语言是由在这种语言中所述说的内容而流传下来的。”① 事实性表明，语言是以某些东西作为真正的事实情况而成为某种陈述的内容。不过必须注意的是，语言的事实性乃是置于语言的世界性之下的，而不是与语言区别开来的客观事实。因此，伽达默尔批评柏拉图说：“在对理念逻各斯的精心表述中，对语言本身存在的探讨是不能得到正确展开的，……希腊思想在其语言的形成中遵循自然的世界经验，从而把世界设想为存在。一直被希腊思想认作存在物的东西从构成语言世界视域的包罗万象的总体中作为逻各斯、作为可陈述的事实情况而区别出来。如此被认作存在物的东西其实并不真是陈述的对象，而是‘在陈述中得以表达’。”② 这就是说，古希腊的哲学思想是从陈述出发来思考语言本质的，试图通过陈述的内容试图纯粹地从事物（事实性）出发获得理念本身，所以对语言的世界关系没有一个正确的认识。③

不过，对伽达默尔来说，柏拉图的对话辩证法也表明，语言只有在对话中、在相互理解的实践中，才有其根本的存在。因为世界是在语言中显现出来的，世界对于人类乃是共同性的东西——它不代表任何一方，只代表大家接受的共同基地，这种共同基地把所有相互说话的人联结在一起。概言之，

---

① 伽达默尔：《真理与方法》，洪汉鼎译，上海译文出版社，1999，第 564 页。

② 伽达默尔：《真理与方法》，洪汉鼎译，上海译文出版社，1999，第 569-570 页。美国学者史密斯（P. C. Smith）认为柏拉图对伽达默尔来说，是助力也是阻力。本文通过对“逃入逻各斯”的论述表明，其实阻力不是很明显，尽管伽达默尔认为柏拉图本人将语言至于陈述之下，但对话辩证法本身表明理解只能在对话中才能实现。参见：P.C.Smith,“H,-G.Gadamer's Heideggerian Interpretation of Plato”,*Journal of the British Society for Phenomenology*,12(1981):p211-300;“Plato as Impulase and Obstacle in Gadamer's Development of a Herme-neutical Theory”in *Gadamer and Hermeneutics*,edited by H.J.Silverman(N.Y.;Routledge,1991),p.23-42.

③ 与上一注释说明一致，伽达默尔在对哲学诠释学建构中对柏拉图有一反驳。在他看来，尽管在《第七封信》中可以看到关于语言的束缚性的思想，但这思想却是同认知辩证法相联系的，就是说，语言只是认识理念的工具。与之相反，在伽达默尔看来，《第七封信》其实表明，柏拉图的理念就在语言的自我表现、对话之中。这就像我们后面所要论述的，与具有光的存在方式的美一样，语言也有着使一切事物都能自身阐明、自身可理解地出现的光。

一切人类生活共同体的形式都是语言共同体的形式，甚至可以说，它们构成了语言。

伽达默尔由此进一步指出，人生活于其中的语言世界并不是阻碍认识自在存在的栅栏，相反，它包含能使我们的观点得以扩展和提升的一切。在某个确定的语言和文化传统中成长起来的人，看世界的方式虽然不同属于另一种传统的人，但是，正因为世界是由语言构成，他就能对一切可能的观点并从而对自己世界观的扩展保持开放，并相应地向其他世界开放。

同样，世界在语言中的显现并不意味着世界变成语言的对象，而是说一切认识和陈述的对象总是事先就被语言的世界视域所包围；正如效果历史也不是诠释学意识的对象，人类世界经验的语言性并不意指“世界”被对象化，相反，只是在语言的轨迹中，我们经验的秩序和结构本身才得以不断变化地形成。

因此，伽达默尔认为，只有认识到我们的整个世界经验特别是诠释学经验都是从语言这个中心出发展开的，逻各斯事件（“一”和“多”的辩证法之谜）才能获得它真正的基础和根据。真正的语词辩证法在于：“它给每一个语词都配列了一种内在的多重性范围：每一个语词都像从一个中心迸出并同整体相关联，而只有通过这种关联语词才成其为语词。每一个语词都使它所附属的语言整体发生共鸣，并让作为它基础的世界观整体显现出来。因此，每一个语词作为当下发生的事件都在自身中带有未说出的成分，语词则同这种未说出的成分具有答复和暗示的关系。人类话语的偶缘性并不是其陈述力的暂时不完善性，相反，它是讲话的生动现实性的逻辑表述，它使一种意义整体在发生作用，但又不能把这种意义整体完全说出来。一切人类的讲话之所以是有限的，是因为在讲话中存在着意义之展开和解释的无限性。因此，诠释学现象只有从这种存在的基本的有限状况出发才能得到阐明，而这种基本有限状况从根本上则是语言性构成的。”① 可见，语词的辩证法让我们认识到，我们乃是隶属于语言的，而出于语言的理解则是有限的。

从语言中心出发，隶属性概念不能像它在形而上学思维中那样，被当作

① 伽达默尔：《真理与方法》，洪汉鼎译，上海译文出版社，1999，第585页。

精神与存在物之本质结构的目的论关联。伽达默尔认为，“如果我们想要正确地规定这里所涉及的隶属性概念，那么我们就必须注意存在于倾听（hören）之中的特定辩证法。倾听的人并非仅仅被人攀谈。毋宁说，被攀谈的人不管他愿意或不愿意都必须倾听。他不可能像观看对那样通过观看某个方向从而不看对方的方法来不听其他人所讲的东西。”① 从亚里士多德那里，伽达默尔认识到了看和听之间的区别，这种区别表明了倾听的优先性。对于亚里士多德来说，不存在借助于语言的倾听不能达到的东西，“如果说其他的一切感觉都无法直接参与语言世界经验的普遍性，而只能开启其专门的领域，那么倾听则是一条通向整体的道路，因为它能够倾听逻各斯。”②

可见，从诠释学的立场看，这种“倾听优先于观看”的古老认识具有一种全新的重要性，因为它表现了诠释学现象的真正基础。倾听所参与的语言不仅仅是在以下意义上才是普遍的，即一切都能用语言表达，它还表现出真正诠释学经验的意义，这就是：语言相对于一切其他世界经验包含着一种全新的度向，一种深层的度向——流传物就从这种深层的度向而达到当下活生生的世界。在伽达默尔看来，即使在文字使用之前，这一点也已经是倾听的真正本质，倾听者能够倾听传说、神话和古老的真理；相比较而言，流传物的文字传达并没有带来什么新东西，它只是改变了形式并增加了倾听任务的难度。

这里，伽达默尔利用德语语词的构成特性对隶属性（Zugehörigkeit，belonging）这一概念进行了词源分析。隶属性的德文词 Zugehörigkeit 是从动词 zuhören 而来，而 zuhören 就是倾听。倾听与观看不同，观看可以看另一方而不看对方，即所谓“视而不见”，但倾听却不能不听其他人的讲话，倾

① 伽达默尔：《真理与方法》，洪汉鼎译，上海译文出版社，1999，第 590 页。
② 伽达默尔：《真理与方法》，洪汉鼎译，上海译文出版社，1999，第 591 页。

听优先于观看①。

可见，倾听就是必然要听，就是必然要听从，听从与从属或隶属相关。所以伽达默尔说："所谓隶属的东西就是从流传物的诉说而来的东西。谁这样处于流传物之中……谁就必须倾听从流传物中向他涌来的东西。"② 理解流传物的倾听者通过对本文的阐释把流传物的真理纳入自身的语言世界关系之中，这种在当下和流传物之间的语言交往是在一切理解活动中进行着的事件。诠释学经验必须把它所遇到的一切当下的东西都当作真实的经验，它不具备事先选择和拒斥的自由。它可以对理解显得比较特殊的东西留而不决，但即使这样它也不能声称自己具有绝对的自由。

显而易见，语言就是事件本身，同科学的方法论思想如此抵牾的诠释学经验的结构，从自身来说是依据于语言是事件的这一特性的。这不仅是因为语言用法和语言手段的进展乃是一种并不与个别求知和进行选择的意识相对立的过程，更重要的还在于构成真正诠释学事件的东西是"流传物中所说的东西进入语言"。诠释学经验具有语言的实现方式——流传物和解释者之间的对话。从诠释者的角度看，发生的事件意味着诠释者并不是作为认识者寻找他的对象，并非运用方法的手段去努力找出对象的真正含义以及它本来究竟如何，即使这种工作很容易受到自己偏见的阻碍和欺骗，这只是真正的诠释学事件的外部因素；相反，"真正的事件只有当作为流传物传到我们手中而我们又必须倾听的语词真正与我们相通，并且就像在同我们讲话、自己向我们显露意思时才成为可能。"③ 诠释学事件只是在对话中才得以进行的。

---

① 早在论述效果历史意识作为一种真正的经验形式的时候，伽达默尔就指出，效果历史意识作为对"你"的经验具有一种对他人的开放性，它反映了人类的真正联系。他说："彼此相互隶属（Zueinandergehören）总同时意指彼此能够相互听取（Auf-ein-ander-Hören-können）。如果两个人彼此理解了，这并不是说，一个人'理解'即通观了另一个人。同样，'听取某人'（anf jemanden hören）也不只是指我们无条件地做他人所想的东西。谁这样做，我们就称他为奴隶。所以，对他人的开放性包含这样一种承认，即我必须接受某些反对我自己的东西，即使没有任何其他人要求我这样做。"（伽达默尔：《真理与方法》，洪汉鼎译，上海译文出版社，1999，第464页。）可见，这里所说的隶属性概念其实意指的乃是一种相互隶属，它与上述黑格尔的承认辩证法本质上是关联的。当然，它与柏拉图的善良意志也是一致的。

② 伽达默尔：《真理与方法》，洪汉鼎译，上海译文出版社，1999，第591页。

③ 伽达默尔：《真理与方法》，洪汉鼎译，上海译文出版社，1999，第590页。

事件本身再次证明伽达默尔向黑格尔和柏拉图立场的靠拢。黑格尔曾经批判“外在反思”这一把自己作为某种同事物相异的行动而进行的方法概念，从而表明真正的方法乃是事物本身的行动。伽达默尔借此说，“虽然事物显然不是在我们并不思维的情况下进行其进程，但思维就意味着：使事物在其自身的结果中得到展开。属于这种过程的还有防止‘习于侵入的’观念，以及坚持思维的结果。自希腊人以来我们就一直把这称之为辩证法。”①

正如上面所述，黑格尔为了描述作为事物自身之行动的辩证法而援引了柏拉图，尽管对黑格尔来说，柏拉图的辩证法不过是引导谈话的艺术，一种通过提问和进一步追问而发现支配某人意见的不恰当性的艺术。辩证法在这里乃是消极的，它旨在意见弄得混淆。但在伽达默尔看来，这种混淆也意味着一种澄清，因为它使对事物的正确观照显露出来。正如在《美诺篇》（*Meno*）里，那位童奴美诺在其所有站不住脚的成见都被摧毁之后，就从他的混乱中被引导到向他提出的数学问题的真正答案。所以，一切辩证法的否定性都包含着一种对真实东西的实际预示。

要而言之，伽达默尔试图以黑格尔和柏拉图的辩证法表明，我们从语言中心出发所思考的诠释学经验也有类似辩证法的东西，是一种事物自身的行动。这种行动同现代科学的方法论相反，乃是一种遭受，一种作为事件的理解。在诠释学经验中，辩证法意味着事物表现自身（本文意义的展开）——“否定地对待自身。”因此，谁试图理解某一本文，谁就必须拒斥那些从自己的偏见出发而作为意义期待起作用的东西，只要这些东西是被本文的意义所拒斥的。“解释的运动之所以是辩证的并不在于每种陈述的片面性都可以从另外一面来补充——正如我们将看到的，这只是解释中次要的现象——而首先在于，适合于解释本文意义的话词把这种意义的整体表达了出来，从而使意义的无限性以有限的方式在语词中得以表现。”②

从黑格尔辩证法那里，伽达默尔把“意义的无限性以有限的方式在语词中得以表现”这一形而上学辩证法与诠释学辩证法之间的共同点称为思辨

① 伽达默尔：《真理与方法》，洪汉鼎译，上海译文出版社，1999，第593页。
② 伽达默尔：《真理与方法》，洪汉鼎译，上海译文出版社，1999，第594页。

性。思辨性在这里意味着反映关系①，它是日常经验之教条的对立面。说某人是思辨的，就是说他并不直接沉溺于现象的坚实性或所意指东西的固定规定性；相反，他懂得反思——用黑格尔的话说就是：他能把自在之物认作为“我”之物；要而言之，说某种思想是思辨的，就是说这种思想并不把它陈述的关系认作是某种单义地指定给某个主体的性质，认作是某种单义地指定给所与物的特性，而是把它看作是一种反映关系。在这种关系中，反映本身就是被反映事物的纯种表现，正如一就是他者的一，而他者就是一的他者。

伽达默尔进一步指出，黑格尔在他对哲学命题出色的逻辑分析中描述了思维的思辨关系。思辨的命题并不在于陈述某物具有什么，它所做的只是把概念的统一性表现出来。所以，当一个命题通过其内容而强迫思维放弃其习惯的认识态度时，思维就会经受到不习惯的阻碍，这种阻碍实际上构成了一切哲学的思辨本质。

概言之，在伽达默尔看来，这种命题的辩证运动是真正思辨的，它必然转变成辩证的表现，而辩证的表现意味着事物通过自身表达和表现的方式来证明自身。所以，当思维遭受到向其对立面的不可理解的转化时，辩证法就真正地被经验到了。黑格尔在此对思辨性和辩证性作了一个确切的区别：辩证法就是思辨性的表达，是真正存在于思辨性中的东西的表现，因而也就是“真正的”思辨性。

不过，对伽达默尔来说，黑格尔所称的辩证法与柏拉图所称的辩证法一样，其实际根据都是把语言置于‘陈述’的统辖之下。“虽说黑格尔的辩证法实际上也遵循语言的思辨精神，但根据黑格尔的自我理解，他只想考察语言那种规定思想的反思作用，并让思维通过有意识认识整体性的辩证中介过程达到概念的自我意识。这样，他的辩证法就只停留在陈述的领域之中而没有达到语言世界经验的领域。”② 伽达默尔强烈地反对黑格尔那种把主体性当作理解最终根据的做法，因为哲学诠释学并不是建立在自为意识上的，而是

① 这正如论文在“对艺术作品存在方式的现象学分析”的论述中表明“艺术与诠释者的关系是思辨的”，艺术作品的意义就在于它对诠释者的表现。

② 伽达默尔：《真理与方法》，洪汉鼎译，上海译文出版社，1999，第 598 页。

根据人类在世存在的传统隶属性，人类在世存在的语言性。概言之，相对于概念的辩证中介，语言作为思辨的中介表现为一种有限的事件。

因此，诠释学经验作为包含同黑格尔的辩证表述相吻合的语言事件，它参与了一种辩证法——对话（问答）辩证法。对伽达默尔来说，在黑格尔的哲学辩证法那里，诠释学经验的本质以及作为其基础的彻底有限性被错误地认识了。诠释学经验总是包含如下事实，即被理解的本文是在由前见所规定的处境中讲话，这种处境并不是有损理解纯粹性的令人遗憾的歪曲，而是其可能性的条件。这就是说，理解者和其本文之间并不存在不言而喻的一致性，正是因为这一点，我们才可以在本文中加入诠释学的经验。

这就是说，解释必须从某处开始，但却不能从任意的地方开始。在这里，伽达默尔明确地指出了解释的开端就是对话辩证法，他说："解释在表面上所具有的开端其实只是一种回答，而正如所有的回答一样，解释的意义乃是由提出的问题所规定。回答辩证法总是先于解释辩证法而存在。正是它把理解规定为一种事件。"[①]

可以看出，诠释学不像黑格尔的逻辑学认识科学的开端问题那样去认识理解的开端问题，在黑格尔那里，开端问题实际上就是终结的问题，因为开端从终结来看乃是被规定为终结的开端。这在无限知识以及思辨辩证法的前提下会导致一种根本无法解决的问题，即开端究竟从何开始。

伽达默尔认为，唯有海德格尔第一个发现了超越纯辩证倒转的积极可能性，因为海德格尔表明"真理"并不是在绝对精神的自我显现中得到其理想实现的完全无蔽，相反地，真理乃是作为遮蔽和揭蔽互相关联的"发生事件"（Geschehnis）。这样的一种海德格尔与黑格尔之间观点的对扬，在伽达默尔看来，在剥除了黑格尔绝对精神这一形而上学的外衣之后，二者其实在思辨性辩证显现出了一致性。在《什么是真理？》（*Was ist Wahrheit*，1957）一文中，伽达默尔援引了"句子的形式不足以讲出思辨的真理"[②] 这句话来表明黑格尔对真理遮蔽性的认识。

---

① 伽达默尔：《真理与方法》，洪汉鼎译，上海译文出版社，1999，第 603 页。

② 伽达默尔：《诠释学Ⅱ：真理与方法》，洪汉鼎译，商务印书馆，2007，第 60 页。

当然，伽达默尔并没有标识所援引的这句话出自何处，但是我们可以从黑格尔相似的论述来获知这句话的意味。黑格尔在《小逻辑》§31 里说："命题的形式，或确切点说，判断的形式，不适于表达具体的和玄思的真理（真理是具体的）。因为判断的形式总是片面的，就其只是片面的而言，它就是不真的。"① 显然，伽达默尔所谓的"句子的形式不足"，意在强调黑格尔对语句形式无法表达其思辨性真理的批判。所以，他说"在黑格尔思辨的命题转换中，概念化的努力，也正是力求避免陷入恰是植根于判断和命题这种形式的实体主义形而上学，而表达出思辨的真理。"② 判断和命题这种形式的实体主义形而上学乃是对现代以自然科学方法为模型，试图用概念的单一性来克服语言多义性以达到客观认识的称谓。这种实体主义对陈述或判断的规定，就是知性对事物的符合，即"把存在的东西在某人所说的话语里加以表述，而且它还能如事物所是的样子指明事物。"③ 所以，它的衡量尺度只在于按在者的存在样式去表现在者。

伽达默尔所要质疑的就是这种观念，他说："问题在于，在科学内部真的存在这样一种作为判断的本质和陈述真理性本质的可客观化界限吗？"他的回答是"不可能存在绝对是真的陈述"④。这是因为任何陈述都受动机推动，每一个陈述都有其未曾说出的前提。伽达默尔深刻地指明，真正衡量某个陈述的真理性，必须要同时考虑到陈述的动机，而动机归结起来其实就是问题，陈述本质上就是回答。

不管怎样，在黑格尔这种完满的循环中，追问哲学科学之开端的思辨问题只有从它的完成来看才成立；而对于效果历史意识来说，情况就完全不一样，效果历史意识知道它所参与的理解事件的意义绝对开放性。当然，这种开放并不意味着相对主义，因为所有的理解也有一种尺度，理解就是按这种尺度进行衡量并达到可能的完成——这就是流传物内容本身，唯有它才是标准性的并且体现在语言里的。

---

① 黑格尔：《小逻辑》，贺麟译，商务印书馆，1982，第 99 页。

② 伽达默尔：《科学时代的理性》，薛华等译，国际文化出版公司，1988，第 51 页。

③ 伽达默尔：《诠释学Ⅱ：真理与方法》，洪汉鼎译，商务印书馆，2007，第 55 页。

④ 伽达默尔：《诠释学Ⅱ：真理与方法》，洪汉鼎译，商务印书馆，2007，第 60 页。

（二）语言与对话

可以看出，在伽达默尔看来，对话辩证法里存在的不是主体方法上的主动性，而是思维所“遭受”事物本身的行动，是攫住说话者的真正的思辨运动；因此，意义进入语言其实指明了一种普遍的本体论的结构——“能被理解的存在就是语言”，语言表现出一种使意义整体得以说明的思辨结构。伽达默尔说：“来到语言表达并不意味着获得第二种存在。某物表现自身为的东西都属于其自身的存在。因此，在所有这些作为语言的东西中所涉及的是它的思辨统一性，一种存在于自身之中的区别：存在和表现的区别，但这种区别恰好又不应当是区别。”① 要而言之，语言的思辨存在方式具有普遍的本体论意义。语词只有通过它所表达的东西才成其为语词，语言表达的东西唯有在语词之中才能感受到其自身的规定性。

可以看出，伽达默尔在审美意识批判以及历史意识批判中所发现的正是这种思辨的运动。艺术品的存在和提供给我们源自传统或作为传统的历史认识的东西都不是自在存在并能为我们认识所对象化的东西，而是通过某种中介与我们达成的统一体。艺术品和历史认识的东西本质上都是流传物，它们都通过语言来说话，语言是这种中介的普遍媒介。

通过把语言性认作这种中介的普遍媒介，伽达默尔就在对审美意识和“史的意识”的批判基础上，把诠释学扩展为一种普遍的哲学探究。哲学诠释学是普遍的，“因为人类的世界关系绝对是语言性的并因而是可理解性的。正如我们所见，诠释学因此就是哲学的一个普遍方面，而并非只是所谓精神科学的方法论基础。”②

在伽达默尔看来，艺术作品的特殊规定并不是在它的表现中取得其存在；同样，历史存在的特殊性也不是在它的含义中被理解，自我表现和被理解并不只是相互隶属，以致可以相互过渡。艺术作品、历史流传物以及它们的效果历史都是从属于同一个东西——使自己同自己相区别、表现自身的思辨语言，也就是陈述意义的语言。概而言之，因着语言，诠释学经验也具有

① 伽达默尔：《真理与方法》，洪汉鼎译，上海译文出版社，1999，第 606 页。
② 伽达默尔：《真理与方法》，洪汉鼎译，上海译文出版社，1999，第 607 页。

普遍的思辨存在状况。

语言的思辨性是如何表现出来的呢？或者说，语言是怎样说话的呢？从古希腊的用法来看，所有不属于生活必需品、关系到生活的方式和被希腊人理解为人文教育的东西就叫作 kalon。伽达默尔说："语言用法能使我们认识到被称为 kalon（美）的事物的存在范围。"① 美的事物就是那些价值自明的东西，它们之完美全然只同自身相关，而不像有用的事物是为了其他的目的；并且，希腊人在应用"美"这个词时，总是要求某种可观的伟大，在他们看来，美的概念和善具有密切的关系，因为善也是为自身而选择的东西，是目标。②

在柏拉图的哲学那里，善的理念和美的理念之间具有一种紧密的联系，两者经常互用，因为两者都超越了一切条件性和众多性。爱的灵魂在一条由众多的美所引导的道路的尽头遇到了作为单一的东西、不变的东而、无边际的东西的自在之美（《会饮篇》(*Symposium*)），这正如超越了一切条件性和众多性的善的理念一样，即在某个确定方面才是善的东西（《理想国》）。正如自在之善一样，自在之美表明自己超越了一切存在物，因此，趋向于单一的善的存在物秩序就同美的秩序相一致。显然，柏拉图认为以善为目的的存在秩序也是一种美的秩序，因为，相比容易受到不同尺度和不完善性欺骗的感官领域，美在理智领域表现得更纯洁、更清晰。

与存在秩序的理念之间紧密联系，美的理念的基础也是毕达戈拉斯的尺度概念。柏拉图用尺度、合适性和合比例来规定美，并发现这一切在数学中以典范的方式而存在。在伽达默尔看来，柏拉图表明的数学的美的本质秩序和天体秩序之间的紧密联系具有更广的含义，它说明作为一切可见秩序之典范的宇宙同时也是可见领域美的最高典范。这样，自然和艺术绝不是对立的，相反，正是鉴于美，自然具有无可争议的优先性。

不过，到了 19 世纪，美学问题的中心转移到了艺术。伽达默尔认为"这样一种向艺术立足点的转移在本体论上是以一种被认为无形态的，即由机械

---

① 伽达默尔：《真理与方法》，洪汉鼎译，上海译文出版社，1999，第 609 页。

② 见伽达默尔：《真理与方法》，洪汉鼎译，上海译文出版社，1999，第 609-610 页具体论述。

规律所统治的存在质为前提的。从机械结构中构造出有用物的人类艺术精神也使一切美的东西最终只能从人自己的精神作品角度来理解"①。艺术作品的独立在伽达默尔看来乃是一种倒退，因为在这里，自然美和艺术美的关系被颠倒了，拥有作为"美的事物之积序的宇宙"庄严地位的自然美丧失了它的优先地位，仅被当作一种精神的反射。

伽达默尔进一步认为，尽管某种程度上柏拉图的尺度概念就是康德所批判的美学理性主义，但实际上在柏拉图那里，美与这种理性主义毫无关系；相反，美的现象具有完全不同的一面。这是因为柏拉图在美的理念同善的理念紧密联系的基础上，认识到两者之间存在着区别，这种区别包含着一种特有的美的优先性。伽达默尔说："善的不可把握性在美之中，亦即在存在物和附属于它的澄明性之间的和谐性中发现一种相适性，因为美具有一种最终的显明性。但柏拉图又可以补充说，正是在试图认识善本身的过程中，善才逃避进美之中的。因此，美与绝对不可把握的善的区别就在于它是可以被把握的。美的固有本质就在于能表现出来。美就表现在对善的追求之中。对于人类灵魂来说，美首先就是善的一种标志。凡以完善的形态表现的东西就具有了对自身爱的要求。"②

显然，美相对于善的突出之处在于，美是由自身得到表现，是在自身的存在中直接呈现出来。这样美就具有一种能够给出善的最重要本体论功能，从而具有使理念和现象之间进行中介的功能。理念和现象之间的中介正是柏拉图主义的难点，这种困难尤为明显地体现在分有这个概念上，因为分有不仅涉及现象与理念的关系，而且也涉及理念之间的关系。

伽达默尔说，在《斐多篇》里我们可以看到，柏拉图特别喜欢用美来阐明这种有争议的"分有"关系。美的理念不可分割、完整地存在于美的事物之中。在美的例子中，柏拉图所指的理念的"感性显现"得到了阐明，并对"生成"分有"存在"的这一逻辑困难提供了事物的证明，"在场"（Anwesenheit）以令人信服的方式用于美的存在本身。尽管美就像某种超凡东西

---

① 伽达默尔：《真理与方法》，洪汉鼎译，上海译文出版社，1999，第 612 页。

② 伽达默尔：《真理与方法》，洪汉鼎译，上海译文出版社，1999，第 613-614 页。

的反照那样被人强烈地体验，但它却依然处于感官可见的领域中。总之，美在感官领域中其实是一种他在，是一种另外秩序的本质，这一点表现在它的显现方式中——美是突然地出现，并且同样突然地、无任何中介环节地消失。可以说，柏拉图关于感官事物和理念之间的裂缝，在此存在，也在此被弥合。

可见，美只有通过感官可见的事物才真正存在，亦即作为“众多中产生的一”而突显出来。美自身确实是“最为光亮的”，“耀现”(Hervoscheeinen)构成美的根本本质，它使美作为一个自身均衡的、和谐的整体而显露。伽达默尔进一步指出，美的本质显然正是柏拉图在《斐利布斯篇》中所说的澄明性(aletheia)，而并非只是对称均匀。伽达默尔由此说，美是一种照射，照射意味着：照着某些东西，并使光亮所至的东西显露出来，美具有光的存在方式。当然，光的存在并不仅在于它照耀东西的亮度，相反，它的存在在于唯有通过使他物成为可见从而也使自己成为可见这一途径。

这种不仅使可见之物，而且也使可理解领域得以表现的光并不是太阳之光，而是精神之光，即奴斯(Nous)之光。柏拉图的深刻类比已经暗示过这一点；[①] 从自身出发展现出被思考物之多样性的精神同时也在被思考物里展现了自身的存在。伽达默尔说：“如果我们把美的本体论结构描述为一种使事物在其尺度和范围中得以出现的显露，那么它也相应地适用于可理解领域。使一切事物都能自身阐明、自身可理解地出现的光正是语词之光。正是在光的形而上学基础上建立了美之物的显露和可理解之物的明显之间的紧密联系。而正是这种关系在我们的诠释学研究中指导着我们。”[②]

概而言之，柏拉图之所以把aletheia(显露、澄明或真理)证明为美的本质因素，乃是要表明：美作为善在其中得以表现的方式是在它的存在中使

① 柏拉图：《理想国》508d，《柏拉图全集》第2卷，王晓朝译，人民出版社，2003，第506页。原文为：“让我们以这种方式把人的灵魂比做眼睛。当灵魂凝视着真理与实在所照耀的区域时，灵魂就能够认识和理解，好像拥有理智似的，但当它转向那个黑暗的区域，那个有生有灭的世界时，物体便模糊起来，只能产生动荡不定的意见，又显得好像没有理智了。”

② 伽达默尔：《真理与方法》，洪汉鼎译，上海译文出版社，1999，第616页。

自身显现的，即表现自身的。这样表现自身的东西因为是表现自身，所以是不能同自身相区别的。美的形而上学标志就在于，它弥补了理念和表现之间的裂缝。美是自己出现的决不意味着对理念学说的反对，正是美本身既设定了这种对立又使这种对立得到扬弃。“对柏拉图的回溯使真理问题再次得到彰明。我们在对艺术品进行分析时曾试图证明，自我表现应该被认为是艺术品的真实存在。为此目的我们提出了游戏概念，这种游戏概念又使我们进入了一般的联系。”①

伽达默尔正是从“游戏”这一概念出发对真理作出规定的：我们在理解中所遇到的事物如何使其重点发挥出来，这本身就是一种语言过程，或者说是围绕着所意指内容而用语词进行的一场游戏。理解是一种游戏，“谁进行理解，谁就总是已经进入了一种事件，通过这种事件有意义的东西表现了出来。所以这既很好地证明了诠释学现象所使用的游戏概念恰如美的经验所用的游戏概念一样。”② 在伽达默尔看来，当我们理解某一文本的时候，文本中的意义对我们的吸引恰如美对我们的吸引一样。在我们能够清醒过来并检验本文向我们提出的意义要求之前，文本的意义就已经自己在发挥作用，并且自身就已经有一种吸引作用。这就是说，理解的存在方式和美之物的显现都具有自成性，因此，诠释学经验——对流传下来意义的经验，也具有直接性。所以，我们在美的经验以及理解流传物的意义时所遭遇的事情都具有某种游戏的真理。“作为理解者，我们进入了一种真理的事件。”③

要而言之，借着柏拉图对“美”的喻说，伽达默尔坚持把语言看作是一场游戏，因为语言在语词上的表现其实是一种自我表现，而语词的表现总是以对话的形式出现的。语言其实就是对话，就是游戏。正如柏拉图的对话，每个人只有作为参与者积极地投身其中，对话才能完成；同样，游戏者在游戏里是一种“遭受”，游戏者只有全身心地投入其中，游戏旨在表现自己的目的才能完成。不管怎样，伽达默尔借着游戏，把传统（流传物、文本）、

① 伽达默尔：《真理与方法》，洪汉鼎译，上海译文出版社，1999，第622页。
② 伽达默尔：《真理与方法》，洪汉鼎译，上海译文出版社，1999，第625页。
③ 伽达默尔：《真理与方法》，洪汉鼎译，上海译文出版社，1999，第625页。

语言这两个哲学诠释学的重要概念最终关联在一起了，从而表明理解作为游戏，总是意味着问与答的发生。

“问与答”的对话意味着语言有类似“美”那样的揭示性功能。不同于分析哲学把重点放在语言的形式与结构上，伽达默尔着重于语言的“对话性”和“辩证性”。在伽达默尔看来，作为诠释学的一般对象的文字性文本也是说话、言语的异化，书写根源于言说。所以我们与文本的对话，尽管与人和人的对话有所不同，但是，文本“是有待理解的生活之永远固定下来的表达，这意味着在诠释学交谈中作为一方的文本只能通过另一方即阐释者而被表达出来。”① 不管如何，文本的意义也是在“对话”中崭露出来的。

可以看出，对话像游戏一样，每次都能给对话者带来新奇感，而且对话双方还保持着对对方的承认，努力去倾听和理解对方说出的东西。因为“每一个真正的谈话具有如下特点：对话者向对方开放自己，真正将对方的见解视为值得认真考虑的东西加以接受，他进入到对方之中，不仅理解了一个特殊的个人，而且理解了他说出的东西”②。对伽达默尔来说，诠释学关涉的并不是如何正确地掌握语言的问题，而是对话者在语言媒介中所发生的事情如何正当地相互了解的问题。理解始终是对话者双方思维、精神的交流，因此，“诠释学现象就表现为思维和讲话这一普遍关系的特殊情况，它们之间谜一般的内在性甚至导致语言隐匿在思维之中。”③

概言之，语言的对话表现为意义本身的具体化。对伽达默尔来说，“理解和解释的努力总是有意义的。在这种努力中显示了理性借以超越一切现存语言之限制的高超的普遍性。诠释学经验是调整的经验，思维的理性正是通过这种调整经验而摆脱语言的樊篱，尽管理性本身乃是语言性地构造出来。”④ 正是拥有语言，人类才具有理性，人类透过语言展示的其实就是人性本身，就是存在。我们透过语言所认识的不仅仅是些个别的事物，而是以其

① 伯恩斯坦：《超越客观主义与相对主义》，郭小平、康兴平等译，光明日报出版社，1992，第205页。论文在关于“问答逻辑”和“视域融合”的论述中详细阐明了这一点。

② 伯恩斯坦：《超越客观主义与相对主义》，郭小平、康兴平等译，光明日报出版社，1992，第205页。

③ 伽达默尔：《真理与方法》，洪汉鼎译，上海译文出版社，1999，第496-497页。

④ 伽达默尔：《真理与方法》，洪汉鼎译，上海译文出版社，1999，第513页。

普遍的世界关系展现给我们的以往的人性本身。

综上所述，在伽达默尔看来，语言按其本质就是对话的语言，理解只有通过“对话”这一相互理解的过程才能构成自己的现实性。对话作为语言的本质意味着哲学诠释学逻辑建构的完成和重心所在。细究下来，笔者认为可以从以下几个方面看出这种理论建构的逻辑和重心所在。

首先，正如我们本章所讲的，黑格尔认为，在“他在”中认识自身乃是精神的历史性工作，伽达默尔从中引出诠释学必须在理解的实在中“显示历史的实在性”这一效果历史原则。显然，相应于黑格尔所论述精神的形成过程是将自我异化为他者的同时重新返回自我，即“于他在中回归自我”是精神的自我实现的运动；效果历史表现为诠释者与传承物的一种视域融合的辩证过程。这里，伽达默尔无形中又将黑格尔的这种辩证法基本结构运用于“语言”，“语言”既是精神的自我异比，也是精神的自我回归。“语言”就是由“对话”——提问与回答所组成的辩证法的运动。

其次，通过对柏拉图对话辩证法的论述，伽达默尔得出对话具有游戏的结构。笔者认为，正如游戏是理解艺术经验、理解对话逻辑和视域融合的模型，游戏也是理解对话的模型。

细究下来，我们可以看出，通过柏拉图的辩证法，伽达默尔把黑格尔的承认辩证法与柏拉图的“善良意志”关联在一起。游戏表明对话就是目的本身，在其中，对话者必须放弃自己的主体地位。对话者在对话中是一种遭遇，对话者必须有对自己的意见承担风险并接受检验的开放态度，而这首先要承认对方是可能对的。

最后，通过对柏拉图的论述，伽达默尔认为对话其实也是思维的基本模式。在伽达默尔看来，甚至灵魂的自我思维就包括一种语言的束缚性①，它也是一种对话。同样，任何对话其实都是思维的表达，对话乃是思维的基本

① 柏拉图：《智者篇》，263e-264a，《柏拉图全集》第3卷，王晓朝译，人民出版社，2003，第75页。原文为：“除了我们把思维准确地称作由心灵与它自身进的无声的对话之外，思维和言谈是一回事。”“而从心中发出通过嘴唇流出来的声音之流称作言谈。”

模式，正因为这样，对话表现为意义本身的具体化，理性本身乃是语言性地构造出来。正是出自这一点，伽达默尔认为理性是人类所具有的，人类透过语言展示的其实就是人性本身，而这就是存在。

可见，对话辩证法作为引导谈话的艺术表现的就是“理性”。对伽达默尔来说，建立在对话基础上的诠释学经验其实就是理性的体现。而理性因为关联着对话，所以是与实践（Praxis）不可分割的实践理性（Praktische Vernunft）。柏拉图的对话表明，实践理性只有在对话中，也就是在共同体中才能形成的。

也正是在这里，我们真切地发现语言与上文有关传统的对应性。我们是隶属于传统的，正如我们是隶属语言一样。而之所以如此，归根在于传统和语言都是人类理性的展示。可以发现，正如传统与黑格尔的“客观精神”之间具有相应性，伽达默尔在对话这里转向了柏拉图的“理念”。

可以看出，正如理解是解释和应用的统一事件，对话作为思维的表达、意义的具体化，表明了一种实践理性的优先性；这正如伽达默尔通过柏拉图之口所说，逻各斯的缺陷表明获取知识的各种途径并不能保证理解的达成，只有对话的辩证法才是唯一通向真正知识的途径。要而言之，哲学诠释学所追求的知识是与人的生存实践相关的知识，它有着实践哲学的向度。

第四章　在柏拉图与亚里士多德之间：哲学诠释学的实践哲学向度

一、柏拉图的至善之思——逻各斯与对话

对伽达默尔这样一位关注精神、关注真理的思想家来说，问津哲学，其实即意味着在根源处求索人生的真义。哲学诠释学不仅仅“探究人类一切理解活动得以可能的基本条件”，而且也“在人类的有限的历史性的存在方式中”探讨“人类与世界的根本关系”。伽达默尔对柏拉图对话辩证法、理念论的倾心眷注意味着哲学诠释学为自己承诺了更重要的使命，即在面对人类生存困境时的价值觅寻，以及对灵魂的自我对话中所祈向的超越之维的瞩望。从《真理与方法》的书名来看，不管研究者们对“真理”与“方法”之间的关系如何予以判别和说明，他们都必须承认这一点，如果“方法”指示的是近代兴盛起来的自然科学所取的方法，那么“真理”指示的乃是与自然科学方法不同的别一蹊径上的目标，而从真理与对话辩证法的基源关系来看，对话则蕴涵着伽达默尔对人类前途的忧思。

思想家与思想家的相契，不仅是天缘，更是生命与生命之间的对话和融合。从1922年在马堡完成博士论文《柏拉图对话中的快乐的本质》(*The Essence of Pleasure in Plato's Dialogues*)，到1928年撰著教授资格论文《柏拉图的辩证伦理学——对“斐利布斯篇”的现象学阐释》[①]，甚至到生命最后几年写作关于柏拉图的论文[②]，伽达默尔始终有着某种可谓为柏拉图情结的

① Gadamer, H. G.. *Plato's Dialectical Ethics: Phenomenological Interpretations Relating to the Philebus*, trans. and with an introduction by Robert M. Wallace New Haven: Yale University Press, 1991.

② 见 Gadamer, H. G.. *GesammelteWerk*, bd7. J.C.B.Mohr(paulsiebeck)Tübingen, 1991.

情结，其哲学视野甚至使得他“能够从柏拉图的视野中恰当地解释他的新导师（海德格尔）的现象学的本体论”①。对伽达默尔来说，逻各斯作为言说与对话，是一切理性之为理性的前提，理念也只是在言说与对话中才可能显现；正是通过对话，伽达默尔对柏拉图的阐释一直是在一种整体的关照中进行，这种整体关照是一种试图把逻辑学家柏拉图与寓言家柏拉图统一起来的做法，而这甚至在伽达默尔的博士导师那托尔普（P. Natorp，1854-1924）那里就已经显露出来了②。

不过，在伽达默尔看来，那托尔普的理念世界仍然是一个“超感性世界”。在他那里，理念世界与可感世界的鸿沟不仅没有消除，反而使理念拖着更长的传统柏拉图主义的影子，这影子从系统的整全的追求方面来看——在伽达默尔看来，甚至埋伏了某种未承认的黑格尔主义③。在马堡学习时期，作为伽达默尔老师之一的弗里德伦德尔（Paul Friedländer）对伽达默尔也有过决定性的影响。弗里德伦德尔告诉他，不能单纯将柏拉图当作一个哲学著者来读，还要当作一个文学作者来读④。正因为这样，在对柏拉图的持续研究中，伽达默尔坚持认为，柏拉图的每篇对话必须被理解为一种说出来的语言艺术，理解为一场发展着的讨论。

同样，当时的斯坦彻尔（Julius Stenzel）也注意到了柏拉图对话的文学特征。在“面对自我意识的疑难”的时候，斯坦彻尔在柏拉图的“对话辩证法”中观察到了某种“主观性的抑制”。要而言之，柏拉图的辩证法作为对

---

① Gadamer，H. G.. *The Beginning of Knowledge*，translated by Rod Coltman，New York：Continuum，2001，p.7.

② 在伽达默尔看来，不同于传统对柏拉图理念学说的批评，这种批评认为理念作为一个自足的世界与质感可视的世界有着一道不可逾越的鸿沟，那托尔普似乎要把柏拉图与近代科学的共通之处纳入视野：理念是逐步完善的是者，并以它作为真实是者的现象基础。晚期的那托尔普认识到，理念不仅仅是一种方法，而且所有理念的多样性都以抽象的统一性和原始具象的统一性为前提。现在，每一种理念都不再是指向无限遥远目标的纯粹视野，不再是主体性的投入，而是对整一的洞见，这个洞见在整一中，并且适于是者本身。就此而言，理念保有心灵的自然本质，一个生命的所有生机存活于它创造性投入的张力中。晚期的那托尔普不再赞成由他自己推向极致的把逻辑学家柏拉图同寓言家柏拉图分开的做法。（伽达默尔：《哲学生涯》，陈春文译，商务印书馆，2003，第53页。）

③ 参见伽达默尔：《哲学生涯》，陈春文译，商务印书馆，2003，第53-55页。

④ 参见伽达默尔：《哲学生涯》，陈春文译，商务印书馆，2003，第34页及Gadamer，H. G.. *The Beginning of Knowledge*，translated by Rod Coltman，New York：Continuum，2001，p.7.

对话者的一种限制，其实也是对唯心主义所说的“自我意识”的一种抑制或拒斥①。

更为关键的是，对话作为教导我们认识自己无知的艺术，能够使我们真切地明白自己认识的界限，认识到自己在对话中所实现的乃是一种更高然而有限的真理追求。因此，柏拉图的对话与其说是发展论证或哲学观念的学说，不如说是发展问题以及为问题所决定的讨论方向的理论。对伽达默尔来说，“柏拉图将对话作为思想的艺术来发展，而这意指认真提问的艺术，这种艺术追问一个人思这思那或说这说那时，其真正的意义是什么。”② 基于这一点，哲学乃是追求智慧、追求善的知识，而这种追求总是意味着对话的开放——一种自己对自己开放，对别人开放，一种永恒、不会结束的开放。

正如上文业已指明的，对伽达默尔来说，柏拉图对话的秘密乃在于指出：“哲学思维并非必然要服从以一种最高原理的形式建立起来的体系性的指导思想才能执行解释的功能。相反，哲学思维总是受到某种指导的支配，它在对原始的世界经验继续思考的时候必然要透彻地思考我们生活于其中的语言的概念力和直观力。”③ 也正是语言的概念力和直观力——思辨性——这一点使得伽达默尔一再地与黑格尔的辩证法相缠绕，因为恰如黑格尔本人认为，希腊人之所以相较于19世纪唯心主义者，更能够给未来世纪提供某种哲学基础，乃是因为他们能够在思想中进行纯粹的思维。伽达默尔也正是从黑格尔这一说法里找到了通向柏拉图的桥梁。

进而言之，对伽达默尔来说，辩证法在本来意义上是一种引导对话以取得一致意见的艺术，因此，“理解最后就与取得一致意见相关，并在取得一致意见的交往联系中获得了它的地位。柏拉图有一个非常关键的见解，他认

① 见伽达默尔：《真理与方法》，“汉斯－格奥尔格·伽达默尔自述”，洪汉鼎译，上海译文出版社，1999，第775-776页相关论述；亦见伽达默尔：《伽达默尔论柏拉图》，余纪元译，光明日报出版社，1992，第138页。

② Joel C. Weinsheimer. *Gadamer's Hermeneutics: A Reading of Truth and Method*, New Haven: Yale University Press, 1985, p.33-34.

③ 伽达默尔：“汉斯－格奥尔格·伽达默尔自述”，《真理与方法》，洪汉鼎译，上海译文出版社，1999，第775页。

为辩证法是以善良意志为前提的，这个见解证明了柏拉图的智慧。”①

这个善良的意志指的是什么呢？伽达默尔认为，“这说的是：人们并不谋求维持权利，并且因此要发现他人的弱点；相反地，人们试图使他人变得尽可能强大，使得他人的陈述得到某种说服力。在我看来，这样一种态度对任何互相理解来说都是本质性的。”② 这种态度乃是一种认同，在伽达默尔看来，它其实应该是人之为人的本质。

正如上面通过论述《蒂迈欧篇》所表明的，“得穆革”对世界的创造，乃是一种不确定的确定，一种无秩序的秩序化，而这其实潜藏着世界乃是理性的这一前提。世界理性对于柏拉图说来就是世界灵魂，而这灵魂乃是自我运动的。我们知道，灵魂说是从阿那克萨戈拉的“努斯”说发展出来的，它表明了努斯乃是运动的源泉，是在原始的混沌中分离出一切具有形状的事物的源泉，正像心灵能在自身中感知、认识和理解外界的事物一样③。正如阿那克萨戈拉所认识到的一样，柏拉图所说的灵魂标识着生命的本质。对于柏拉图来说，无须解释灵魂为什么会自我运动，因为正是这种运动把有生机的身体与死后留下的无生机的身体区别开来。作为世界不可见的基础，灵魂可以在每个有机体那里找到，它不仅是运动者，而且还具有认识的能力。柏拉图通过将“混合”概念作为定义灵魂的出发点，论述了世界灵魂的三种组成：存在、相同、相异。相同与相异总是呈现在任何存在并被认识到其本质的事物之中的。灵魂学说表明，如果一个人定向于同，则三种组成成分的混合便引向洞见和科学形式的认识；而如果一个人定向于异，则把这种混合引

---

① 伽达默尔：《赞美理论》，夏镇平译，上海三联书店，1988，第 151 页。

② 伽达默尔、德里达等：《德法之争——伽达默尔与德里达的对话》，孙周兴、孙善春编译，上海同济大学出版社，2004，第 45 页。

③ 正如黄克剑先生所指出，“阿那克萨戈拉“所推重的‘心灵’最后还是让苏格拉底失望了，——苏格拉底认为，既然世界是由‘心灵’安排的，那就理应对这个世界做出好、比较好或更好的安排，然而阿那克萨戈拉的‘心灵’犹如人体的植物性神经，它安排世界并不作‘好’与‘不好’的价值承诺。”因此，苏格拉底转为由人的心灵对“好”的感受去契接作为世界最后原因的那个“好”，从而肯定了人对“美”“善”“大”诸价值的无尽追求之祈向。而柏拉图作为苏格拉底的弟子，其实是以“理念论”的形态将人之心灵或者灵魂所当有的价值内涵进一步“引向更深微的境地”。（参见黄克剑：《由“命”而“道”——先秦诸子十讲》，线装书局，2006，第 8 页；《心蕴——一种对西方哲学的读解》，中国青年出版社，1999，第 12-13 页。）通过笔者的相关论述，可以看出，伽达默尔对柏拉图的理念论所倾心之处最终也是归结在人之所以为人的“求善”或“爱智慧”的理性上的。

向观念和信仰或知觉的形式。①

世界灵魂告诉我们的首先就是同，即世界是有序的整体。创造主得穆革是善的，他能够创造好的和美的东西，也必定能使有理性（努斯）的事物产生出来。所以说，当我们人认识到宇宙是一个有生命、合理的存在，并进而领悟到作为有灵魂、有生命的我们要比低级组织的存在物更好、更善时，那便意味着我们具有较高的一致性并对其统一性有着最高的意识。一句话，我们具有理性，所以，我们能在灵魂的运动中认识灵魂，认识善。哲学和人类求知的欲望乃是人所具有的自然潜能。

灵魂的“混合”说，在伽达默尔看来，蕴含着柏拉图的理念数论，即“一”与“不定之二”辩证关系。对伽达默尔来说，理念数论并不是柏拉图后期才出现的东西，相反，柏拉图很早就注意到了一和多的问题。② 事实表明，“一”的概念与“善”的概念从很早开始就非常紧密地联系在一起了，“一”的概念主要出现在柏拉图讨论“德行”问题的语境中。在《理想国》第四卷中，柏拉图证明了德行的所有概念在本质上都隐含着同一个东西，即知识，这种知识是关于“一”或善的；与此相应，灵魂的真实本性是多中之一，“和谐”“一致”等表述都指向这一方向。正如有论者所说的：

> “理念”对于它的诸多同名的可感事物是某种“一”和“多”的关系，“理念”的无不趣归于“善”的品格对于诸多个“理念”是又一重“一”和“多”的关系。柏拉图的“善”不仅涵着道德的高洁，也蕴有美趣的欣求、身心的幸福和事物在尽性中的圆成；这是一个意蕴丰赡得多的“好”，它的极致是“善”之所以为“善”的“善的理念”。正像太

---

① 《蒂迈欧篇》，37a-c。“当理性围绕感性世界翱翔，而那运行着的‘相异’的圈也把感觉的真实情况传达给整个灵魂时，意见和确定的信念也就产生了。但若涉及的是理性事物，那平稳运转的‘相同’的圈也会做出宣告，此时获得的必然是理智与知识。”（见《柏拉图全集》第 3 卷，王晓朝译，人民出版社，2003，第 287-288 页。）

② 伽达默尔：《伽达默尔论柏拉图》，余纪元译，光明日报出版社，1992，第 144、145、148、161 页。伽达默尔数次提到《大希庇阿斯》已经有理念数论的痕迹了。这就是说，对伽达默尔来说，柏拉图的思想乃是有连续性的整体，并不存在所谓的断裂，而他的根据就是“一”与“不定之二”的理念数论。

阳作为“善的儿子”在可感世界或“可见世界”中为眼睛把可感事物照亮那样，“善本身”或“善的理念”在“可知世界”或“理念世界”中为人的灵魂把“理念”照亮。由于太阳，运用视觉的灵魂得以把握可感事物——“我们周围的生物以及一切自然物和人造物”（柏拉图：《国家篇》510A，《古希腊罗马哲学》，第 199 页）的“实物”及其“影像”；由于“善的理念”，灵魂则得以把那可见世界中有其“影像”的“实物”看作理念的影像，并进而从理念那里获得知识和真理。①

正是从“一”与“不定之二”辩证关系②出发，伽达默尔认为作为柏拉图的美或善的理念的模型其实就是数。我们知道，理念作为一个被断定是真实的事物，是拥有它的每一个现象的，而现象却是不同于事物本身（理念），柏拉图用数来说明这种关系。数是由单位构成的，其中每一个自身是一，而数自身，根据它所包括的单位的数目，却不是一而是一个特定的“如此多”，由杂多综合而成的统一体：“两个是二，但每一个都是一”③。这就是说，每个数字都是一个本质直观的单位，但却是总和的一部分，我们只能在一个没有终极的动态数列中认识一种可能，一与二的关系是不确定的。因此，“在柏拉图努力从‘一’和‘不定之二’这两个原则所推论出的一切中，明显地隐含着我们思想的不确定性或无规定性。”④ 不过，这里也要看到，对伽达默尔来说，“一”是作为逻各斯整体、语言整体而出现的，它不可能还原为个别组成部分。互相交织的理念的“总和”超过了个别组成部分，超过了不定的单个理念。从这里出发，伽达默尔认为，“一”的各个方面，如存在、善、美，乃是超验性的理念，它们就像阳光一样，处处呈现，却超越一切分有它

① 黄克剑：《柏拉图“理念论”辨正》，《哲学研究》1995 年第 5 期，第 14 页。

② 伽达默尔认为，“多”的问题从一开始就是“二”的问题，因为只要“一”成为问题，“多”的问题就随之出现。（伽达默尔：《伽达默尔论柏拉图》，余纪元译，光明日报出版社，1992，第 145 页。）

③ 《泰阿德篇》，185b，转引自伽达默尔：《伽达默尔论柏拉图》，余纪元译，光明日报出版社，1992，第 161 页。

④ 伽达默尔：《伽达默尔论柏拉图》，余纪元译，光明日报出版社，1992，第 169 页。

们的事物之上①。

概言之，凭借“一”与“不定之二”的辩证关系，伽达默尔看到了人类见解的局限性。从“不定之二”出发，任何把我们的经验界定于一定范围的逻各斯总是依靠某种背景，而这种背景总是处于未定的状态之中。数的系列可无限延伸，它超出了任何可以标志出来的特殊总和。因此，从人类灵魂的求善本能来看，它意味着人类的认识的最大可能性必须被称作是爱智慧而不是智慧，柏拉图明确地指出：“善的理念”是“给予认识的对象以真理并给予认识的主体以认识能力的东西。”②

正如有论者深刻地指出：“从一定意义上说，人总是使自己处在两重世界中：一重是可感的或当下的，另一重是超越的或理想的。前者诚然是真实的，后者就其永远与前者相伴并永远是真实的人的一重处境而言也决不可斥之为虚妄。带着价值的‘好’的追求因而往往涵有不言而喻的目的性的理想，也许不无这样或那样的失错，但为价值的‘好’所发动的理想本身却总与人对自己生命意义的理解相协应。对人生意义的究极询问，把人引向比现实关切更深刻的关切，此即所谓终极眷注。被现实关切所关切的是可感的遭际或感性的真实，被终极眷注所眷注的则是超越感性真实的真实，或可强称之为‘虚灵的真实’。这两重真实配称于人的两重处境，它们不无张力地一元化于人的真实生命或具有真实生命的人。”③ 从“善的理念”出发，从人类灵魂的求善的本能来看，柏拉图所谓“可见世界”其实就是感性的真实的世界，而所谓“可知世界”则是虚灵的真实的世界。

概言之，柏拉图有着对虚灵之真实的祈向，而伽达默尔在与其生命的对话中，显然不无同情地体味到了这一点。从人的理性、灵魂到对话的善良意

---

① 对伽达默尔来说，理念“多多少少更像是个假设，它们是用来检验与感官事物是否一致的主观性悬设”。（“R. R. Sulixan, *Political Hermeneutics: The Early Thinking of Hans-Georg Gadamer*, Pennsylvania State University Press, 1989, p.18.）黄克剑先生也持相同的观点，在他看来，理念“是这类事物的某种极致状态，它为此类事物悬起一个可供鉴照而值得追摹的范型”。（见黄克剑：“价值形而上学引论”，《心蕴——一种对西方哲学的读解》，中国青年出版社，1999，第369页。）

② 《国家篇》508E-509A，《古希腊罗马哲学》，第181页。转引自黄克剑《柏拉图“理念论”辨正》，《哲学研究》1995年第5期，第14页。

③ 黄克剑：《柏拉图“理念论”辨正》，《哲学研究》1995年第5期，第17-18页。

志，从人的自然倾向——爱智慧到人的自我理解，从语言作为精神到共同体的伦理，都表明了伽达默尔有着对“可知世界”认识和必可认识的确信。理论意味着爱智，实践意味行动中的自我调整，它们乃是一个统一体。智慧总是要在行动中获得，实践作为自我调整意味着思想的一再超越自身，意味着经验的新维度的拓辟；同样地，行动总是在实践智慧（Phronesis，Practical wlsdom）下的行动，它不是价值中立之规则指导下的科学活动，而是有着价值抉择的智慧下的一再调整。

二、实践智慧——柏拉图与亚里士多德的“整体效果”

如上所述，伽达默尔承续了柏拉图的对话辩证法①，从而力图贯彻一种实践的理想。“诠释学是哲学，而且是作为实践哲学的哲学。”正如其所说，“哲学不能放弃这样的主张，即它不仅要认识，而且还要获得某种实践效果。”这种实践效果由于与此在的如何存在相关，逻辑上必然从属于伦理学的范畴。我们发现，在这一理论构筑中，伽达默尔通过自己的方式还解决了柏拉图与亚里士多德联结的问题，众所周知，亚里士多德对柏拉图的理念论曾有过严厉的批判。

（一）亚里士多德与柏拉图

伽达默尔认为只是到了近代才形成柏拉图和亚里士多德的尖锐对立，在他看来，其实“亚里士多德比起人们所认为的更是一个柏拉图主义者”②。伽达默尔对柏拉图的倾心乃是终其一生的，而他对亚里士多德的“实践智慧”的倚重在《真理与方法》一书中也是有目共睹的。不过，柏拉图与亚里士多德之间的分野毕竟是大多数论者的共识，这种共识至少可以从亚里士多德本人对理念论的批判找到根据。然而，伽达默尔更多地看到了问题的另一面，认为亚里士多德与柏拉图有着更多的相似之处。从其相似之处看，伽达默尔甚至用“柏拉图—亚里士多德整体（同一）效果”（Platonic-Aristotelian uni-

---

① 在伽达默尔看来，亚里士多德的实践智慧不过是是对柏拉图已经揭示过的阐释，因为对话辩证法针对的就是智者派的诡辩术，它终归是生存实践的课题。见 Gadamer，H. G.. *The Idea of Good in Platonic-Aristotelian Philosophy*，trans. by P. Christopher Smith，Yale University Press 1986. p. 61.

② 伽达默尔：《真理与方法》，洪汉鼎译，上海译文出版社，1999，第 640 页。

tary effect）这一说法来指称他心目中的柏拉图、亚里士多德对他的诠释学的历史效果。

伽达默尔说，“亚里士多德和柏拉图探究的基础乃是这样的一个共同问题：logos（言谈）如何让存在或事物如其所是（ousias）地显现?”① 因此，他们的一致在于都把哲学变成了逻各斯，变成了我们如何去言说事物。伽达默尔在论述语言的本体论地位时说，“人类世界经验的语言性显然是自柏拉图‘逃入逻各斯’（Flucht in die Logoi）以来希腊形而上学发展关于存在的思想所依据的主线。”② 正是在这一意义上，他认为亚里士多德是一个真正的柏拉图主义者。

不过，就算伽达默尔坚持二人的一致性，但亚里士多德对柏拉图理念论“乏味的、明显是不适当的、并且几乎是挖苦式的批判”却是确确实实存在着的，伽达默尔如何在一方面论证这种“整体效果”，另外一方面又为亚里士多德的这种批判寻找理由呢?

伽达默尔说，我们必须承认这样一个事实，我们对柏拉图理念论的了解不但是从他的对话这些文学作品而来的，而且也是通过亚里士多德对其批判而来的，柏拉图本人并没有专门的理念论专著流传下来。因此，如果我们要对柏拉图的真实哲学做出解释，那么就必须到亚里士多德那里去，通过他勾勒出他所批判的柏拉图的哲学。伽达默尔这一方法是“深受海德格尔对亚里士多德的解释的影响”③ 的。海德格尔的《柏拉图：智者（*Platon：Sophistes*）》一书开篇就说，“到目前为止，诠释柏拉图哲学仍然沿袭着从苏格拉底及前苏格拉底到柏拉图这一路径。我们希望开出一条倒转的途径，即从亚里士多德逆溯到柏拉图。这是一条以前都没有的道路，它乃是遵循诠释学的古老命题——追寻对有关某人的解释应当从澄明之境回推到幽暗之地。我们将预设亚里士多德是理解柏拉图的。”④ 所以，伽达默尔也说，“亚里士多德

① Gadamer, H. G.. *The Idea of Good in Platonic-Aristotelian Philosophy*, trans. by P. Christopher Smith, Yale Univer-sity Press 1986. p.16.

② 伽达默尔：《真理与方法》，洪汉鼎译，上海译文出版社，1999，第 583 页。

③ 伽达默尔：《伽达默尔论柏拉图》，余纪元译，光明日报出版社，1992，第 215 页。

④ M. Heidegger, *Plato's Sophist*, translated by R. Rojcewicz and A. Schuwer, Indiana University Press, 2003, p.8. 该书是海德格尔在马堡大学 1924—1925 年冬季讨论班的上课笔记集结而成的。

对柏拉图的批判是依靠他和柏拉图所共有的某些本质因素的。那个共同因素是我们从《斐多篇》的文学形式中了解到的向逻各斯的‘转化’。”①

因此，正如柏拉图在《斐多篇》所表明的，在逻各斯中寻求乃是获得真理的唯一途径，亚里士多德所探讨的问题也是在逻各斯的范围之内。伽达默尔说，甚至《形而上学》的中心问题“作为存在的存在”也是陈述某物之存在的逻各斯。亚里士多德其实是通过“‘这一个’与‘是什么’或形式之间的区分揭示了一切言语的最根本的意义和结构”②。显然，同柏拉图由逻各斯认识到理念间的结合或交织相似，亚里士多德通过对一个事物“是什么”与“这一个”的区分所表明的也是逻各斯下的事物的真理。

不过，在伽达默尔看来，亚里士多德之所以对理念论展开批判，这的确涉及他同柏拉图的差异：“在柏拉图哲学中，支持和引导着他的思想及概念化的是对数的本性的洞察，反之，在亚里士多德哲学中，却是对活生生的自然的洞察。”③

伽达默尔指出，柏拉图最初的目的显然是讨论善这一理念，从而提出一种政治乌托邦的形式。在构筑这个乌托邦时，柏拉图依靠的是数学，数学涉及的是一种超可感世界的实在，柏拉图把这种存在的方式称作是理智的。对柏拉图来说，数学之所以具有重要的作用，是因为它是可以系统化的——数目、线、面、体的序列表明数学作为科学有着一个前后相连的结构。柏拉图是把数作为他研究理性本体的范型的，这用伽达默尔的话说，即是“形式被证明为是众多具体事物——它们以变动不居的杂多性构成了变动着的世界的一种统一。……形式的逻各斯，换言之，述说任何既定事物的单一本质的尝试，必然导致把许多形式的规定性（本质定义）系统地结合在一个统一的确定论中。这一事实，而且正是这一事实，意味着多的统一”④。

不过，正如上文所述，柏拉图通过对定义的划分而导致的“全部秩序的

---

① 伽达默尔：《伽达默尔论柏拉图》，余纪元译，光明日报出版社，1992，第 215 页。在伽达默尔看来，这种把哲学变成了逻各斯的做法针对的是前苏格拉底哲学家研究和解释自然事物时，未能摆脱直观，转向反思的不足。

② 伽达默尔：《伽达默尔论柏拉图》，余纪元译，光明日报出版社，1992，第 216 页。

③ 伽达默尔：《伽达默尔论柏拉图》，余纪元译，光明日报出版社，1992，第 218 页。

④ 伽达默尔：《伽达默尔论柏拉图》，余纪元译，光明日报出版社，1992，第 220 页。

目的并不是要获得一个严格的系统分类，一个理念的金字塔。它所揭示的是，数作为多中之一是本体论的范型。这种划分式的分类指向一个阐述的整体，而且似乎是一个不可能完成的整体。正是在此，我们或许可以获得理念与数之间的最重要的类比。”① 不仅单个形式，而且形式的整体，都不存在可能被阐释的集合整体。一个形式的各方面的划分，显然是要在与其他形式划分的基础上。《巴门尼德篇》表明了柏拉图对理念的基本信念——根本不存在单个理念的真理，理念（们）仅仅存在于相互联系之中，这就是说，“只有各种可能的解释聚合而成的整体，才能使完满的真理性成为可能。”伽达默尔认为，柏拉图的“一”与“不定之二”的学说，其目的就是要表明，“在对统一体的每一种认识和述说中，为逻各斯所允许的、可能的解释永远不可能穷尽。”②

伽达默尔进一步指出，柏拉图的这一思想乃是受到这一基本信念的指导，即“尽管现象是不确定的、杂乱多变的，但纯数学的关系却以令人惊异的精确性存在于这些现象之中，……在这个意义上说，和谐是世界的最基本的组成形式”。所以“仅就柏拉图严格地把这个和谐概念贯彻到反思和逻各斯的领域而言，他仍然是一个毕达戈拉斯主义者。”③ 对柏拉图来说，数和数量关系作为理念结构的范型表明了理念与现象之间的本体论差异：在可感的现象世界中，数和尺度的理性秩序始终只是近似地被现实化，现象向它们的理念数和尺度永远在趋近中。可见，柏拉图关注的是现象的限定性及偶然性的一面。

相反地，亚里士多德从有生物出发，所关注的是确定性而非不确定性。对他来说，不管有多少不能根除的偶然性，自然中存在的事物在变成其所是时，都展现出一种确定性。非存在作为尚未在种子中潜在的东西，乃是作为最终规定的潜在性和可能性。

可以看出，柏拉图的“不定之二”学说，乃是一个关于本质和现象之间

① 伽达默尔：《伽达默尔论柏拉图》，余纪元译，光明日报出版社，1992，第 221 页。
② 伽达默尔：《伽达默尔论柏拉图》，余纪元译，光明日报出版社，1992，第 221-222 页。
③ 伽达默尔：《伽达默尔论柏拉图》，余纪元译，光明日报出版社，1992，第 222 页。

的原始不一致的学说，然而这样一种学说是否意味着预设本质的存在，或者说理念的存在呢？这是否正如我们上面通过《蒂迈欧篇》所说的，世界的秩序乃是从理念间的纯粹和谐联系中得到的呢？如果理念是真实的实在，是一种作为范型的存在的话，那么它怎样才能为我们所获得呢？或者说，我们应该如何去设想它确立自身的作用的呢？很明显，如果理念论具有本体论的意义，如果理念确实是有作用的话，那么它必定是在自然和生活的领域中最有作用的，并且也能为我们所认识。

上述疑问显然是与柏拉图如何获得理念这一问题关联着的。从道德和数学领域中，柏拉图看到了某些“超越”于现象之流的东西的存在，这即是所谓理念，它们是永恒、稳定的。伽达默尔就此认为，柏拉图的“思想必然导致他做出结论说，每当我们使用语词时，我们就是在用一种相似的方式，即超越感官知觉去探索一件事物的内在方面。这就是说，我们已经‘设想’了其他某种东西，即纯粹的‘种’，纯粹的意义，或者人们可用现代概念‘普遍’来解释的任何东西。因此，从根本上说，理念论必然可以扩展到人们能够谈论、能够找到语词的一切事物上。”① 要而言之，伽达默尔从柏拉图理念论这里为其语言的本体论找到了根据。

不过，亚里士多德是反对理念论的这种扩展的，他这样做，是基于对自然存在物的考察。这一做法，在伽达默尔看来，与当时学园中的柏拉图主义者有关。对于学园的人来说，理念乃是根据自身而存在的，而人造物由于是人所预先设计和决定后产生的，并不能证明理念的存在；同样地，联系也不是由于“它们”自身而存在的，当我们能命名通过联系而产生的存在物“自身”时，联系就不存在了；对他们来说，单个存在物自身不变，而相对它的联系却是变化的。因此，针对柏拉图，亚里士多德所要证明的是，即使在自然存在物那里，我们也不能说理念是由于“自身”而存在的。这一证明是借重所谓“四因说”来完成的。

“四因说”表明，为了制成具有同构形式的某一新的存在，必定要有相应的质料。这意味着理念不是“由于”自身而存在的，实际上，它总是脱不

① 伽达默尔：《伽达默尔论柏拉图》，余纪元译，光明日报出版社，1992，第225-226页。

开质料的形式。我们知道，现象对柏拉图乃是第三类的变动的存在，它是“存在”与“非存在”的混合物，是变动的，柏拉图之所以说它是生成者，为的是说明现象向它的理念的趋近。要而言之，现象作为“可感事物并不虚妄，它在‘存在’与‘不存在’（非存在）的居间位置上。这居间的位置或可作如是理解：‘存在’是事物的极致状态的存在，亦即所谓“理念”性的存在；可感事物诚然不是‘不存在’，却也总是同它的极致状态有着非可尽去的距离。”①

与柏拉图不同，亚里士多德认为，“非存在并不简单地、无歧义地是理念中差异的不存在，即在任何既定的形式规定性中除去其他一切规定的成分。在理念中还有一种非存在，它并不依存于理念与其他理念的关系。但跟存在自身相关，……与缺失有关。每个自然过程都是在缺失和理念，非存在与存在之间展开的。”②

伽达默尔指出，这种存在物的非存在，就存在在其中缺失而言，依存的乃是它的形式的规定性，由此看来，它是由理念表明的。非存在只是由于缺少理念所以才自身不在的，因而它在自身中包含着一切最终要成为某物的“尚不存在的东西”。因此，从种子中生长出来的生物不可能被描绘为不同的形式规定性的一种结合，它乃是从不成熟到成熟的转变和上升。亚里士多德表明，总存在着一个还不具有形式的存在物，即“质料”。“质料”就它是一切在形式上发生变化着的事物的基础而言，又是载体；每个形式总是质料中的形式。自然的存在，尽管还没有生成或没有长成，但已经是它将要生成的事物了，这就是亚里士多德潜能概念的含义。在自然中，形式只是作为质料中的形式（enhylon eidos）而存在的。

在《形而上学》第十三卷第四章，亚里士多德谈到苏格拉底对定义理论发展的作用。他指出苏格拉底并没有把普遍自身或把定义当作与事物分离的

---

① 黄克剑《柏拉图“理念论”辨正》，《哲学研究》1995年第5期，第12页。

② 伽达默尔：《伽达默尔论柏拉图》，余纪元译，光明日报出版社，1992，第228-229页。

实在，而柏拉图则将其分离出来，并称之为理念。① 换言之，在亚里士多德看来，苏格拉底并没有把形式从具有它并且它存在于其中的事物中分离出来的失误，所以，他是高于柏拉图的。

但是，伽达默尔指出，亚里士多德在批判柏拉图的时候，即批判理念乃是真正"存在"的同时，他关于形式的逻各斯，即对形式的论述，在理性实体这里也遇到了困难；就是说，尽管形式不同于理念，但作为真正的"存在"或实在，它之所以具有本体论上的普遍性，不能仅限于在自然物中寻找根据，真正的根据应该在于它的逻辑方面而不是物理方面，"把理念概念向一切可以述说、可以意指的东西的扩展，这是把人的思想引向逻各斯的一个不可避免的结果"②，而这乃是柏拉图所得出的结论。同样地，亚里士多德也面临这样的任务，"他必须消除从理念这种从逻辑普遍性中得出的在本体论中至高无上的假象，同时为本体的首要性提出新的合理根据。他必须做出种种区分以阐明逻各斯，而不是撇开它。"③

亚里士多德在形式和范畴这里找到新的合理根据。在亚里士多德看来，柏拉图认为逻各斯是理念间的相互结合会混淆逻各斯的真正含义，因为逻各斯本身的意义不仅仅是相互结合。"它总是要涉及某物、涉及此时此地的某物，即'这一个'。对这一个，不仅要表达它的本质定义，而且要把许多别的不是构成其永恒本质的成分归属于它。这种进一步归属的方式在它们自身内部是极不相同的。"④ 它乃是范畴模式。

因此，在柏拉图揭示了逻各斯普遍性，从而把"是什么"的问题运用到每个可在讨论中被意指的事物的可能性后，亚里士多德进一步认识到"是"的意义具有种种区分。"是"的各种意义上的范畴差异表明"本质"是不同于可归属于一个存在物的其他任何谓项，作为属性的谓项乃是有着变化特性

---

① 亚里士多德："形而上学"，《亚里士多德全集》第七卷，苗力田译，苗力田主编，中国人民大学出版社，1990，第 297 页。原文为，"苏格拉底并没有把普遍和定义当作分离存在的东西。他的后继者们把它们当作分离存在的东西，并把它们做理念。"显然这里所谓的后继者包括柏拉图。

② 伽达默尔：《伽达默尔论柏拉图》，余纪元译，光明日报出版社，1992，第 231 页。

③ 伽达默尔：《伽达默尔论柏拉图》，余纪元译，光明日报出版社，1992，第 232 页。

④ 伽达默尔：《伽达默尔论柏拉图》，余纪元译，光明日报出版社，1992，第 232 页。

的。亚里士多德认识到，属性即使用了不同的方式，即在不同的意义上述说存在物，它也是在指称它的存在，而根本不是柏拉图所说的指某种非存在或非实在。

当然，形式对这些范畴具有优先性，它不是存在物的一个属性，而是构成存在物实在的成分。“形式在先的根据在于：它使得在任何有效的逻各斯中，做出关于实在的最基本的本体论的叙述成为可能，即是说，它给各种存在物以最初的印记。”① 在亚里士多德看来，逻各斯并不是形式规定性之间的参与，毋宁说，它是一个陈述的特殊内容，它是以各种方式存在于其中的范畴。

可见，内容的首项乃是存在物的“什么”，即本质规定性，构成内容的范畴在此只能存在于这本质规定性之中，永远不可能独立存在；同样，存在物的本质规定性也不可能独立存在，它表达的只是存在物的存在，而不是自身的存在。伽达默尔由此指出，形式和范畴“它们仍能被一种在根本上达不到逻各斯的方式所指明。本质的规定性确实是一个在理性本体中说明自身的多重体。正是从那样一种说明中，理性本体才把自身集合成为一个统一的本质。”但这种多重体完全不同于构成内容之范畴的多重体，即构成关于某物真实或虚假的论述的属性与非属性的多重体。

因此，为亚里士多德全部范畴学说提供基础的决定性论点乃是“为‘何所是’的逻各斯所界定的和把握的本质的统一性，其自身根本不是一种存在。毋宁说，是它构成了存在物的由于自身的存在”。② 因此说，如果《形而上学》有一个单一的主题，那它必定是确立本质的统一性；它始终是作为一个特殊存在物的本性，不可分割地归属于它。

可以看出，一与多之间的难题在此又出现了。亚里士多德在逻各斯的形式学说中反驳被指定给理念的范型作用，在这样做的同时，由于形式作为“这一个”的“何以是”，他给了形式以新的本体论基础；而“提供这一基础的不是与偶性相区别的这一个，而更可能是通过其自我实现过程的持久的本

---

① 伽达默尔：《伽达默尔论柏拉图》，余纪元译，光明日报出版社，1992，第 233 页。

② 伽达默尔：《伽达默尔论柏拉图》，余纪元译，光明日报出版社，1992，第 234 页。

质，即：‘何以是’（形式）主要是个别地作为现实与隐德莱希地实现了的存在的定义以及这些概念在与潜能相联系时的‘类推’的规定性意义”①。显然，只有现实与潜能才成功表达了理性实体的统一本质，才阐明了本体范畴的新含义，表达了存在物自身的本质。潜能和现实使我们得以把握一切事物的本质统一性，它表明一个事物的纯粹本质的规定性并不是分离存在着的各种规定性的结合，它实际上是要将本质统一体、不可分的形式以及那个统一体的“什么”都显现出来。

伽达默尔由此指出，亚里士多德的形而上学在认识到这一对本质的关照，即非组合物真理与显现性的意义被实现时，达到了顶峰。这样一种对本质的先在的显现发生在思维中，仅就思想意识到正思维着的东西而言，它意识到了它自身。以这种方式，本质的显现性超越自身，指向一个更高的自我意识，它使得前者成为可能②；正如光线使得看事物成为可能一样，本质的显现性只有在意识到自身的事物存在时才是可能的。在这个观点中，我们获得了亚里士多德形而上学的最高原则。“最终要展现给预测自身之最高可能性的人类的事物，一切其他事物最终必定要从属的可能的人类存在，是对真理的纯粹关照，也就是对心灵的觉醒、思辨。”③ 所以，亚里士多德在所谓理念论的基础上与柏拉图乃是一致的。在亚里士多德那里，也仍然保留着毕达戈拉斯主义的因素：最高的也就是最纯粹的，这与柏拉图乃是一致的，它们都是思辨的。

可以看出，伽达默尔通过对亚里士多德形式学说的论述，其实是想表明事物的本质依然是非组合物真理与显现性的意义的统一体，这正如柏拉图通过“一”与“不定之二”的学说表明无歧义的“存在”的结构是不存在的，对于理念的趋近永远是处在有限与无限的关系之中。正是在这个意味上，辩证法显然不是可普遍和技术化的知识，伽达默尔说，柏拉图在《美诺篇》④

① 伽达默尔：《伽达默尔论柏拉图》，余纪元译，光明日报出版社，1992，第 236 页。

② 很显然，这使我们又想起了黑格尔的思维辩证法。

③ 伽达默尔：《伽达默尔论柏拉图》，余纪元译，光明日报出版社，1992，第 238 页。

④ 《美诺篇》，88b。《柏拉图全集》第 1 卷，王晓朝译，人民出版社，2003，第 520 页。原文为“与智慧相连，学习和纪律是有益的，但若没有智慧，学习和纪律是有害的。”从上文看，智慧其实意指理性。

里也把辩证法称为“智慧”（Phronesis），它就是理性（Vernünftigkeit，Reasonableness）①。而“智慧”这一概念的内涵，伽达默尔更多的是借助亚里士多德之口来加以阐述的。

（二）实践智慧与修辞学

从哲学诠释学的逻辑建构来看，伽达默尔对亚里士多德的援引和倚重，是从阐述诠释学的应用问题开始的②。在那里，理解是解释和应用的统一事件，应用服务于意义的有效性，它要自觉地消除那种分离解释者和本文的时间间距，并克服本文所遭到的意义的疏异化。“如果诠释学问题的真正关键在于同一个流传物必定总是以不同的方式被理解，那么，从逻辑上看，这个问题就是关于普遍东西和特殊东西的关系的问题。因此，理解乃是把某种普遍东西应用于某个个别具体情况的特殊事例。”③ 应用早就表明哲学诠释学具有实践的向度，正是在这里，伽达默尔通过亚里士多德的伦理学对其进行更为深入的阐发。

伽达默尔指出，正如亚里士多德所论述，道德的知识显然不是所谓的客观知识，因为求知者并不是立于他所观察的事实的对面，而是直接地被他所认识的东西所影响。道德知识就是某种他必须去做的东西。亚里士多德通过对“Phronesis”（实践）的道德知识和“Episteme”（思辨）的理论知识的区分，表明道德知识与数学知识为代表的科学知识乃是不同的。从这种区别出发，我们可以知道，精神科学的诠释学也是类似道德知识的学说，“相对于理论的科学，精神科学宁可与道德知识紧密联系在一起。精神科学就是‘道

① Gadamer, H. G.. *The Idea of The Good in Platonic-Aristotelian Philosophy*, trans. by P. Christopher Smith, Yale University Press 1986, p.37.

② 关于伽达默尔与亚里士多德“实践智慧”的关系，大多学者已经就理解的应用性与实践哲学转向之间的关系做了相关论述（见彭启福：《理解之思：诠释学初论》，安徽人民出版社，2005，第107-123页；张能为：《理解的实践》，人民出版社，2002，第136-144页），故本文在此不予重点论述。因为正如上文所表明的，“实践智慧”不过是柏拉图通过对话辩证法业已揭示的阐释与发扬。[见伽达默尔：《科学时代的理性》，薛华等译，国际文化出版公司，1988，第106页；Gadamer, H. G.. *The Idea of The Good in Platonic-Aristotelian Philosophy*, trans. by P. Christopher Smith, Yale University Press 1986, p.61. 以及 Gadamer, H. G.. *Plato's Dialectical Ethics: Phenomenological Interpretations Relating to the Philebus* (translated and with an introduction by Robert M. Wallace, New Haven: Yale University Press, 1991. p.2.)]

③ 伽达默尔：《真理与方法》，洪汉鼎译，上海译文出版社，1999，第400页。

德的科学’。精神科学的对象就是人及其对于自身所知道的东西。但是人是作为一个行动者而认识自身，并且他对于自身所具有的这样一种知识并不想发现什么东西存在。行动者其实是与那种并不总是一样的，而是能发生变化的东西打交道。在这种东西上他能够找到他必须参与行动的场所。他的知识应当指导他的行动。”①

行动一词表明亚里士多德在伦理学中所探讨的关于道德知识这一问题的真正意趣所在。道德知识是否是那种能够制造某种特殊事物的手艺人的技巧，或知识，即希腊人所讲的“Techne”（技艺）呢？伽达默尔承认，在道德意识的完美性和制造能力的完美性即技艺的完美性之间确实存在一种类似，但它们二者显然又不是同一种东西。因为，很清楚，人不能像手艺人支配他用来工作的材料那样支配自身，不能像他能生产某种其他东西那样生产自身。

这样，道德知识其实是表现为一种属于诠释学任务的问题模式。“应用不是理解现象的一个随后的和偶然的成分，而是从一开始就整个地规定了理解活动。所以应用在这里不是某个预先给出的普遍东西对某个特殊情况的关系。研讨某个流传物的解释者就是试图把这种流传物应用于自身。但是这也不意味着流传下来的本文对于他是作为某种普遍东西被给出和被理解的，并且以后只有为特殊的应用才利用它。其实解释者除了这种普遍的东西——本文，根本不想理解其他东西，也就是说，他只想理解流传物所说的东西，即构成本文的意义和意思的东西。但是为了理解这种东西，他一定不能无视他自己和他自己所处的具体的诠释学境况。如果他想根本理解的话，他必须把本文与这种境况联系起来。”② 这正如道德实践或德行，对善的理解总是与具体的情况相结合的。对待流传物的态度其实表明了解释者在实际的境遇中要充分地考虑到事情本身，从而做到最大限度的开放；换言之，在不同的特殊情况中，我们并不是在处理一个全新的、不同的普遍性，而是发掘普遍性固

① 伽达默尔：《真理与方法》，洪汉鼎译，上海译文出版社，1999，第403-404页。参见亚里士多德：《尼各马可伦理学》，中国社会科学出版社，1990，第119-120页。

② 伽达默尔：《真理与方法》，洪汉鼎译，上海译文出版社，1999，第416-417页。

有的意义可能性，即进入解释—应用过程中，产生一种视域融合的作用。

伽达默尔指出，亚里士多德这种实践哲学的传统，在从作为“实践哲学”的一门学科的“政治学”到“政治科学”的转变中，已经在现代科学概念的压力下发生了变化，但这并不妨碍我们从中汲取与诠释学经验相一致的地方。“谁掌握了实践理性的善，谁就会认识到他所遵循的规范观点，并懂得如何在实践情境所要求做出的具体决定中使之起作用。”①

总之，必须注意的是，规范观点的认识并不是理论知识意义上的认识，而是得自其具有约束力的有效性。尽管在实践哲学那里，这种认识成为理论的对象，但是，相对于实践领域，实践哲学的理论见解总只是对“规范观点”一定程度的了解，亚里士多德限制了在实践领域中理论见解的可能性。伽达默尔由此认为，这种限制对于诠释学，对于一切的理解都是适用的。在理解的实践中，理解者也必须具备实践智慧，“从理论上对理解的可能性的说明，并不是一种理解能够凭借科学和方法论加以掌握的客观化反思；相反，这种说明表明，普遍的东西作为某种人们认识了的东西，是从属于它的合理运用所具有的不可消除的不确定性的。”② 普遍东西的具体化总是属于具体的境况，它是我们的诠释学境况。

在伽达默尔那里，亚里士多德另一个被倚重的地方就是“修辞学”(Rhetoric)。什么是修辞学呢？很简单，修辞学所涉及的是说话技巧及其理论。在亚里士多德那里，辩证法和修辞术都是思维和论证的工具。《修辞术》开篇就说，修辞术与辩证法同类的技术。修辞术与辩证法的不同在于，前者是思维“论辩”的技术，后者是实践“论辩”的技术。所以，修辞术需要其他的辅助手段，如情绪、手势等。

正如亚里士多德其后又说的，修辞术作为伦理学说的分支，可以纳入到政治学的框架。③ 伽达默尔也是基于修辞学属于政治学的范畴而将修辞学纳入到诠释学应用的范围的。“修辞学论证方式的合理性虽然力图使‘情感’

① 伽达默尔：《科学时代的理性》，薛华等译，国际文化出版公司，1988，第 42 页。

② 伽达默尔：《科学时代的理性》，薛华等译，国际文化出版公司，1988，第 43 页。

③ 亚里士多德：《亚里士多德全集》卷 9，苗力田主编，中国人民大学出版社，1990，第 338 页。

(Affekte) 起作用，但从根本上说是要使论证更为有力，并且在大多数情况下都很成功，修辞学论证方式的合理性现在是并且将一直是一种比科学确实性更加强有力的社会规定因素。"① 可见，伽达默尔认识到理论的应用问题其实是与修辞学关联在一起的，而这一任务是与"实践智慧"目标一致的，修辞学和亚里士多德的实践智慧表明的其实都是实践理性②。

对伽达默尔来说，"实践哲学"不仅仅只是"诠释学"学科纯粹方法论的范式，它还是后者的实际根据，实践哲学的方法特殊性只是亚里士多德在其概念特性中所发现的"实践理性"的结果。

正如上文所述，对于柏拉图与亚里士多德之间的关系问题，伽达默尔是从海德格尔那里获得启示的。伽达默尔说："海德格尔通过亚里士多德的著作（在一些私人的会晤中）向我表明所谓亚里士多德的'现实主义'的说法是毫无根据的，而且亚里士多德依据的正是柏拉图同他的苏格拉底的后继者所给予的同一个逻各斯基础。"③ 伽达默尔通过理念与形式的相似性证明了柏拉图与亚里士多德之间的这种联系；同样，伽达默尔也在修辞学那里找到了柏拉图与亚里士多德的亲缘关系。柏拉图在《斐多篇》中指出，修辞学与理解、认识的发现及传达有着一种本质的关系。因此，真正的修辞学是不可能同对话辩证法分开的，修辞学乃是取得意见一致的艺术，就此而论，修辞学"分享着辩证法观念的普遍性。"④

可见，在柏拉图那里，伽达默尔早就发现了这种"实践理性"。在伽达默尔看来，柏拉图对话中所运用的概念性陈述乃是与这些陈述由之产生的对话现实相关联的，在这些对话中存在着做和说、激情和逻各斯这些并非仅凭语词可予言说的"多立克式的和谐"。"多立克式的和谐"意味着言行合一，它其实也是一种实践理性的体现。苏格拉底与人对话所涉及的都是特殊的知

---

① 伽达默尔："汉斯一格奥尔格·伽达默尔自述"，《真理与方法》，洪汉鼎译，上海译文出版社，1999，第 794 页。

② 伽达默尔甚至说："其实修辞学是一切理性行为的本质方面。……因此它也属于对人的一般规定，即人是一种理性生物。"（伽达默尔：《诠释学Ⅱ：真理与方法》，洪汉鼎译，商务印书馆，2007，第 567 页。）

③ 伽达默尔：《真理与方法》，洪汉鼎译，上海译文出版社，1999，第 777 页。

④ 伽达默尔：《科学时代的理性》，薛华等译，国际文化出版公司，1988，第 106 页。

识，而不是跟他交谈各行各业的人的专业知识。“这种特殊的知识指的就是‘转向理念’，在自认为有知识的人的一切敞露之后就存在着这种向理念的转向。”①

不过，伽达默尔告诉我们，这并不是说柏拉图有一种人们能向他学习的理论，亦即“理念论”。转向说明接受“理念”并不是接受一种“理论”，它标明的是一种问题指向，哲学的任务就在于提出并讨论这种问题指向的蕴涵，此即柏拉图的辩证法。对柏拉图来说，辩证法不仅是一种引导谈话的艺术，它也包括自己同自己、心灵对心灵的谈话，因而是一种致力于自我理解的艺术。对话辩证法其实意味着有一种像“人对哲学的自然倾向”这样一种东西——哲学，乃是追求智慧、追求善的知识，人作为有理性的存在者总是有着追求善的冲动。“我们的思想不会停留在某一个人用这或那所指的东西上。思想总是超出自身。”与海德格尔认为理念论是所谓存在遗忘的开端相反，伽达默尔认为理念论作为辩证法的基础，意味着对一切在者此岸的超越，它乃是一种超出“肤浅地”接受理念的步伐，其最后结果乃是对形而上学地把存在解释为在者的存在这一做法的反动。由此可见，“理念”对于伽达默尔来说是一种虚灵之真实，它作为一种普遍总是在具体中，它引导着我们向之而趋。

三、实践理性——理论与实践的同一

无论是柏拉图的对话辩证法，还是亚里士多德的“实践智慧”，甚或二者都提到的“修辞学”，伽达默尔都从中看出了一种实践理性，这种实践理性并不与理论理性相对立——在伽达默尔看来，正是这种实践与理论的对立或区分导致了现代社会工具理性对人的控制，相反，这种实践理性意味着理论与实践的同一，它就是理性本身。

对伽达默尔来说，理论与实践这两个概念并不是我们现在认为的那样，前者是运用逻辑程序加以论证形成的知识，而后者是对前者的运用。理论与实践在希腊人那里乃是统一的，对于亚里士多德来说，理论的生活只是相对

① 伽达默尔：《真理与方法》，洪汉鼎译，上海译文出版社，1999，第798页。

于实践生活更高的生活方式。古代的理论并不是现代科学意义上的手段，而是目的本身，是人类存在的最高方式。①

理论一词来源于何处呢？伽达默尔说："我们可以回忆一下宗教里的共享（Kommunion）概念，古希腊的 Theoria（理论）概念就是依据于这一概念的。众所周知，Theoros（理论研究者）就是指节日代表团的参加者。节日代表团的参加者，除了同在于那里，不具有任何其他的本领和作用。"所以 Theoros 就是参加节日意义上的观赏者，他"通过同在而参与了庆典活动，并且由此赢得了他的神圣合法的称号，例如赢得了他的不可侵犯性"。这样看来，最早的理论家（Theoros）指的是宗教庆典的观察家，这样的观察家尽管是观赏者，但却不是始终保留"自我"的观赏，而是一种参与，因此乃是一种介于游戏状态的委身。伽达默尔又说："同样，希腊的形而上学还把 Theoria 和 Nous（精神）的本质理解为与真实的存在物的纯粹的同在，并且在我们看来，能从事理论活动的能力是这样被定义的，即我们能在某个事物上忘掉我们自己的目的。但是 Theoria（理论）并不首先被设想为主观性的一种行为，即设想为主体的一种自我规定，而是从它所观看的东西出发来设想的。Theoria 是实际的参与，它不是行动（Tun），而是一种遭受（Psthos），即由观看而来的入迷状态。"② 确实，理论家是观赏者，是我们所谓的"中介者""转述者"，他会将他所观赏到的情况和所遭受的状态告诉别人，但他又不是一个将庆典对象化了的观赏者，即不是立足于自我的冷静的中介者。因此，理论家的转述必然也是类似于灵感式的表达，或者说乃是一种提示。

伽达默尔又说，在古希腊那里，理论其实就是哲学，或者说就是爱智。③如此，哲学家就是理论家。这样的话，我们再来看苏格拉底、柏拉图的对话，那就有了别一种意趣。对话其实就是转述，这种转述不是按照严格的逻辑程序来推演的，而更多的是通过问答而达到一种提示，最终传达的是什么

① 伽达默尔：《真理与方法》，洪汉鼎译，上海译文出版社，1999，第 580 页。

② 伽达默尔：《真理与方法》，洪汉鼎译，上海译文出版社，1999，第 161-162 页。见伽达默尔：《科学时代的理性》，薛华等译，国际文化出版公司，1988，第 15 页相关论述。

③ 伽达默尔：《赞美理论》，夏镇平译，上海三联书店，1988，第 21 页。

呢？它就是我们上面所说的柏拉图提供的答案，这答案最终指向的乃是理念，乃是至善。

如果我们再注意上面所说的关于理论始源的“共享”一词，我们就能更深地体会到理论对于塑造伦理共同体的功能。理论来源于“共享”和“参与”这一事实，说明理论具有实践哲学的意味，因为共享和参与是哲学家的生活方式，而这种方式之所以比实践生活更高，乃是因为理论家既自我又忘我。这就是说他能够真正参与到共同体当中又能够保持自己的个性。就此推广而言，理论就是公民的自我教育和互相教育，理论生活是一切共同体的目的。所以柏拉图才会在谈论理想国时讲到哲学王，那意思是说城邦由哲学家统治将会造就一种理论家的生活。理论就是哲学，这意味着理论对柏拉图而言就是理念论，就是善的祈向。

所以，伽达默尔认为理论的东西在希腊人那里其实是属于 kalon（美）的，是与善、道德美具有相同意义的美好的事物。而理论的东西之所以是美好的，在于它是必需品之外的东西，它之所以值得选择不是出于实利的考虑，而是因为“它被认为仅根据其统驭一切的存在就能够理解所有的共同事物，它还在如下方式中表现出特点，即在一种和所有其他物品的对立中，它不会因被分享而有所减少，因此它不像所有其他物品一样是斗争的对象，而实际上是通过参与才有所得。说到底，这就是理性这个概念的诞生：合意的东西在一种对全体人有说服力的方式中对全体展示得越多，有关的那些人越能发现他们处在此种共同的现实中；并且在这个范围内，人类在积极意义上具有自由，他们也就在那个共同的现实中有了真实的认同。”① 如此说来，理论其实又是共同体的理念。

但是，伽达默尔看到：“介入生活就是介入政治实践。但理论这个概念却告诉我们：越是把理论作为纯游戏、纯直观和纯旁观，就越是应该远远避开作为使用、利用等严肃的事物。要定义理论这个概念可以干脆说：理论就是实践的反义词。”② 然而，何以会如此呢？伽达默尔承认，对这个问题的追

① 伽达默尔：《科学时代的理性》，薛华等译，国际文化出版公司，1988，第 68 页。
② 伽达默尔：《赞美理论》，夏镇平译，上海三联书店，1988，第 21 页。

踪与他的整个研究工作——哲学诠释学，有着一种密切的亲缘关系。

伽达默尔认为，在人类文化发展和谋生的早期阶段，纯粹的求知欲只是一种罕见的例外情况，而且它常常需要有宗教的或其他的利益来作为自己辩护的理由。实际上，希腊人都是城邦的公民，他们出于经济或政治的利益都要行使自己公民的权利和义务。因此，柏拉图提倡政治节制，鼓励人们献身于纯理论的生活，这无疑是对当时城邦的共同信念的一种挑战。这样，理论如何与实践（在当时意味着城邦政治）到底处于怎样的关系中呢？而柏拉图又是如何看待这种关系的呢？

柏拉图通过他那以思想为立国之本的理想国，尤其是著名的洞穴比喻，对政治和理论的关系问题做出了他的回答。依据洞穴说，经验主义者和实用主义者都生活在一个阴影的世界中，这个阴影世界就是现实世界。只有通过思想的力量才能使他们从自己的枷锁中解放出来，从而走出洞穴，面对白昼和阳光。当然，他们要经过一段较长时间的眩晕，才能适应亮光，从而看到真实的世界——永恒的思想世界。当然他们必须再回到洞穴中去，因为他们作为城邦的公民要去履行所必须完成的义务，他们重又发生眩晕，虽然只有一小会儿，但就不能像那些习惯于洞穴中黑暗的人那样能预见到事情的后果了。所以，洞穴中的人们认为，追求知识是无用的，甚或是有害的。柏拉图这样解释了从政治的角度看理论为何会有坏名声的原因。

但柏拉图同时也用哲学王的理想来解决这一矛盾。他用哲学王的悖论道出了一个永恒的真理：只有因统治他人职位的要求，知道更好的知识，并懂得如何求得这种知识的人，才能统治他人。这样，理论生活的理想也就同时具有了政治的意义。①

理论与政治统一的这一任务最终是由亚里士多德完成的，对伽达默尔来说，尽管亚里士多德同样也赋予了理论生活以优先地位，但他这种赋予却不是对柏拉图在简单重复意义上的继承，“毋宁说，正是亚里士多德才第一次

---

① 不过，伽达默尔认为，我们不必要再受柏拉图这种乌托邦的诱惑，这是因为尽管柏拉图赋予了理论以政治的意义，但这种赋予却没有给实践——善的实践以与理论生活同样的合法性地位，反而因为政治的原因给予了理论家某种目的论的实践生活。

建立了同古老的、起源于宇宙学的理论相独立的询问善的实践——政治问题。”①

正如亚里士多德在《形而上学》开头所说的“人类求知是出自本性”，知识是出自本性，是为了幸福，而并非仅仅是为了现世生活的需要。即使在仅仅对实际的后果具有重要意义的地方，亚里士多德也保留着知识的优先地位。而且，这种优先在哲学那里得到最完全的体现，因为哲学是从事物的起源去思考它不变的本质，即所谓原则。人最高的幸福就在于进到“纯理论”的境地。伽达默尔说，拉丁语中同理论等价的词就是沉思，理论生活的理想其实是沉思的生活。从沉思出发可以窥见理论的生活乃是纯粹的思想本身，它与外在的世界并不直接发生联系。

与柏拉图一样，亚里士多德也看到了人类生活实践的特殊性。这种特殊性使人从其他与自然界紧紧相连的生物中提升出来，使人作为社会的动物去创造人类的关系、道德和秩序。而人之所以有这种特殊性，乃在于人是有理性的生物，有语言。从最根本来说，人是一种“理论的生物”。

所以，亚里士多德不仅在人的活动中发现了秩序观念以及政治和社会生活的基本形式，同时又给予了理论生活以优先的地位，从而进一步发展了实践哲学。伽达默尔提醒我们，这并不是说亚里士多德缺乏理论的一贯性，想以此说明每个人都能过一种脱离实践的沉思生活，而是说人只有出于生活的实践才能逐渐转向纯粹知识。因此，生活乃是理论与实践的统一。

然而，随着近代科学在充满艰辛的方法论之路上的逐渐形成，自然科学的世界观改变了理论生活的理想。首先，这种科学意味着线形的进步。科学变成了研究，所有的单个研究者只不过是众多研究者的一员，他们的研究成果对科学都有所贡献，而他们之所以有所贡献乃在于“科学”不断超越自己而不断进步。其次，科学研究的方法论意味着理性自我的确信。

在现代科学中，理论的含义同希腊人用以接受世界秩序的观看和认识行为几乎完全无关。现代的理论是一种建设手段，人们通过它可以统一地概括

① 伽达默尔：《赞美理论》，夏镇平译，上海三联书店，1988，第25页。

经验并能够统治经验，人们是“构造”理论。这就意味着，一种理论总会被另一种理论所取代，它从一开始只要求有条件性的有效性，亦即并不要求前进着的经验改变观点。总之，现代科学使理论认识的兴趣让位给研究的逻辑，并表现出一种人类自我确信的方法。这样一来就加剧了理论与实践之间的对峙。

自我确信就意味着自我意识的优先权就是方法的特权，而方法的特权意味着相信一种持续不断的进步。这样，理论研究者的自由及其理论兴趣的自我感觉就受到这种世界观带来的实用主义的挤压，从而不得不捍卫自己。糟糕的是，理论者对理论的捍卫却是在实践的法庭上为自己辩护，实践意义对理论进行最大的包围，科学进步的信仰进一步蔓延到社会文化领域了。

伽达默尔问，现代科学的范围真的包含一切，没有边界吗？有没有科学方法涵盖不了的领域呢？回答是有的，那就是人与人之间相互理解的问题。伽达默尔问：“如果说一切认识对象都必须在自我意识中找到最后的证据，并按此规定才能作为我们意识的对象，那么其他像我一样的人怎么可能成为一种对于我们的认识不仅是被给定的对象，而且是自为的对象、自己的自我意识的对象呢？”① 随着自我存在的被给定，似乎人与人之间不再能相互沟通、相互理解了。但我们的经验所告诉我们的却正好相反，恰恰在人与人之间存在着相互开放和信任，这种信任使我们不把他人看作他人、看作自我存在的世界，而是把他人看作是自我存在的提升、扩展和补充，或者说看作我的自我意识的转换。人类只有在这种相互理解中才能认识现实，从而形成一个真正的共同体。

因此，伽达默尔认为，生活要学会同时考虑他人的立场并寻求对集体和共同体的理解。这一观点是从柏拉图在《理想国》要求人们不要仅仅关注本身的利益，而要谋取共同的最佳者这一说法而来的②；同样，亚里士多德也认为，人们之所以能够全身心地投入理论研究，是因为理论研究是以“实践

---

① 伽达默尔：《赞美理论》，夏镇平译，上海三联书店，1988，第 37-38 页。

② 当然，放诸柏拉图对理想城邦的讨论，主题关联的当然是“正义”。在伽达默尔看来，正义就是个体于整体的完全统一，而这种观念其实与“理论”或“实践理性”内涵乃是一致的。

知识”，即把理性引入人的行动和举止中的知识为前提。实践才是理性展现其力量的地方。理性作为人的能力而培养成为政治科学服务的知识就是一种实践理性的实用科学，这种实践理性并非是达到预定目标的手段，它毋宁是一种“理智性”，人的一种准则，它使得人们能够把建立在共同标准中的道德和人类秩序不断地重新创造并保护下来。因此，实践理性在亚里士多德那里被纯粹地思维为达到目标的准则——因为它认识到了共同性，并且预先思考了共同的最佳者，是构成充满意义生活的普遍性的具体化。

然而“实践知识”同样随着科学的思想从属于自然科学方法论这一结果而丧失了自身的真理性。从“实践”这一方面来看，现代科学的问题和研究方式乃是在对存在物统治的基础上而把自身称为实践的科学，这样，在对存在物的有意识统治的人那里，现代科学理论知识本身不是被当作目的，而是当作手段。可是，正如上文所指出的，古代意义上的理论却与之完全不同，理论的含义不仅仅意指观察现存秩序的活动，而且还意指超出它而加入到秩序整体之中去的整个活动。

因此，从实践这一方面来看，对“实践”的含义也不能做狭隘的理解，它并不仅仅是科学理论的实践性运用。伽达默尔说：“‘实践’还有更多的意味。它是一个整体，其中包括了我们的实践事务，我们所有的活动和行为，我们人类全体在这一世界的自我调整……在这一意义上的‘实践’就是亚里士多德所创立的实践哲学的主题。”① 人类的实践显然是受理性引导，而这一引导实践的理性就是实践智慧：“它只在具体的情境中证实自己，并总是置身于一个由信念、习惯和价值所构成的活生生的关系之中，即是说，在一个伦理（ethos）之中。”② 理解我们的情境，进而阐释它，这就是伦理学和实践理性的诠释学之维。在伽达默尔看来，这个对实践情境，对我们在其中如何去做的理解不是独白性的，而是具有对谈的特性，因为人总要生活在共同体之中。实践就是交互行动，人在行动中会自我调整、自我检验，并具有榜

① 伽达默尔、杜特：《诠释学 美学 实践哲学——伽达默尔与杜特对谈录》，商务印书馆，2005，第 67-68 页。

② 伽达默尔、杜特：《诠释学 美学 实践哲学——伽达默尔与杜特对谈录》，商务印书馆，2005，第 68 页。

样的作用。

伽达默尔讲到，通过苏格拉底之口，柏拉图曾表明他不愿意把医生对食谱的权威作为对文化政策实施理智监督的范例，从而使文化受国家的检查①；相反，他强调精神食粮的特殊性，以及它通过说话艺术传递的无与伦比性。通过谈话带来的确信是直接进入的，每一个听到和被它说服的人都已经在事先被它所吸引了，这就是说话的力量，它渗入到社会生活的一切领域。对精神食粮是否能促进健康作出判断，这是理性，也就是对话足以做到的。对话表明理性的需要在于通过认识和洞见而达到自我的同一。同样，对话也表明，理性就在于意识到自己的界限；它是一种洞见，因此，理性也在于批判地对待自身，即对自身和自己的条件性进行进一步的自我解释。

总的来说，伽达默尔反对的是被工具意义所减缩了的理性概念，是衰退为技术的各种主客观形式的实践知识，他的哲学所承担的其实是一种社会批判。针对实践的技术化，伽达默尔说："我们的实践乃在于在共同的深思熟虑的抉择中确定共同的目标，在实践性反思中将我们在当前情境中当做什么具体化。这就是社会理性。"② 实践其实也意味着理性的批判，正如伽达默尔在论述柏拉图的《理想国》认为的，乌托邦对于我们的实践而言是一个绝对必要的提示。伽达默尔说："谁如果不懂得怎样恰当地谈论乌托邦，谁就根本不可能恰当地谈论柏拉图。《理想国》和《法律篇》就是乌托邦……在不允许言论自由的地方，人们只能以此类隐曲的方式进行批判。"③ 乌托邦的首要功能恰在于：对当下进行批判，而不是设计出行动的方案，柏拉图总是一再地在对话中展示他的批判理性。可以看出，哲学诠释学的实践转向之所以

---

① 见柏拉图：《高尔吉亚篇》467D-481B，《柏拉图全集》第1卷，王晓朝译，人民出版社，2003，第344-367页。

② 伽达默尔、杜特：《诠释学 美学 实践哲学——伽达默尔与杜特对谈录》，商务印书馆，2005，第76页。

③ 伽达默尔、杜特：《诠释学 美学 实践哲学——伽达默尔与杜特对谈录》，商务印书馆，2005，第78页。

一再地与对话辩证法发生联系，乃是因为对话辩证法其实就是实践理性的体现①。

① 必须指出，有论者认为作为实践理性的社会理性的主要内容和追求的目标就是团结、一致和友谊，这三者不可分，它们构成了伽达默尔的实践哲学主张的最主要部分。不过，考虑到本文只是就哲学诠释学理论建构的实践哲学向度，尤其是对话与实践理性之间的关系做一梳理，因此对后期的有关“友谊”“团结”的思想就不进一步加以涉及。当然，对于何为“友谊”，我们在上文有关的“柏拉图的理念论及辩证法”论述中已有所谈及，细心的读者会发现它与柏拉图对话辩证法、黑格尔的承认辩证法乃是紧密关联的。而从“团结”（Solidarity）一词来看，其与“友谊”的内涵当是一致的，它们都与共同体（Community）的善有关。（参见伽达默尔：《赞美理论》，夏镇平译，上海三联书店，1988，第134-137页；伽达默尔：《科学时代的理性》，薛华等译，国际文化出版公司，1988，第28页；伽达默尔：“友谊与团结”，林维杰译，《本体与诠释：中西比较》（第三辑），成中英主编，上海社会科学院出版社，2003，第280、286页；伽达默尔：“柏拉图《吕雪斯篇》中的言语与行为”，《伽达默尔论柏拉图》，余纪元译，光明日报出版社，1992，第1-23页；何卫平：《解释学与伦理学：关于伽达默尔实践哲学的核心》，《哲学研究》，2000年第12期，第60-67页。帕尔默认为从相互隶属（Zueinandergehören）这一点出发就可以找到《真理与方法》中“团结”的取向，考虑到相互隶属与承认、善良意志之间的关联，论者认为这一观点是中肯的。（R. E. 帕尔默：《伽达默尔哲学的七个关键术语》，《安徽师范大学学报》，2002年第5期，江涛译，潘德荣校，第507页。）

结语　哲学诠释学与价值形而上学之间的致思张力

综上所述，论者认为，从哲学诠释学的逻辑建构来看，伽达默尔关于真理作为事件发生的这一观点是与海德格尔的“转向”关联在一起的。海德格尔认为，艺术作品的特征恰好在于，它不是一个对象，它立足于自身之中。由于立足于自身中，它不仅属于它的世界，而且世界就在它里面。一部艺术作品意指什么，根本不同于指向某一意义的符号那样指示另一种东西，它只是在自己的存在中描述自己，因而欣赏者才被迫在艺术作品前流连忘返。同样地，对于哲学诠释学来说，作品创建一个事件，它建立一个自己的世界，而我们被卷入这个世界，与之进行一种“遭遇”、一种“周旋”。因此，事件表明了对作品意义的经验并不是将其作为一个单纯的意义的载体，有着所谓的意义终端。相反，理解在作品的此在中体验到意义的高深和无穷。所以，与主客二分而以主体把握所谓客观对象的认知不同，理解作为一个事件意味着主客统一的游戏。

也正是从这一观点出发，伽达默尔认为，海德格尔在包括《存在与时间》在内的所有著作里，不断努力地用一种不受西方形而上学的客体化范畴曲解的方法去理解存在的意义。存在作为一种事件既包含遮蔽性也包含去蔽性。事件性的概念使存在免于成为完全的揭示，真理作为揭示性总是包含揭示和隐蔽这互相依存的两方面之间的对立。

不过，海德格尔由于不再相信诠释学的概念能使他避开关于意识的先验理论的结果，所以，他极力想用一种特殊的半诗化的语言来克服形而上学的语言。伽达默尔并不认同这种做法，在他看来，从理解的历史性看，由于任何思想都具有给定的历史性，这种克服形而上学的努力只能是对流传下来的意义的证明，而这种意义本身就构成了“诠释学情境”，当下的思维就处在这种情境中。对他来说，海德格尔克服传统的努力是从传统之内开始的，是通过对话进行的。对伽达默尔来说，海德格尔的“解构”就是在活生生的语言中使概念得以交织混杂地说话，他的思想都是在对被传统固化的概念进行解构的道路上完成的。伽达默尔由此转向了柏拉图对话辩证法的开放性。伽达默尔强调，这并不意味着又退回到古希腊的逻各斯中心主义。柏拉图关于“逻各斯缺陷”的论述表明了他并未完全屈服于逻各斯。

总之，从理解的历史性来看，伽达默尔明确地将海德格尔对理解前结构的分析，以及对人类存在之内在历史性的分析，当作哲学诠释学建构的起点。对伽达默尔来说，真正的历史意识乃是要意识到每一种解释都受到解释者的具体情境控制，根本不存在无前提、无偏见的解释。解释者不能使自己从自身的事实性中摆脱出来，从有限、暂时的情境这一本体论条件摆脱出来。这样，“事实性诠释学”通过理解历史性这一此在的本体论条件就同哲学诠释学关联在一起了。

“理解的语言性是效果历史意识的具体化”，这样，语言作为世界经验，作为诠释学本体论的视域就被提出来了。尽管在海德格尔的语言转向的启示下，伽达默尔将语言置于哲学诠释学的中心地位，但是，二者之间的根本差异在“事件”这里也表现出来了。伽达默尔对事件的语言性、语言的对话性特征做了进一步的强调。在这样做的同时，他愈来愈强烈地意识到必须从黑格尔与柏拉图那里寻求根据，因为理解事件乃是辩证的对话过程，而黑格尔关于语言思辨性的论述，柏拉图的对话辩证法，都真正地触到了理解事件的核心。

伽达默尔认为，黑格尔所谓的“绝对精神”“真理即全体”的观点尽管有问题，但其毕竟拒绝了把真理视作认识与对象相符合、“理智与事物一致”的观点。黑格尔在《逻辑学》辩证整体中的概念与其说表达了本质，倒不如说表达了思辨性的语言自身，概念的内容永远无法为特定的解释所穷尽。思辨陈述指向一个真理的整体，但无须存在或说出一个整体。这正如语言，语言的思辨结构是一种使意义整体得以说明的语言表述，但并不穷尽这一意义。

这样，语言的思辨结构就凸现出来了。语言的对话、辩证特性与柏拉图关联在一起了。柏拉图的辩证法表明了语言按其本质乃是对话的语言，语言只有通过相互理解的过程才能构成自己的现实性。谁进行理解，谁就已经进入了一种事件。有意义的东西通过事件表现出来意味着理解其实就是获得真理的事件，而理解事件的开始总是意味着提问和回答，对话辩证法总是先于任何的事件存在。

对伽达默尔来说，对话辩证法就是引导谈话的艺术，就是像提问者一样通过进一步的提问而发现支配他人意见不恰当的“模仿”。从这个意义上讲，辩证法意味着一种澄清，它使对事物的正确观照显现出来。而语言本身就包含着这种思辨的因素，因为语言作为理解的事件，它是隶属于所指的意义，对话就是把被说出的话同未被说出的无限性联结在意义的统一体之中并使之被人理解。从语言的思辨存在方式来看，语言具有普遍的本体论意义，它使自我和世界在其原始的归属性中得以表现。

这种原始的归属性就是语言的游戏性。正如艺术游戏就在于表明自我表现乃是艺术品的真实存在，语言也是自身表现在所说出的内容中，作为对话，它把游戏者纳入自身之中并使自己成为游戏的真正主体。语言游戏在“向我们诉说、建议、沉默、询问，并在回答中使自身得到完成。”① 理解就是这样的一种对话游戏。艺术游戏与语言游戏在对话辩证法中有机地关联在一起。

也正是通过对话，伽达默尔实现了哲学诠释学向实践哲学的延伸。伽达默尔承续柏拉图的对话辩证法，同时将亚里士多德的“实践智慧”予以转化，从而力图贯彻一种实践的理想。对伽达默尔来说，理解我们的情境，进而阐释它，这是伦理学和实践理性的诠释学之维。而对于我们的实践情境，对于在其中如何去做的理解不是独白性的，而是具有对话的特性，因为人是生活在共同体之中。

可见，哲学诠释学的逻辑建构是以对话辩证法来联结海德格尔前后期的

---

① 伽达默尔：《真理与方法》，洪汉鼎译，上海译文出版社，1999，第 625 页。

工作，真理最终在对话这里落脚。伽达默尔与海德格尔的最终分离点在柏拉图这里。伽达默尔认为，不能仅仅把柏拉图看作是形而上学的先驱者，他的哲学思想包含形而上学之外的因素。这种因素就是“形而上学的语言总是并永远是一种对话，即使这种对话已经经历了数百年数千年之久的历史距离。正是出于这种理由，所以哲学本文并不是真正的本文或作品，而是进行了诸多时代的一场谈话的记录”①。对话是语言的本质结构，语言意味着对话，在对话中根本没有形而上学和非形而上学语言的区别。诠释学的任务在于同柏拉图一起进行哲学思维，而不是去批判柏拉图。

从“生命化的研究方法”出发，本书进一步探询，对话辩证法作为哲学诠释学的重心，它意味着怎样的一种哲学观念。对于伽达默尔来说，这意味着对海德格尔的超越，“哲学诠释学超越了或是先验的反思或是经验—实用的知识这种二难选择。我最终懂得将其看作诠释学之基本经验的东西，正是对普遍的东西的具体化这一伟大的主题。”② 我们对语言的使用，渗透了我们对世界的全部经验。语言本身在不断地实现着对普遍东西的具体化。对话与辩证法的统一从语言的角度来讲，就是代表了普遍的具体化。

何为普遍的具体化？对于伽达默尔来说，对话辩证法不仅仅是达成一致意见的艺术，而且还是审视对话双方灵魂的艺术，并且，由于思想总是超出自身，它也还祈向某种超越——“善”。伽达默尔认为，柏拉图的理念说困难的地方在于“分有”上，它涉及的是理念与现象、理念之间的关系。而这种困难的解决则在于“美”。“美”表现在对“善”的追求之中，“美”相对于“善”的突出之处在于它是由自身得到表现，是在自己的存在中直接呈现出来。这样“美”就具有一种能够在理念和现象之间起中介的作用。对于伽达默尔来说，在可理解领域中，语词也同样具有这样一种呈现。艺术的游戏和语言的对话游戏都表现了这一点。在游戏当中，游戏本身是主体，游戏者只有通过游戏的表现才能达到进一步的自我理解，柏拉图的对话辩证法表明了这一点。

---

① 伽达默尔：《真理与方法》，洪汉鼎译，上海译文出版社，1999，第 642 页。

② 伽达默尔：《科学时代的理性》，薛华等译，国际文化出版公司，1988，第 43 页。

如此看来，哲学诠释学寻求的是一种人和世界之间的新的关系，它对人类的知识进行了重新审视并寻求其界限。在对理解进行研究的过程中，哲学诠释学逐渐发现理解构成了人类此在生存的方式，从而将其上升为一种本体论的存在方式，诠释学在此意味上属于哲学。所以，伽达默尔指出，古希腊的名言“认识你自己”对我们来说仍然是适用的，因为它意味着：“要知道你不是神，而是人”。真正的自我认识，并不是认识的完全透明性，而是洞见到我们不能不承认横在有限之躯面前的界限。从实践哲学的角度看，道德的知识也不是任何客观知识，求知者并不只是立于他所观察的事实的对面，而是直接被他所认识的东西所影响。道德知识就是某种他必须去做的东西。德行不是逻各斯，不是普遍有效的认识，而是规定道德行为的见识，它是由对话而来的“实践智慧”。

对伽达默尔来说，对话辩证法是教导我们认识自己无知的艺术，在对话中我们逐渐明白自己认识的界限，认识到自己在对话中通向的乃是一种更高的真理追求。正如柏拉图通过《蒂迈欧篇》告诉我们的，创造主得穆革是善的，他创造好的和美的东西，他必定也使有理性（努斯）的事物产生出来。所以说，当我们人类认识到宇宙是一个有生命的、合理的存在，并进而领悟到作为有灵魂的、有生命的我们要比低级组织的存在更好更善，那么我们必然具有较高的一致性并且对其统一性有着最高的意识。一句话，我们具有理性，所以，我们能在灵魂的运动中认识灵魂，认识善。哲学和人类求知的欲望其实是人的自然潜能。

在伽达默尔看来，柏拉图的灵魂“混合”说蕴含着理念数论，即“一”与“不定之二”辩证关系。“一”的概念与“善”的概念是紧密联系在一起的，在《理想国》第四卷中，柏拉图证明了德行的所有概念在本质上都隐含着同一个东西，即知识。这种知识是“一”——善的知识。与此相应的是，灵魂的真实本性是多中之一，和谐、一致等表述都指向这一方向。从“不定之二”出发，我们发现任何界定并把我们的经验局限于一定范围的逻各斯总是依靠某种背景，而这种背景又总是处于未定的状态之中。数的系列可无限延伸，它超出了任何可以标志出来的特殊总和。所以，从人类灵魂求善的本能来看，它则意味着人类认识的最可能性必须被称作爱智慧而不是智慧。从“善的理念”出发，从人类灵魂的求善的本能来看，柏拉图所谓“可见世界”其实就是感性的真实的世界，而所谓“可知世界”则是虚灵之真实的世界，它们不无张力地一化于人的真实生命或具有真实生命的人。

概言之，因着柏拉图有着对虚灵之真实的祈向，伽达默尔在与其生命的对话中，也不无同情地体味到这一慧思。从人的理性、灵魂到对话的善良意志，从人的自然倾向（爱智慧）到人的自我理解，从语言的精神性到共同体的伦理，这些都表明伽达默尔有着对“可知世界”认识和必可认识的确信。理论意味着爱智，实践意味着行动中的自我调整，它们乃是一个统一体。智慧总是要在行动中获得，自我调整表明思想一再地超越自身而获取经验的新维度；同样地，行动总是实践智慧下的行动，它不是运用规则来指导行动的科学活动，它乃是智慧下的一再调整。

从实践哲学的角度讲，对虚灵之真实的祈向其实就是实践理性的体现。对于伽达默尔来说，人并非受本能驱使，而是有理性地过自己的生活，这是人的本质，而从本质中得出的基本美德就是引导人投入“实践”的理性。柏拉图对话中所运用的概念性陈述是与这些陈述由之产生的对话现实相关联的，在这些对话中存在着做和说、激情和逻各斯等柏拉图认为并非只用语词言说的“多立克式的和谐”。“多立克式的和谐”意味着言行合一，它是一种实践理性的体现。苏格拉底与人对话所涉及的都是特殊的知识，而不是跟他交谈各行各业的人的专业知识。“这种特殊的知识指的就是‘转向理念’，在自认为有知识的人的一切敞露之后就存在着这种向理念的转向。”① 柏拉图并没有提供一种人们能向他学习的理论，亦即“理念论”。接受“理念”不是接受一种“理论”，而是标明一种超越的指向。与海德格尔认为理念论是所谓存在遗忘的开端相反，理念论作为辩证法的基础，意味着对一切在者此岸的超越，乃是一种超出“肤浅地”接受理念的步伐，其最后结果乃是对形而上学地把存在解释为“在者的存在”这一做法的反动。

正如笔者在“引言”里所说的，“生命化的研究方法”有着“价值形而

① 伽达默尔：《真理与方法》，洪汉鼎译，上海译文出版社，1999，第 798 页。

上学”的关怀，而此关怀中蕴蓄了对哲学诠释学的整体意义的预期。对哲学诠释学逻辑建构的分析以及在此基础上对其实践转向的探讨，势必要求笔者作为对话者对哲学诠释学做某种寻根探底的究诘：哲学诠释学作为一个自洽的理论系统，其背后的眷注究竟何在。

要而言之，“价值形而上学”的慧思辐辏于人的自本自根的自由，它以人的“受动”而“能动”的“对象化”活动为致思之入路，自始顾念于人的生命存在具有的两个相互不可替代的维度——“对待性向度”与“非对待性向度”，以及在这两个维度上确证的人生的两重终极眷注——“命运”与“境界”。在“价值形而上学”看来，在“对待性”向度上，人与其他有着现实性的生命存在一样，都是一种对象性的存在物，有着自己的生存条件或生存环境，人必须在一定的自然、社会环境中才能生存，才能获得现实的存在。但是，与其他有生命的存在物不同，人是唯一能自觉意识到这种存在、并以“对象化”的方式获得自己的生命现实的存在物。人自己使自己生活在以“对象化”方式创设的境域中，或者说人的生命存在所以如此而非如彼是由于人自己。在自己是自己的存在方式的理由的意义上，人当然可以说是“自由”而非“他由”的，不过“自由”的内涵并不只是不牵累于他物，它的一个理所必致的诠解也还在于自由者的功过自承或休咎自取。“如果说有待向度上的人的自由挣开了他律的自然命运的束缚，使人得以自己左右自己的命运，那么这无待向度上的人的自由带给人的则是一个真正的内在世界，只是在这里才产生了所谓‘境界’问题。”①

显然，“境界”的自觉并不意味着人们的“命运”关切从此隐去，它只在于标示被“境界”所穿透的“命运”不再是“他在的命运”，而是被“境界”意识提升为内蕴着人的自由选择并由其自我担待的“自在的命运”。诚如黄克剑先生指出的：“‘命运’的观念诚然也可以在‘自由’的前提下作一种保留，但这命运已不再是人之外的力量的一种不容抗拒的强加，而是人因其‘自由’而自己为自己抉择可能的前景。他在的命运使人无从自作主宰，却也免去了人所可能担负的责任；自在的‘命运’——由可能的选择而自己

---

① 黄克剑：《黄克剑自选集》，广西师范大学出版社，1998，第373页。

为自己安排的‘命运’——是自由的允诺，但由自由带出的则是人的自我担待的沉重。”①

不可否认，所谓“价值形而上学”就在于将人最切要的眷注引向由人生意义或价值的抉择所开示的人生境界。可以看出，伽达默尔透过对话辩证法所标识的接受“理念”与“价值形而上学”所期许的至高的虚灵“境界”相似，正如“境界”所标示的趣之弥远、仰之弥高的虚灵之真际，“理念”也以其理想的精神性状烛引着人的自律提升，并在终极处显示出人的自由和理性。当伽达默尔认为“在自认为有知识的人的一切敞露之后就存在着这种向理念的转向”时，就已隐约透露了他对人的“非对待性向度”的关切。对他来说，人之所以为人，之所以是有理性，乃是因为人能够在有限中趋于无底止的自我认识、自我提升。

同样，从“价值形而上学”角度来看，柏拉图所谓一类事物的“理念”其实就是这类事物的某种极致状态，它为此类事物“悬起一个可供鉴照而值得追摹的范型”。“而每一类事物的理念所以成其为理念，则是因着赋予了这些理念以‘善’——意蕴宽泛得多的‘好’——的价值内涵的‘善的理念’。”显然，正是在柏拉图的“善”和“善的理念”那里，“形上的终极眷注从‘命运’之维向‘境界’之维的转向”才臻于明朗②。

可见，伽达默尔之所以与“非对待性”的心灵祈向颇有精神共缘之处，乃是因着“对话辩证法”与“价值形而上学”都从柏拉图那里汲取了运思的智慧。一个不可忽略的事实是，“价值形而上学”受柏拉图启示所眷注的主要在于人文价值取向的厘定，相较于“价值形而上学”，“对话辩证法”则在科学方法主观主义的界限处走向了以语言交往与对话为津梁的“实践理性”。因此，尽管“境界”自觉并未成为伽达默尔的运思重心，但这并不意味着他对“境界”无所察识。作为一位毕生对其所处的人类文化危机境遇有着深切体察与批判的哲人，他的哲学无疑具有穿透“命运”的暖色。伽达默尔在“黑格尔的遗产”一文中曾说，“像我在《真理与方法》一书中那样强调这一

① 黄克剑：《黄克剑自选集》，广西师范大学出版社，1998，第372-373页。

② 黄克剑：《黄克剑自选集》，广西师范大学出版社，1998，第369页

点（一切理解和协调意见活动的对话结构），在一个信仰科学的时代，在一个铲平一切的工业技术摧毁了所有曾经繁荣兴旺过的事物的时代，也许听起来像是盲目乐观主义。但事实上，在这种乐观主义背后，有着一种对‘知识分子’，尤其是对哲学在人类事务中所起作用的深沉的悲观主义。这并不是说我要否认哲学的无所不在。我甚至相信这一事实：没有人会在某时和某处不‘思想’。”①

有“思想”意味着有追求，伽达默尔从柏拉图和亚里士多德那里看到，理论生活乃是人生最美好的理想，尽管这样的“理论”植根于那受条件制约的实生活践，因而由之培壅。理论来源于“共享”和“参与”这一事实说明理论生活之所以比实践生活更高，乃是因为理论家既自我又忘我，能全身心地参与族类共同体而又能保持自己的个性。说到底，理论就是人的自我教育和相互教育，理论生活是一切共同体瞻之在前的目的。柏拉图在《理想国》里所讲的由哲学家主宰的城邦其实就是以理论生活为最高生活的乌托邦。

理论就是哲学，意味着理论就是柏拉图的理念论，就是纯粹知识。理论的东西在希腊人那里是与善、美等向往相通的美好的事物，而它之所以是美好的，乃在于它是必需品领域之外的东西，它不牵累于利益的纷争，“不会因被分享而有所减少”，而且“通过参与才有所得”。说到底，理论就是理性。

理性就是此在在对话辩证法中首先体验到一种“无知”感。在伽达默尔看来，“无知”并不是知性意味上的愚昧无知，而是“在无知中去知”，一言以蔽之，“无知”意味着由自知其无知，人遂呈现其不以利欲为念而唯求灵魂更大程度的至善的“善良意志”。这“善良意志”带着浑化于人的“非对待性向度”之上的“尊重”与“承认”的温润，向人们启示着与惴惴于“命运”感迥异其趣的“境界”之消息。正如伽达默尔援引亚里士多德《形而上学》的话所说，辩证法与诡辩之间的差别仅在于对生活方式的选择，即辩证法严肃认真地对待所讨论的事情，而诡辩家则只把它们看作赢得论证、证明自己正确的材料。对辩证法的选择总是跟人的灵魂息息有关，诡辩家灵魂的

---

① 伽达默尔：《科学时代的理性》，薛华等译，国际文化出版公司，1988，第53页。

“不良教养”有一种拒绝承认对手们有对的可能性的偏执，它固守自己的立场而自以为是，甚至到了无休止地对他人进行反证的地步。因此，一个人要去认识真实事物本身，除了在理智上能进行理解和记忆外，还必须对事物拥有一种“亲近感”，这种亲近感苏格拉底通过对话辩证法提示给所谓“美本身”“善本身”和“大本身”。

伽达默尔通过苏格拉底找到了一个描绘这种需要和满足而其内涵充满张力的名词，这就是希腊词 Oikeion，即“共属一家的”。真正认识到理念、“善”的理念的人会明白，理念有着共属一家的性质；真正有着对价值的形而上追求的人会明白，对“善”的追求，或者说心灵境界的自我提撕乃是他人无法予夺的，是与自我的生命存在共属一体的。

可见，与“境界”的自觉相应，哲学诠释学有着这样的基本关怀：人类的心智如何能够在不同层面上（与传统、他人的对话）上自我启迪和自我提升。由此看，理解的历史性无非表明，人类生活的内容，于一定程度上固有先前条件的规限，但人类生活之所以不至于成为千篇一律的机械运作，或者说人不至于像蝼蚁那样苟活于世，乃是因为人类能够一再地突破这些先前条件，拓开一个意义的世界。这是伽达默尔的信念：“人一起分享的信念、价值、习惯的事实性，是构成我们生活制度的东西的总概念”，它或许可以叫作“理性”——人类自己建立起来的世界所具有的意义。正是有着这一个意义世界，生活才有对话、检讨、计划和希望的余地。对话辩证法深刻地表明，人类若要摆脱工具理性的拘牵，使生存不至于失去其本当有的意义，那就必须使自己与自己的灵魂对话、使自己与他人对话，从而编织出一个自己心仪、众人确认的共同意义世界。

可以说，那涵括了实践理性之全部的“对话辩证法”同样建基于人类共同意义这一文化责任主义的立场，它把虚灵不滞的“理念”诉诸个体生存当下的人生践履，并以运命自承的责任意识从根底处贞定了人的本明而自律的自由。在伽达默尔那里，纽结于理解的自由是从人的有限存在和无限可能性这一张力说起的。对伽达默尔来说，人成为一个人，乃是有理性的，完全是自己选择了自己，因而理应自我担待，功过自承。可见，“对话辩证法”与

“价值形而上学”在内在精神上是相通的，它们都赋有颇为鲜明的“超越”关切。

概言之，对人成其为人而言，问题的关键并不在于人是有待的，而在于人能反省到自身的有待性并持一种相应的态度。对伽达默尔来说，作为生活于历史与世界之中的个体，人是有限的，人的有限性即意指人的有待性（有条件性）。所谓“处境”，即指谓人主动介入其中而创造的属己的历史与世界，这里，重要的是，人在其“处境”中怎样才不至于拘囿于对象化的认知与自然规律下的“他在的命运”。“‘至善’是一种生命体验，也是生命在有待的实践中对自我健全、充实而更臻丰满的渴望的体验。它根于人的朴真而切实的愿望，并以其虚灵之光把人从当下境遇中引向理想。它的魅力不在诗与梦的造境中，而在人的悲情充盈的践履处。”① 从“诠释学处境”来看，尽管“此在”在“处境”之中的选择只意味着一种“相对自由”，但这毕竟在提醒人们，即便如此，人在有待的向度上仍可能是自由而非他由的；而且，尽管人的有目的行动常会带来某些“效果历史”，但每一种效果其实都不在人的自由选择之外。正因为人自由地创发人自己的“处境”（效果历史），因而，这看似被给予的“他在的命运”事实上仍是人的“自在的命运”，当然，人也必须无可推诿地直面这“自在的命运”，并敢于对自己的行动所带来的一切后果承担责任。这里，借着对“效果历史”的喻说，伽达默尔突破了主体与客体截然二分的思维模式，提醒人们不能把自身引申的“传统”简化为一种诉诸认知的客观对象。

正如笔者在“引言”所讲的，对于我们来说，哲学诠释学作为有价值的学说不在于它提供一些过去的思想片断或史实，而在于它本身就是人类为了面对当时的挑战而对自己的构成条件所做的反省与回应。对伽达默尔来说，这种挑战就是科学时代的理性工具化问题，正如我们在关于“理论与实践”的论述中所看到的那样，在现时代，“理论”必须凭借“实践”的检验来合理化和正当化。“对实践没用”意味着对理论的责难，而“对实践有用”则意味着对理论的称赞。理论也好，实践也好，总是着眼于某种过分功利化了

① 黄克剑：《心蕴——一种对西方哲学的读解》，中国青年出版社，1999，第388页。

的“目的”，这就是说，它们都被从“工具”的角度来加以把握了。

在伽达默尔看来，“理论”的本质是“与真实的存在物的纯粹的同在”，或者是“参与”，理论就是“一种介于游戏状态的委身”，它并不是主观性的行为，其着眼处乃在于从主体所观看的事物。可以看出，这种“理性”概念是与被批判为“逻辑中心主义”的“逻各斯”概念完全不同的东西。正如我们观看艺术作品，被它吸引的时候，艺术作品就变成“绽出自己的存在”，而我们作为参与者也会由此而扩展自身，这就是“超越”。概言之，对伽达默尔来说，我们是隶属于传统、隶属于语言的；因此，透过语言，我们应开放自身，倾听事情本身说话、倾听别人说话，并与之对话，这样，“真理事件”才会自行发生。

可见，对伽达默尔来说，“对话辩证法”所致力的乃是一种关联人的生命的辩证法，它的最终落脚点或许还在命运上。对伽达默尔来说，人在历史之中所包含的“生命之谜”乃是由“民族”“国家”“社会”，径直说乃是语言，构成的“传统”之深层背景所造成的。伽达默尔深深懂得人类生命的这种深层所蕴含的暗淡，他所谓“历史”背后的理性其实是意指这种超越主观意识的领域，他说“柏拉图的对话集对此有一种表述——思维把人们引向太一、引向存在、引向‘善’，而这些东西就表现在灵魂、国家宪法和世界构造的秩序之中。”①

① 伽达默尔：《真理与方法》，洪汉鼎译，上海译文出版社，1999，第798页。

附论　比较视域下的中国诠释学

伽达默尔（Hans-Georg Gadamer）的哲学诠释学（Philosophical Herme-neutics）主要是想阐明理解事件中获得真理的一般境遇，一些普遍的抽象出来的事件。在诠释学那里，理解意味着构成此在的有限性和历史性的基本运动中的存在，在这一意义上，诠释学就是本体论，理解是我们最本质的存在模式，它并不是某种需要与其他人类活动区别开来的活动，而是人类一切活动的基础。没有什么东西在原则上不可理解的，尽管我们永远不能通过理解穷尽事情本身。在此意义上理解又是普遍的。在这里，方法论并不是伽达默尔所关注的，他也不想提出任何可以做出正确诠释的方法论。“哲学诠释学也不是像古老的诠释学那样仅作为一门关于理解的技艺学，以便炮制一套规则体系来描述甚或指导精神科学的方法论程序，哲学诠释学乃是探究人类一切理解活动得以可能的基本条件，试图通过研究和分析一切理解现象的基本条件找出人的世界经验，在人类的有限的历史性的存在方式中发现人类与世界的根本关系。很显然，这里哲学诠释学已成为一门诠释学哲学。”① 以此推延，伽达默尔在艺术作品中关注的人类的整体的世界经验，也是属于本体论范畴的，而不只是一种审美的快感和体验。艺术作品是哲学诠释学的研究范围和对象，“谁想理解某个本文，谁总是在完成一种筹划。一当某个最初的意义在本文中出现了，那么诠释者就为整个本文筹划了某种意义。一种这样的最初意义之所以又出现，只是因为我们带着对某种特殊意义的期待去读本文。”② 在哲学诠释学当中，他把艺术作品的存在方式与游戏同论，指

① 伽达默尔：《真理与方法》，“译者序言”，洪汉鼎译，上海译文出版社，1999，第 3 页。
② 伽达默尔：《真理与方法》，洪汉鼎译，上海译文出版社，1999，第 341 页。

出作品的意义是由作品中介化而达到的一种读者和作品融合的新的统一体，同时性构成了艺术认同的永恒的本质。艺术作品中显现出来的我们对于真理的经验，揭示了真理的普遍性质。因此，艺术作品的理解即意义问题，在这里第一次成为真正的哲学问题。但显然这里有一个悖论，因为诠释者如果照他所说的，去反对人文科学长期以来所操持的方法论，又如何能真切理清具体诠释场景下理解的意义及其先决条件呢？换句话说，就算我们真切了解“什么东西超越我们的愿望和行动与我们一起发生”①，它对我们具体诠释文本有何意义呢？因为对诠释者而言，最重要的问题是，如何去知道文本的真正的正确的意义。特别是面对不同的难分是非的解释时，如何判断哪一个是正确的更为紧要。甚至，如伽达默尔所说的，我们诠释者体会到在与文本照面时作为此在的“我”之存在获得扩展，这又有何意义呢？因为这存在扩展的事件是如其所应然的自然而然的发生在此在身上的。因此，有必要质疑的是如果只述说发生了什么，而不讨论这什么如何发生这对于事件本身有何意义呢？在本体论的视域下说，只描述对文本的理解的事件中存在的得以扩展，获得所谓“真理”这一普遍的诠释境遇，而不去讨论存在如何得以扩展、此在如何存在才能获得所谓扩展和真理，那么伽达默尔的哲学诠释学对于我们诠释文本又有何意义呢？它对于研究者又有什么相干性呢？

倘若如此，对于哲学诠释学我们付诸阙如即可，何苦在这里喋喋不休徒劳置喙呢？这是因为笔者认为在本体论涵盖下的哲学诠释学中有着对于我们方法论的提示，法国的利科就曾说过伽达默尔的理论反映了诠释学从本体论向认识论转变的倾向，阿佩尔在《解释—理解争论的历史回顾》一文也认为，伽达默尔（包括海德格尔（Martin Heidegger））的解释学现象学“本身退向‘真理发生’的前科学领域，而在前科学领域中是利用不了‘方法’的。”但以《真理与方法》为纬建立的哲学诠释学“并不缺少方法论的结论，这在以后有关的‘解释学与辩证法’和‘解释学与意识形态批判’的讨论中变得更为明显”。② 而我们关于伽达默尔的哲学诠释学没有方法的思想，这可

① 伽达默尔：《真理与方法》，“第二版序言”，洪汉鼎译，上海译文出版社，1999，第 4 页。

② 阿佩尔：《解释——理论争论的历史回顾》，《哲学译丛》，1987 年第 6 期，第 57 页。

能是伽达默尔没有有意识地进行方法或方法论的建设而容易受到误解的缘故。须知，建设或炮制一套诠释学的准则并不是他的意图，但我们也不可由此说明他反对方法。尽管伽达默尔只是想说明理解，特别是理解文本的一般先验条件，这一条件并不与理解中的方法相矛盾；伽达默尔反对的只是方法至上和客观主义的观念，强调诠释学中理解的重要性以及理解的历史性，这跟方法也没有矛盾；而且，伽达默尔提出的合法和不合法前见的区别、时间距离等等一些理解的基本条件，本身就暗含了方法的重要性，特别是他的理论构筑本身就是在现象学和辩证法这两个方法基础上。这些在我们下面的具体分析会更加昭示无疑。

第一节　哲学诠释学阐释文本的一般性原则

总的说来，伽达默尔有着现象学与辩证法的两个方法来源。在《现象学与辩证法之间——一个自我批判的尝试》一文他自己就承认现象学与辩证法是其哲学研究的基础和出发点。应该说，在辩证法的统摄下，伽达默尔的哲学诠释学并不摈斥以演绎法和归纳法为代表的方法，甚至这令我们想起了波普尔（K·Poopper）的“证伪原则”，伽达默尔在这篇文章当中，就承认他也是在后来才认识到波普尔对实证主义的批判同他自己的研究方向有着类似的动机。[①] 应该说对所谓科学主义、客观主义的回应与反省，作为人文科学研究只是一种观念的改变与革新罢了。在打破以往客观主义的神话的基础上，再辅以诸如精神分析法、结构主义、新批评的研究方法，一步一步地修正以往不正确的前见与经验，重新获得一定历史局限性的前见，由此把研究向前推进，这就是所谓的在真理的途中吧。

伽达默尔对历史主义的批判主要也是针对其客观化方法的观念。比如，在狄尔泰看来，读者在解读一篇文本时，他必须放弃其所谓的先见，以体验到作品和作者的原意，把握到所谓的客观精神。甚至，狄尔泰以客观精神来证明人类人性的共同性，认为在此基础上，共同理解成为可能，这就导致诠释学归诸心理主义了。因此，尽管狄尔泰想获得精神科学的独立地位，然而

---

① 伽达默尔：《真理与方法》，洪汉鼎译，上海译文出版社，1999，第 630 页。

却没有摆脱自然科学方法的阴影，这是以付出人文科学的真理为代价的。不管怎样，照狄尔泰的这种观念来诠释文本的话，我们就否定理解的历史性和相对性，甚至忽视理解对于我们历史的效果，显然，这缺少一种效果历史意识。

由此，从反方面来说，伽达默尔的诠释学否定了作者原意追求的可能性及其以这种原意来做评判解释正确与否所建立的标准，强调了前见是解释的必要条件。“事实上，任何方法，如果忽略了我们的心灵是受历史制约的（如实证论），就会受到批评，而像黑格尔与马克思那样以为人的心灵可以掌握历史的整体，不了解心中已有未检讨的预设，也会受到批评。”①

从正面讲，诠释者在阐释文本要运用现象学的方法，充分认识到辩证法在其中的充分作用，以便达到最大的视域融合。具体说，有如下几点：

第一，进行解构、还原和建构的工作。首先是推源溯流，尽可能地掌握资料，包括有关作者所处的思想、文化、政治等具体环境的资料和他本人言行的具体材料，推知作者所提出的思想的问题视域，即他是针对什么境遇提出的。

第二，当然解构要尽可能占有历史上对其的评论，加以对照考究。由此基础上了解自己所处的背景及视野，提出问题，以便做到最大的视域融合。

当然，在辩证法的映射下，还要遵循如下原则：

首先，要依照解释文本的循环原则，从整体到部分再到整体，达到融合，能够自圆其说，“使所有的细节和整体和谐起来，这在每一阶段都是正确了解的标准。缺乏和谐就意味着理解的失败”。② 视域融合本身就意味着不同视域在某一特定时期的融合。

其次，遵守“对话主义”，自己做出的判断正确与否不是个人断定的，而是在与别人的对话当中来判定。由此，与其他研究者的对话是必要的。③“各个对话者必须在其情境中渐渐地自己看出真理，对话者为了向主体的超

① 刘昌元：《伽达默尔与孔子：论哲学解释学的相干性及限制》，《现象学在中国：胡塞尔〈逻辑研究〉发表一百周年国际会议特辑》，上海译文出版社，2003，第 86 页。

② 伽达默尔：“论理解的循环”，《伽达默尔集》，严平编选，上海远东出版社，1997，第 40 页。

③ 具体参见霍埃：《批评的循环》，兰金仁译，辽宁人民出版社，1987，第 77-90 页。

验的真理开放，他必须审查自己。”① 在与别人的对话中，研究者必须要看到自己对不同视域的融合是否有不和谐的地方，如果有，则必须要重新运用问答逻辑对不和谐的地方进行提问和回答，以期进一步的融合。

第二节　哲学诠释学阐释文本的具体操作性原则

由上面一般性原则的诸多提示，我们进入到对文本的具体诠释中来。结合伽达默尔关于艺术真理观的具体论述，我们尝试着提取某些具体的操作性原则，探讨这些具体原则对诠释者在对具体的文本诠释的具体效应。因为一种真正的效应不仅仅是在理论、观念上，它也发生在实践、行动上。它表明，哲学诠释学并不是一个离我们远去的历史，它作为我们的传统，还具有鲜明的活力，处在我们生存之中，发挥着历史效果。

（一）问题视域的探询

照伽达默尔看来，不论是作者还是诠释者提出的问题归根结底是由其历史的有限性决定的，处于什么历史语境下，提出什么问题，具有什么效果历史，这是我们作为诠释者在诠释时须遵照的原则。依照伽达默尔，借此提问，我们可以进入了解文本的最佳途径。有趣的是，在《伽达默尔论柏拉图》一书中展现的诠释艺术可以说是这一理论的示范。伽达默尔认为，在每篇对话当中，我们要清楚了解苏格拉底是在具体环境中对具体关系的听者说明具体问题的，因而，发现苏格拉底论证在演绎逻辑上的明显缺陷是次要一回事，认识到苏格拉底所说内容的教育意义则完全是另外一回事。伽达默尔告诉我们，“以逻辑一致性为主要标准去衡量柏拉图，并不是十分合理的，尽管那种方法无疑具有辅助作用，能够指出在什么地方结论的推出过于草率。真正的任务只能是让我们参与全部意义，参与讨论在其中进行的文本，即使它的逻辑与我们相悖。”②，甚而伽达默尔引用亚里士多德的话来论证，他说，在《形而上学》中，亚里士多德宣称辩证法与诡辩之间的差别仅在于对生活方式的选择，即辩证法严肃认真地对待那些事情，而诡辩家则只把它

① 霍埃：《批评的循环》，兰金仁译，辽宁人民出版社，1987，第 83 页。

② 伽达默尔：《伽达默尔论柏拉图》，余纪元译，光明日报出版社，1992，第 7 页。

们用作赢得论证，证明自己正确的材料。概言之，“在生动活泼的讨论中，我们不能按严格的几何学的方式前进；事实上，在一个确定了我们互相讨论范围的特定语境和氛围中，我们总是反反复复，并且常常是非逻辑地以事物的一个方面进展到另一个方面。衡量这种生动活泼的讨论是否成功的标准，根本不是逻辑的严密性，而是它在任何讨论所允许的有限条件范围内说明材料本质的力量。”① 照我看来，关键在于运用了什么材料你说出了什么东西？这些材料是否具有说服人的力量？衡量的标准在哪？要么放诸本质来说明，要么依照现实的原则，而后者是最稳妥不过了。因此，在论述文本时，我们不可为一些逻辑性的东西所迷惑，照伽达默尔的说法，我们要做的是要论述文本是在什么具体环境面对什么具体关系的人而提出什么问题来？放诸作者整个学说当中来看，是否有相辅相成的作用？

（二）正确前见的构成与视域融合

总的来说，伽达默尔的哲学诠释学呈现为一种“否定的辩证法”，这种辩证法就在于清除所有固定不变的思维与态度。对前见、经验及效果历史意识的精辟分析就足以说明这一点了。正如伽达默尔所说的，针对正确的了解，误解往往是受不合法的成见所制约而造成的，而时间距离有助于消除不合法的成见，形成合法正确成见。这是一个过程，诠释学的进路不在于证明自己的正确，而在于修正自己不合法的成见，以便扩大自己的视野。柏拉图的《申辩篇》就讲过类似的道理，有神谕说苏格拉底是天下最聪明的人，然而他知道自己并非学识广博的人，而神谕却是真理，于是乎，苏格拉底便设法去了解神谕的真正含义。通过与各行各业的人对话，通过提问，他结果发现每个人都拥有某方面的知识，却以为对这方面知识无所不知，其实他们也只是某种程度的知晓。最后，苏格拉底明白，知道自己不知道什么比自己知道什么更重要，人可贵在于自知之明。“谁想理解，谁就从一开始便不能因为想尽可能彻底地和顽固地不听本文的见解而囿于他自己的偶然的前见解中，直到本文的见解成为可听见的并且取消了错误的理解为止。”② 但是，解

① 伽达默尔：《伽达默尔论柏拉图》，余纪元译，“导言”，光明日报出版社，1992，第 2 页。

② 伽达默尔：《真理与方法》，洪汉鼎译，上海译文出版社，1999，第 345 页。

决问题的办法，决不能通过彻底清除“先见”来完成，而是对他人和本文的见解保持一种“开放的态度”，不断地筹划意义和不断地修正意义，使相互竞争的筹划彼此同时出现，使一种前把握被另一种更合适的把握所取代。伽达默尔强调，理解的任务就是做出正确的符合于事物的筹划。每一次筹划，都是一种预期，而预期应当由事情本身得到证明。“客观性”就是某种前见解被做了出来，就是所设定的前见解不是任意的（同事情本身而来），“这样，下面这种说法是完全正确的，即解释者无须丢弃他内心已有的前见解而直接地接触本文，而是只要明确地考察他内心所有的前见解的正当性，也就是说，考察其根源的有效性。”① 由此，伽达默尔把“先见”与“客观性”统一了起来。霍埃（Hoy）《批评的循环》就提出这种看法，他认为，照伽达默尔的理论，我们对文本的理解显然是隶属于变化的，如处于现在历史限制的我们对某个文本之所以有现在的看法，是由于有证据在，而且可以证实（无遭证伪），然而，当出现新的相反的证据时，我们就要去改正它。因此，不断发现旧的理解的不正当性，不断建立新的属于现阶段的正当性的理解，便是“批评的循环”的任务了。恰如伽达默尔说的，“真正意义的汲舀（Ausschopung）是永无止境的，它实际上是一种无限的过程”。②

在强调艺术（作为传统的一部分）的连续性和开放性同时，伽达默尔坚持艺术与现实的紧密联系，提倡一种“审美无区分”（Aesthetic non-differentiation）思想，意谓艺术作品与其语境的深刻历史的联系。③ 相对“审美无区分”，19 世纪以康德和席勒为代表的审美意识则是“单独从审美质量出发进行选择的抽象”④，其称为“审美区分”，这种“抽象”“撇开了一部作品作为其原始生命关系而生根于其中的一切东西，撇开了一部作品存在于其中并在其中获得其意义的一切宗教的或世俗的影响”，因而显得“纯粹”，因而也抽掉了一部作品用以向我们展现的一切理解条件。这样，艺术作品便失去了传统上与真理相联系的意义。

---

① 伽达默尔：《真理与方法》，洪汉鼎译，上海译文出版社，1999，第 343-344 页。

② 伽达默尔：《真理与方法》，洪汉鼎译，上海译文出版社，1999，第 383 页。

③ 伽达默尔：《真理与方法》，洪汉鼎译，上海译文出版社，1999，142-156 页具体分析。

④ 伽达默尔：《真理与方法》，洪汉鼎译，上海译文出版社，1999，第 109 页。

（三）诠释的创生性

正确的了解不能只是复制字面的意义，而必须揭示未直说的含义，因而必有创生的一面。伽达默尔说，“本文的意义超越它的作者，这并不是暂时的，而是永远如此的。因此，理解就不是一种复制的行为，而始终是一种创造性的行为。”① 而这种揭示要诠释者充分体察到自己的具体处境，提出有效应的问题，在文本当中发现自己所需要的答案，并且这种答案要经得住逻辑得验证，要经得住社团的诘问。因此，这是一个长期艰苦的劳作。它要充分占有资料，要深切体会作者的精神，要考察目前所处时代亟须解决的问题，而这些是多么的困难。

我记得海尔施有一句话，他说：“但我要告诫读者：只有当人们能够成功地与一位哲学家一同思维时，他才能能理解这位哲学家。”② 所谓一同思维，用哲学诠释学的眼光看待，就是要进入作者本人的问题、思维视域当中，尽可能将自己的问题视域包容在作者的问题视域中，在其视域中寻找自己所需的新元素。而要做到这一点，一个重要的前提就是，要尽可能充分掌握与作者包括他所处传统有关的历史材料和理论材料。创新也只有在理解的基础上才成为可能。

（四）完全性先把握与诠释的循环

在伽达默尔看来，诠释者在对文本的理解前只有形成一个“完善的统一体”时，也就是个别部分与整体意义之间不存在矛盾，诠释才是可理解的。遵循这个原则去阅读文本，并且在诠释时不断修正，因为我们的完全性把握可能会被证明不充分，直到文本意义的完美统一。因此这是一个从整体－部分－整体的过程，一个不断肯定－否定－肯定的循环过程。

当然，这种支配我们理解的先把握就是诠释者在理解文本之前的一个整体意义预期，而这个预期是由诠释者的前见所构成的。为了得到正确的前见和先把握，我们有必要在理解前发现先前对文本理解的一些的不同看法，一些带有矛盾的、不和谐的诠释。因此解释的循环其实就延伸到完全性把握前

---

① 伽达默尔：《真理与方法》，洪汉鼎译，上海译文出版社，1999，第 380 页。

② 倪梁康：《现象学及其效应——胡塞尔与当代德国哲学》，三联书店，1994，第 9 页。

的前见构成，如文本与另一些文本的关系、文本与作者整体著作的关系、文本与作者生活或历史的关系、文本与文学史的关系，等等。这些都充分反映了诠释循环的部分整体关系，它们都是构成完全性把握的因素。

构成这种完全性的把握反映在具体的文本分析上，就要求我们要善于提出问题，因为在伽达默尔看来，某个传承下来的文本成为理解的对象，就已经意味着该文本向诠释者提出问题。理解一个文本，就是理解这个问题。文本的意义整体要求就给出可能问题的方向，因此，从否定的诠释经验来看，我们总是要先发现先前诠释者诠释遗留下来的带有矛盾的问题。库恩在《必要的张力》第一部分中，就阐述了他对诠释学循环的见解："在谈一个重要思想家的著作时，首先去寻找文本中的那些明显的荒谬之处，并向自己提出这样的问题，为什么一个明智的人居然会写出这样的东西。一旦你发现了答案，一旦那些表述成为讲得通得东西，或许就会发现，一些原先以为你理解了的段落，已经改变了它们的意义。"① 当然，就像伽达默尔所说的，一个单独命题的真理性，不能由它的正确性与一致性的仅是事实上的关系来衡量；也不仅仅依赖于它位于其中的语境，而是最终决定于它所确立的根基的真实性，并与它由之获得其潜在真理性的说话者本人联结在一起，因为一个陈述的意义并不穷尽于被表述的东西。只有当人们追溯促使它产生的动因的历史，并朝前展望它所隐含的意义时，它才会被揭示清楚。因此，要充分做到解释的循环，是一个严肃的任务，它需要处理好各个整体与部分的关系。

第三节　对哲学诠释学的进一步思考

对哲学诠释学的进一步思考并从中生发出的一些观点，是与作者对伽达默尔的哲学诠释学批判开始的。无论是哪一种学说，总是受其具体的历史语境所制约，有着自己的传统、有着自己的前见，因此总有其问题不足所在。而这种问题不足由于时间距离的制约，使其本人无法真正体会与确认。也只有现在的我们借助时间距离的帮助、借助我们自己所处的问题视域，才能正

① 伯恩斯坦：《超越客观主义与相对主义》，郭小平、康兴平等译，光明日报出版社，1992，第165-166页。

确体会到，并纠正它。尽管我们也受自己的局限所制约，但毕竟这种思考有其自己的历史效果所在。

（一）对文本的分析中理解和说明（知性分析）结合的必要

在《真理与方法》一书中，伽达默尔是从探讨艺术的真理开始，进而扩展到整个“精神科学”领域，从而彰显人文学科不同自然科学的真理品质。在批判科学主义对人文学科的统治之后，他认为精神科学真理的获得在于理解，即属于本体论的范围，而不隶属方法论的范畴。譬如，伽达默尔认为艺术真理不是通过客观归纳或演绎所能获得的，人的历史有限性决定了读者对艺术真理不可能是绝对的，然而，对艺术真理如何获得，伽达默尔却没有回答，应该说这也不属于他兴趣的范围。他只是单纯地认为这一获得是属于理解，属于本体论范围。换言之，我们可以说他只是描述精神学科真理获得的一般境遇，而且把这一境遇归属于本体论，即主体在此获得存在的扩展，由此他也把海德格尔的本体论转向延续下来。这里显然有以下悖论：首先，一方面，由于他在精神科学拒斥方法论，他抽掉艺术事件发生过程的一切东西，自然而然凸显一理想主义的色彩。钱锺书曾这样评价诠释学：“其理然，其实未必然”，因而从这一角度来希望伽达默尔的哲学诠释学能够对艺术具体分析有实际帮助显然过于强求，因为其关注点并不在此。但另一方面，如上所述，隐藏在本体论下面一些理论支柱却有着强烈的方法论色彩，如“对话逻辑”“视域融合”和“时间距离”等。这些对于我们具体的艺术分析有着明显的相干性。其次，实践品格问题。对存在之思和辨向如何存在显然是本体论的应有之义。一方面，伽达默尔对此在之存在在艺术经验面前扩展的一般境况描述可谓详矣，然而却无法进一步探究存在如何扩展，即如何存在才属正确，如果像伽达默尔把一切归属时间检验，对于主体是否过于残酷呢？当然，这属于道德哲学的范畴，也属于形而上学的范畴。然而，照伽达默尔看法，从柏拉图到黑格尔这一传统本体论确是破产的，在《解释学和人文科学》的第一章“解释学的任务”，利科（Ricoeur）开宗明义“希望把解释学的思考引导到这一点上来，通过一个根本性的难题，使解释学的思考产生重定方向的重要转变，从而使解释学认真地讨论本文，由符号学而成为释义学”这一难题即“去除说明和理解之间的那种在我看来是灾难性的对抗。”尽管利科认为伽达默尔的研究标志着从本体论回到认识论问题的运动的开始，但无论是从施莱尔马赫到狄尔泰，还是海德格尔和伽达默尔，他们错误倾向在于偏执一端，将说明和理解（从更广泛意义上讲，即将方法论和本体论）对抗起来。正确的方向在于“在这两种态度之间寻求某种互补性”①，甚至我们可以这样质疑，在人文科学和自然科学之间辨别出的不可调和的理解与方法的二分，结果是否站得住脚？因为，方法和普遍的客观化方法都是在一种前见即先理解中被运用的，明显的就是自然科学。既然理解是属于世界所有的经验范围，那么在作这种区分是否必要与正确呢？由此，我们是否有统一理解与方法的必要呢？

进一步从方法的历史演变来看，伽达默尔并没有看到一些现代科学哲学发展的新概念，如上面我所讲的“证伪原则”，维恩谢默尔就举例说明了实证方法、证伪方法以及科学研究纲领方法等新概念，并得出结论伽达默尔所批判的“自然科学方法的某些特征现在已不再站得住脚了”伯恩斯坦（Bernstein）也认为后经验主义哲学和科学史已向这种科学形象提出质疑。显然，有必要看到方法的多样性和发展性，费耶阿本德就认为科学及其方法只是人类众多思想形态的一种，提倡多种方法并存。②

不管怎样，理解与方法是没有冲突的，它们反而有结合的必要。无论是我们在对哲学诠释学的理论溯源中提取出的方法论提示，还是一些人对其进行的诘难，都充分证明说明的必不可少。

（二）艺术本体的体验和实践理性的统一

艺术本体的体验与实践理性的统一，换句话说就是艺术的本体论意义被实践理性所统摄的特性。应该看到，诠释者在用诠释学的眼光和方法直接整理文本及其作者的思想资料时，试图转化升华这些对象，对它们的当下意义有所叙述和勾勒之时，那诠释的“行动”就超越了“文本”，而进入到伽达

① 保罗·利尔：“解释学历史的研究”，《解释学与人文科学》，曲炜等译，河北人民出版社，1987，第41-42页。

② 参见严平：《走向解释学的真理》，东方出版社，1998，第37-40页。

默尔所谓“理解的本体论意义”的境域。哲学诠释学将一切成熟的理解都视之为是“此在”的历史性的延展，它以一种从具体情境出发的即此在的“前见”作为基础，这种具体性同诠释者作为此在的过去和未来都有着内在的联系。早在海德格尔时就指出，每一种诠释，哪怕是科学的诠释，都受到诠释者的具体情境的控制，根本不存在无前提、无“偏见”的诠释，因为即使诠释者能够使自己从这种或那种情境中摆脱出来，他也不可能使自己从自身的事实性中摆脱出来，即不能从早已具有一种作为视域的有限本体论条件中摆脱出来。对于历史上已经发生过的诠释（文本）应当这样去看，对于当下的文本解读行为也应该有类似的认识和理解。利科曾将这种诠释的本体意义概括为“三重模仿”，即“实践领域的预先表示”（模仿活动 1），“文本的成形”（模仿活动 2），“实践领域的再形象化”（模仿活动 3）。他说：“诠释学的任务就是重建全部各种活动，通过这些活动使作品从生活体验、实际行动与痛苦经历的暗淡背景中脱颖而出，由作者赠给读者，后者接受了作品，因此改变其实际行动”。[①] 这样，诠释学就从“文本”过渡到了“行动”，“此在”就和漫漫的历史长河连接在了一起。这三重模仿不但建立起了时间与叙事之间的必然性关系，而且重建了各种活动的全过程，把实践与理论、文本与理解、作者与读者有机地结合起来了。无疑，各种活动的重建、从文本到行动，是对诠释所提出的更高要求，它的意义已远远超出了文献及其阅读的范围，而把诠释学推进到了整个世界经验领域去了。

伽达默尔从一开始对诠释经验——实践的强调及其后期向实践哲学的转向充分反映他对实践的重视。西方在伽达默尔对传统实践哲学的重新阐释后，也重新强调理论与实践，哲学与生活之间应保持张力和弹性。正常逻辑来讲，伽达默尔探求的应该是存在的意义而不是存在的终极实体或最高本体，意义来自于人的生存实践，是相对于人而言的，宇宙万物的存在意义与人，与人的生存实践连接在一起，这样本体论（存在论）演化为意义论，人生论，也使价值论凸显出来，意义和人生不仅包含真理问题，说到底是个价

---

① 保罗·利科：时间和 Narrative. Vol. I. 借着 K. McLaughlin 和 D. Pellauer，芝加哥新闻媒体的大学翻译，1984. p.86. 见景海峰《中国哲学的诠释学境遇及其维度》。

值问题。但是，这里也有一个悖论存在，要注意“事实上，伽达默尔正是从理解以及人类世界经验的语言性的角度谈论‘语言的普遍本体论意义’和诠释学作为‘哲学的一个普遍维度’的资格的。他在提出‘能被理解的存在就是语言’命题后立即承认：‘解释学现象在这里似乎是把它自己的普遍性回投到了被理解物的存在状态上，其方式是它在一种普遍意义上把后者规定为语言，把它自己同存在物的关系规定为解释’请注意‘回投’（Zurueckwerfen）这个词，它表明伽达默尔意识到诠释学作为本体论只是用诠释学的眼光去看存在而已。胡塞尔很可能要问，一种只在社会性基础上分析认识中主观与客观的关系而不能在主体性中揭示其秘密的理论可否称作认识论。海德格尔很可能要问，一种只谈论存在的显现方式而不进一步追问存在的意义的哲学可否称作本体论。无论如何，由于伽达默尔在分析理解和语言问题时基本上局限在艺术和历史领域，他的诠释学给人的印象与其说是一种认识论或本体论，毋宁说更像一种文化哲学”①。这是摆在哲学诠释学实践性面前的质询，伽达默尔需要回答这种质询。

第四节　《孟子》中的艺术经验——一个研究范例

依循伽达默尔的哲学诠释学，我们关照《孟子》的时候，我们要知晓《孟子》所提出的问题、作者所具有的前见；并且通过他的诠释实践分析其所达到的历史效果。在这些具体的考察中，我们可以清楚地发现孟子诠释思想有着与伽达默尔不同特质，并且这种特质是由其道德的诠释立场所决定的。

（一）《孟子》的问题视域

从实际情况看，孟子生于孔子之后百有余年，当时社会环境的恶劣较之孔子时自然是有过之而无不及。司马迁评价孟子说：“当是之时，秦用商君，富国强兵，楚魏用吴起，战胜弱敌，齐威王宣王用孙子田忌之徒，而诸侯东面朝齐。天下方务于合从连衡，以攻伐为贤，而孟轲乃述唐虞三代之德，是

① 徐友谊、周国平、陈嘉映，尚杰：《语言与哲学——当代英美与德法传统比较研究》，三联书店，1996，第183页。

以所如者不合。”又说孟子“游事齐宣王，宣王不能用。适梁，梁惠王不果所言，则见以为迂远而阔于事情”。(《史记·孟子荀卿列传》)。“今夫天下之人牧，未有不嗜杀人者也，如有不嗜杀人者，则天下之民皆引领而望之矣。诚如是也，民之归之，由水之就下，沛然谁能御之。”(《梁惠王上》)，世道发展到“不嗜杀人者能一之”的地步，以致“仰不足以事父母，俯不足以畜妻子；乐岁终身苦，凶年不免于死亡”。(同上)“争城一战，杀人盈城；争地一战，杀人盈野。”最后，“老者转乎沟壑，壮者散而之四方。”(《梁惠王下》)相比之下，统治者“庖有肥肉，厩有肥马”“仓廪实，府库充”，“率兽而食人”。

另外，从政治、思想学说来看，出现了百家争鸣的局面。

> 《滕文公下》：“孟子曰：予岂好辩哉？予不得已也。……圣王不作，诸侯放恣，处士横议，杨朱、墨翟之言盈天下。天下之言不归杨，则归墨。杨氏为我，是无君也；墨氏兼爱，是无父也。无父无君，是禽兽也。……杨墨之道不息，孔子之道不著，是邪说诬民，充塞仁义也。仁义充塞，则率兽食人，人将相食。吾为此惧，闲先圣之道，距杨墨，放淫辞，邪说者不得作。作於其心，害於其事；作於其事，害於其政。圣人复起，不易吾言矣。”“我欲正人心，息邪说，距诐行，放淫辞，以承三圣者；岂好辩哉？予不得已也。能言距杨墨者，圣人之徒也。”

面对上述社会的混乱和不同学说的出现，迫切要求孟子提出重建和恢复社会秩序和统一思想的学说。作为源自儒家传统的代表，周代传承下来的仪式、象征及其规定的一整套等级制度当然是秩序的基础，然而社会剧变和百家争鸣无疑要求“礼”背后深刻的人性依据和历史依据。

在这样的问题视域下，孟子提出了自己的思想系统。这系统构成了他的前见，构成了他的诠释立场。正是站在这样的立场，他的诠释实践才具有自己独特的历史性和有限性。我们认为本心本体论是他的前见，他的诠释实践正是在这样的前见下，并且依照现实的问题视域做出自己的诠释。

不同于孔子，孟子将孔子主要针对个人修养的学说发展成为与“仁政论”和“天道论”。孔子罕言“性与天道”，而孟子却大谈特谈“性”，将“仁政”的实现建立在人的本性上，并将这种本性规定为“善”。李泽厚说：“孟子把孔子的‘推己及人’的所谓‘忠恕之道’极大地扩展了，使它竟成了‘治国平天下’的基础。一切社会伦常秩序和幸福理想都建筑在这个心理原则——‘不忍人之心’的情感原则上。”① 这话说得颇为中肯。有关性善论的集中论述，首先当见《公孙丑上》一则：

“人皆有不忍人之心。先王有不忍人之心，斯有不忍人之政矣。以不忍人之心，行不忍人之政，治天下可运之掌上。所以谓人皆有不忍人之心者，今人乍见孺子将入於井，皆有怵惕恻隐之心——非所以内交於孺子之父母也，非所以要誉於乡党朋友也，非恶其声而然也。由是观之，无恻隐之心，非人也；无羞恶之心，非人也；无辞让之心，非人也；无是非之心，非人也。恻隐之心，仁之端也；羞恶之心，义之端也；辞让之心，礼之端也；是非之心，智之端也。人之有是四端也，犹其有四体也。有是四端而自谓不能者，自贼者也；谓其君不能者，贼其君者也。凡有四端於我者，知皆扩而充之矣，若火之始然，泉之始达。苟能充之，足以保四海；苟不充之，不足以事父母。”

在孟子看来，恻隐和羞恶，是人人具有的，无一例外，是有普遍性的。普遍所存在的，也就是天然所固有的。所以孟子说性善“人皆有之”，又说“我固有之也”。在这一层面上来讲，我们可以称它为“本心本体”。孟子认为，这种人心所固有的就是仁义的萌芽的地方，是仁义礼智的本源。这种观点，在下面的这句话更充分地表现出来。

“孟子曰：‘万物皆备于我矣。反身而诚，乐莫大焉。强恕而行，求仁莫近焉。’”（《尽心上》）

---

① 李泽厚：《中国古代思想史论》，人民出版社，1985，第 44 页。

在孟子看来，既然人性与人之心如此密切相关，那么对它的体认当然是要靠心了。而这心的提出则跟儒家对于“人”与“仁”的看法有一脉相承的关系。人，按照《说文解字》的说法，乃是“天地之性最可贵者也”。《孝经・圣治章》引孔子的话，曰：“天地之性，人为贵。”而人性何为贵？郑玄说：“贵其异于万物者也。”（《孝经・圣治章》注）。而这异于万物显示人的可贵的东西在孔子看来就是植根于人生命内部的“仁”。而仁的实现，是通过“忠恕”而达到的，即是通过恕的“推己及人”和忠的“己欲立而立人，己欲达而达人”而达到的。因此：

> “孟子曰：‘仁，人心也；义，人路也。舍其路而弗由，放其心而不知求，哀哉！人有鸡犬放，则知求之；有放心而不知求。学问之道无他，求其放心而已矣。’”（同上。）

孟子哲学思想的最高范畴是“天”。孟子继承了孔子的天命思想，剔除了其中残留的人格神的含义，把“天”想象成为具有道德属性的精神实体。他说：“诚者，天之道也。”孟子把“诚”这个道德概念规定为“天”的本质属性，认为“天”是人性固有的道德观念的本原。具体说来，从“天”的方面来看，“天”是万事万物的主宰，人事的一切，都是由“天”决定的。从人的方面来说，不仅人的善性来自天赋，而且人心的思维功能也是“天”所赐予的。人心具备“天”的本质属性，只要反求诸己，尽量发挥、扩展自己的本心，就可以认识“天”。这样，“天”与“性”与“仁义”就合为一体。

最后，孟子再把这种本体论的理论进行扩展，把“性善论”与“仁政论”统一起来。

> “人皆有不忍人之心。先王有不忍人之心，斯有不忍人之政矣。以不忍人之心，行不忍人之政，治天下可运之掌上。（《公孙丑上》）

所谓“不忍人之政”就是仁政。只有从不忍人之心出发，才有不忍人之政，才能实行仁政，才能“治天下”犹如“运之掌上”。换言之，只有用仁者爱人的观念来推行仁政，就能很容易治理天下。可见，他的仁政论是以自己的“性善论”为基本出发点。

孟子不仅把自己的性善论作为仁政论的出发点，而且把仁者的“忠恕”之道进行改造，演化成仁政学说的总纲领。孟子说：

> “桀纣之失天下也，失其民也。失其民者，失其心也。得天下有道：得其民，斯得天下矣。得其民有道：得其心，斯得民矣。得其心有道：所欲与之聚之，所恶勿施，尔也。”（《离娄上》）

孟子总结了三代得失天下得经验教训，认为取得天下的关键在于得民心，即得到人民得拥护；而要得到民心，就要按照人民得意愿施政。人民所想要的东西，给他们，替他们积聚。人民所厌恶得，则不要做。这里，“所欲与之聚之，所恶勿施”可以说是施政的总纲领。而这句话其实就是孔子“己欲立而立人，己欲达而达人”“己所不欲，勿施于人”积极和消极两方面的翻版。当然，在孔子那里，这些话主要是立足于内心的道德修养，是处理人际关系的。而在孟子这里，孟子把这种道德准则延伸到政治措施的准则。从本质上，尽管孔子、孟子二人的目的指向有所不同，但本质则是相通的，就是“仁者爱人”。而这种“仁者”之所以能爱人，就在于人皆有仁义礼智四端，归结来说，还是以“性善论”为基本。

因此，总的来说，孟子的学说呈一逻辑演化的过程。性善是人一种为善的潜能，而人只要能分辨体的大小，善于“求其放心”，就能成为君子、仁者。所谓“君子所性，仁义礼智根于心”（《尽心上》），就是这个道理。而有了这种仁的品质，并不等于就有仁政。“离娄之明、公输子之巧，不以规矩，不能成方圆；师旷之聪，不以六律，不能正五音；尧舜之道，不以仁政，不能平治天下。”（《离娄上》）“尧舜之道”就是说尧舜具有仁者的品质，可是这种“仁道”如果没有辅之以“仁政”，也不能达到“平治天下”

的效果，也就不完美了。因此，“性善”是基础，这种基础有待于扩展为“仁者”，而“仁”则必须落实到“仁政”。如此，所谓的“内圣外王”的理想才灿然大备。这三方面，就是孟子诠释传统的诠释立场，因为这构成了他的前见。这是在这样的前见下，他对传统经典做出自己的诠释。

(二) 艺术与真理关系的洞见

如果再把眼光投向《孟子》中对文化传统的诠释时，我们就涉及孟子对艺术与真理关系的论述。这里，首先要关系到美与善的关系，在孟子那里，美和善是依靠“养气”通过内圣来达到，体现一种主体的生命力量，并且美高于善。在这其中，传统经典、音乐等都是自身修养的途径。这些都是靠主观道德修养，也就是用反省内求的方法“尽其心，知其性”，保持并发现发扬人内心所固有的仁义礼智等道德观念得到的。总归来讲，是由其“性善论”的前见所决定的。

1. 李泽厚先生说，孟子最早树立起中国审美范畴中的崇高：阳刚之美。而这种阳刚之美则是一种“道德主体的生命力量”①。为什么这么说？这可以从以下推知：

> “‘何谓善？何谓信？’曰：‘可欲之谓善，有诸己之谓信，充实之谓美，充实而有光辉之谓大，大而化之之谓圣，圣而不可知之之谓神。’”（《尽心下》）

由此可知道德修养有层次之分，所以有不同美的形态的表现，美的形态呈现了主体的阳刚之美。进而推之，则可知道德修养是一个动态的发展的过程。

并且，这种道德修养还具有充实美的体现。“观水有术，必观其澜。日月有明，容光必照焉。流水之为物也，不盈科不行，君子之志于道也，不成章不达。”（《尽心上》）显然，这也是种外在美与内在美的统一。比如《尽心上》上所说的，“孟子自范之齐，望见齐王之子。喟然叹曰：‘居移气，养

① 李泽厚：《华夏美学》，《美学三书》，安徽文艺出版社，1999，第 271 页。

移体，大哉居乎！夫非尽人之子与？'孟子曰：'王之宫室、车马、衣服多与人同，而王子若彼者，其居使之然也；况居天下之广居乎？'"明显强调一种外在美与内在美的统一。

2. 对这种真理的获得，主要是通过"知言养气"的途径而获得的。

> "敢问夫子恶乎长？"曰："我知言，我善养吾浩然之气。""敢问何谓浩然之气？"曰："难言也。其为气也，至大至刚，以直养而无害，则塞于天地之间。其为气也，配义与道；无是，馁也。是集义所生者，非义袭而取之也。行有不慊于心，则馁矣。""何谓知言？"曰："诐辞知其所蔽，淫辞知其所陷，邪辞知其所离，遁辞知其所穷。生于其心，害于其政；发于其政，害于其事。圣人复起，必从吾言矣。"（《公孙丑上》）

这是孟子对"知言养气"的集中表述。从此处看，"养气"和"知言"应为一辩证关系，体现一动态的过程。"养气"是从正面来讲，"知言"则从反面来说的，即海德格尔所谓的"去蔽"，因此，两者是一个开放的辩证的过程。因此，"知言"与"养气"如果执着于谁先谁后，谁为基础，谁为结果，恐过于拘泥，反而不得其实。先说知言，其实际上就是辨别言辞是非善恶的能力，如果从《孟子》一书看，其实就是对不符合其儒家仁义之道（归根结底乃其本心本体论）的言辞的辨识。"詖辞"，朱熹认为指"偏詖之辞"："心有所蔽，只见一边，不见一边，如杨氏为我，墨氏兼爱，各只见一边，故其辞詖而不平。"王念孙《广雅疏证》云："譣，诐也。"许慎《说文》引《立政》"勿以譣人"，徐锴《传》云："譣，犹险也。"《立政》今本"譣"作"憸"，《说文》云："憸，诐也。憸利于上，佞人也。"这样，"诐辞"又指佞人谄媚阴险之辞。焦循注为"辩论之辞"则欠妥当。可见，"诐辞"至少有偏颇、邪僻之意，故心常为之所蔽。"诐辞知其所蔽"则是说对于那些偏颇之辞知道其蒙蔽人的地方和原因。"淫辞"，孔颖达《正义》训为"过度之辞"："凡事当止而不止，比有所陷。"朱熹则认为"诐是少了那一边，淫是添了这一边"，总归不"正"。焦循训"淫"为"浸淫随理"，若"水循理隙而入，浸渐其中，不能复出”，“是淫辞之有所陷入也。”若按朱熹《集注》“淫”为放荡、“陷”为沉溺之意再综合上面各说法，则当知“淫辞”为花言巧语、华而不实的过分言辞。“淫辞知其所陷”则意指对于这些过分之辞能够知道其能使人沉溺的原因。“邪”意则较为可解，朱熹注为“邪僻也”，“离”为“叛去也”。“邪辞知其所离”意指当为对于邪僻不正之辞知道其偏离正道的地方和原因。“遁”朱熹注为“逃避也”，“穷”注为“困屈也”，对于“遁辞”焦循训为“隐遁之辞”，由此可知，“遁辞”应为游离不定、躲闪推诿之辞，“遁辞知其所穷”意指当为对于那些躲闪游离之辞应知其困窘不安的原因。

当然从“不得于心，勿求于气，可；不得于言，勿求于心，不可。”（《公孙丑上》）这句话来看，显然“心”的首要性不言而喻。由此看来，去蔽甚至可以看作个人对自己存在的诠释或反省。因为，简单的文化接受历程固然是一个人存在的必然显现，但个人如果对于这些文化形态没有进行反思的话，这种显现可能成为某种限制或扭曲。个人也只有保持反省的姿态，对这些文化形式进行内察，才可能使自己的存在从某种限制摆脱出来，呈现息息不止的运动形态。孟子认为一旦在日常生活实践中能够实现这种去蔽和重新显现，个人就可能超越了具体历史形态的限制，甚至达到“天人合一”的行而上境界。

（三）正确前见的构成与视域融合

1.“知人论世”——正确前见的构造

相对于孟子“性善论”这一总体前见以外，孟子还要求我们在具体的诠释中，要做到“知人论世”，充分掌握与作者有关的文本、理论材料和历史资料，这样，才能做到正确的诠释。因此，性善论可以说是孟子的诠释立场，而“知人论世”则是诠释实践的具体手段。

> “一乡之善士斯友一乡之善士，一国之善士斯友一国之善士，天下之善士斯友天下之善士。以友天下之善士为不足，又尚论古之人。颂其诗，读其书，不知其人，可乎？是以论其世也。是尚友也。”（《万章

下》）

可以看出，这段话是讨论“交友”的问题，孟子在此基础上把交友的范围扩大到古代。而诗书是与古人交友的凭借和途径，由此便引申出如何颂诗读书这与文学批评有关的原则。

对此，赵岐注为：“读其书，犹恐未知古人高下，故论其世以别之也。在三皇之世为上，在五帝之世为次，在三王之世为下，是为好上友之人也。”① 这里赵岐明显的将古人分为三等，即古人的价值并非由其言行所决定，而是由其所处的时代的高下所决定。焦循就反驳道：“按古人各生一时，则其言各有所当。惟论其世，乃不执泥其言，亦不鄙弃其言，斯为能上友古人。”意思是说，“论其世”就是要兼顾“其世”的特殊性，要了解其人之世与他人之世的不同，进而了解其人在何种具体的历史环境下有何具体的言行。按照这样“知人论世”，最后就要承认“各有所当”，亦承认其在具体的环境有其相对的“简直”，不可以一僵化的时代之高下来决定“尚友”的标准。

对于孟子这段话，朱熹曰：“论其世，论其当世行事之迹也。言既观其言，而不可以不知其为人之实，是以又考其行也。”② 意思是说，论世之迹、知人之行是知人的标准。显然，他跟赵岐一样，忽视了其人所处的整体社会的考察，没有具体去考察具体的历史环境，进而考察其人的言行在具体历史语境所应有的精神与价值。这里潜藏一逻辑，即认为一人的言行有一脱离具体环境的自由，并且通过这种言行的把握即可做到知人。由此我们可知这一有着客观主义的痕迹的看法是缺少一对历史的“同情”的态度。

焦循认为：“若生今世而上友古人，则不同世何以知其人之善？故必颂其诗、读其书而论其世，惟颂其书而论其世，乃可以今世而知古人之善也。”③ 可见，论世一颂诗读书一知人为此一般进程。论世包括当时之世和其

---

① 焦循：《孟子正义》，中华书局，1986，卷 21，第 726 页。
② 朱熹：《四书章句集注》，齐鲁书社，1992 年，第 153 页。
③ 焦循：《孟子正义》，中华书局，1986，卷 21，第 726-727 页。

人之行迹，这样对历史人物就具有同情的眼光。紧接着，焦循又用“通变神化”来形容这种论古之法，他说：“孟子学孔子之时，得尧舜通变神化之用，古示人以论古之法。”① 这种“通变神化”的方法显然就是“知人论世”所应具有的含义。之后黄宗羲在《孟子师说》也指出：“古人所留者，唯有诗书可见。”而诵读诗书之法是“观其盛衰，以为哀乐”。明显这就看到读者的主观态度和感情对理解诗书和历史的介入。这是因为黄宗羲认为读者乃是具有“观于世变”之“性情”的“善士”。最后他说“非既观其言又考其行也”。这里，就跟上面朱熹的话有所呼应。这一方法如果以诠释学的眼光看待，则说明对文本的诠释我们要兼顾到两点：对作者，我们要看到具体历史情景对其前见的构成，对读者来说，则要尽可能做到“知人论世”，为尽可能排除不正确的成见，尽可能认识历史本来面目，以便在诠释活动中以同情的态度来“尚友古人”。

此处的“友”，借用陈寅恪先生的话，即“了解的同情”。在为冯友兰先生两卷本《中国哲学史》上册所写的审查报告中，陈先生说：“凡著中国古代哲学史者，其对于古人之学，应具了解之同情，方可下笔。盖古人著书立说，皆有所为而发；故其所处之环境，所受之背景，非完全明了，则其学说不易评论。而古代哲学家去今数千年，其时代之真相，极难推知。吾人今日可依据之材料，仅为当时所遗存最小之一部；欲借此残余断片，以窥测其全部结构，必须备艺术家欣赏古代绘画雕刻之眼光及精神，然后古人立说之用意与对象，始可以真了解。所谓真了解者，必神游冥想，与立说之古人，处于同一境界，而对于其持论所以不得不如是之苦心孤诣，表一种之同情，始能批评其学说之是非得失，而无隔阂肤廓之论。……但此种同情之态度，最易流于穿凿傅会之恶习；因今日所得见之古代材料，或散佚而仅存，或晦涩而难解，非经过解释及排比之程序，绝无哲学史可言。然若加以联贯综合之搜集，及统系条理之整理，则著者有意无意之间，往往依其自身所遭际之时代，所居处之环境，所熏染之学说，以推测解释古人之意志。由此之故，今日之谈中国古代哲学者，大抵即谈今日自身之哲学者也；所著之中国哲学史

① 焦循：《孟子正义》，中华书局，1986，卷 21，第 727 页。

者，即其今日自身之哲学史者也。”① 为此，陈寅恪先生认为当应辨别真伪之材料，并与其所处时代联系而利用之。以今日眼光看待，陈先生应具有实证主义的影响，但如果以伽达默尔的“时间距离”看待，则有其可取的地方。这里的关键是克服“时间距离”，即今人与古人之间的遥远性，让理解者回到古代的时空之中，去感受古人的感受。由于我们无法同古人具有完全一样的感受，说到底这是一种模仿，是尽量拉近我们与古人的距离，把我们许多无关的东西撇开。

在孟子看来，读古人的诗书，实际上就是与之交友，而要结交古人，只读其书是不行的，还须了解其为人处世行径及生活时代状况，如此才能读懂古人之诗书，与之心契神交。要知道“知人”与“论世”是互相联系的概念，“论世”是为了“知人”，而“知人”则必须先“论世”。何谓知人？就是了解作者的经历行事，理解作者的心志神思；何谓论世？就是了解作者生活的时代，了解当时社会的政治，文化，经济生活诸因素对作者的思想，性格等的形成所发生的影响及激发作者创作的社会动因等。“论世”方能“知人”，因为人是处于“世”中，并非是孤立存在的个体，因此“论世”是“知人”的前提条件，不“论世”无以“知人”，而不“知人”在“论文”之时则易陷主观臆断的窠臼。鲁迅就说了：“倘要论文，最好是顾及全篇，并且要顾及作者的全人，以及他所处的社会状态，这样才较为确凿，要不然，是很容易近乎说梦的。”②

当然，“知人论世”的获得，即阐释者视域的获得，对于不同时空的阐释者而言，也主要是依靠对相关文本的大量阅读。正如刘勰所言：“凡操千曲而后晓声，观千剑而后识器；故圆照之象，务先博观。”（《文心雕龙·知音》）只有在“博观”的基础上才能获得较正确的前见和理解视域，才能透彻理解特定文本中深含的内蕴。

总的说来，“知人论世”是“尚友”（与古人为友）的原则，而不仅是“论诗”的原则。只有对此加以逻辑和理论的引申之后，它才会是一条诠释

---

① 陈寅恪：《审查报告一》，《中国哲学史》下册，华东师范大学出版社，2000，第 432 页。

② 鲁迅：《“题未定草”》7。

原则。这时，“知人论世”（即了解其思想倾向和道德情感等）才不光是诠释《诗经》文本的手段，而且最终还是诠释活动的目的，即“知人”便是知其“志”。这样，“知人论世”就跟我们接下来要论述的“以意逆志”相呼应了。

2.“尽信书，则不如无书”——文本误区的超越

> “尽信书，则不如无书。吾于《武成》，取二三策而已矣。仁人无敌于天下，以至仁伐不仁，而何其血之流杵也?”（《尽心下》）

孟子所说的“书”，李贽认为“书字不指《书经》”。（《四书评·孟子卷之七》）。但自东汉赵岐《孟子章句》以来，一般认为指的是《尚书》，孟子此处的《武成》，是其中一篇，主要记述“武王伐纣”这一著名历史事件。赵岐《注》：“《书》，《尚书》。经有所美，言事或过，若《康诰》曰‘冒闻于上帝’，《甫刑》曰：‘帝清问下民’，《梓材》曰‘欲至于万年’，又曰‘子子孙孙永保民’，人不能闻天，天不能问民，万年永保，皆不可得为书，岂可案文而皆信之哉!《武成》，逸《书》之篇名。言武王伐纣，战斗杀人，血流舂杵。孟子言武王以至仁伐至不仁，殷人箪食壶浆而迎其师，何乃至于血流飘杵乎？故取《武成》两三简策可用者耳，其过辞则不取也。”① 焦循也道：“《尚书》在孟子时有百篇，举《武成》以为例，所言‘尽信书则不如无书’，非专指《武成》而言，故赵氏广而推之《康诰》《甫刑》《梓材》诸篇也。”② 此处，笔者认为如像李贽将“书”作为广义的文本看待，对于孟子的整个诠释活动也是适合的。换之以当下眼光看待，有其如下理由：一，如赵岐所说，“经有所美，言事或过”。换言之，“文本”与“事件”的不一，乃是一个普遍的情形；二，在诠释活动当中，如处理《武成》，孟子特别凸显出读者自身的主体意识，能够给予创造性的转换。

对于“尽信书，则不如无书”，朱熹《集注》言：“程子曰‘载事之辞，容有重称而过其实者，学者当识其义而已。苟执于辞，则时或有害于义，不

① 焦循：《孟子正义》，中华书局，1986，卷 28，第 959-962 页。

② 焦循：《孟子正义》，中华书局，1986，卷 28，第 959-962 页。

如无《书》之愈也。’”对于取其二三策，朱子也借用程子之语，认为不过“取其奉天伐暴之意、反政施仁之法而已”，况“《武成》言武王伐纣，纣之‘前徒倒戈，攻于后以北，血流飘杵’。孟子言此则其不可信者。然《书》本意乃谓商人自相杀，非谓武王杀之也。孟子之设是言，惧后世之惑且长不仁之心耳。”①

究孟子所言，其“不尽信书”有超越文本的误区，回归事件真相，构造正确前见的主观意图，就其实践效果而言，则凸显出读者之主体性，在否定之中给予创造性的转化，取得了文本与读者之间视域的融合和历史的效果。

3.“以意逆志”——视域融合的追求

孟子是在什么情况下提出“以意逆志”这一观点呢？要知道孟子有自己的视域，即思想体系的。因此《诗》《书》这些文化大传统就保持着某种张力，对之能够做出创造性的诠释。这种张力在不了解其思想的人，包括他的学生那里就会造成困惑。维护宗法纽带是孟子伦理观的核心，孟子把仁义礼智看作人们先天的主要道德意识和道德规范，而其中仁和义又是最基本的两项，居仁由义甚至被其看作培养理想人格的基石和途径。仁义礼智它们调节着各个领域的人际关系。但是，当孟子概括揭示它们最本质的内涵时，却把它们归结到宗法血缘关系中去，他说：

> 仁之实，事亲是也；义之实，从兄是也；智之实，知斯二者弗去是也；礼之实，节文斯二者是也；乐之实，乐斯二者，乐则生矣；生则匆可已也。恶可已，则不知足之蹈之手之舞之。（《离娄上》）

孟子把仁的内涵归结为处理好子女和父母双亲的关系，充分阐发了早期儒家提出的孝悌为仁之本的思想，认为可以从这种家庭关系推广出去，处理好其他方面的人际关系。这种实践伦理学内蕴着君臣关系不能取代，更遑论凌驾父子关系的价值取向。

---

① 朱熹：《四书章句集注》，齐鲁书社，1992，第208页。

“故说诗者，不以文害辞，不以辞害志。以意逆志，是为得之。如以辞而已矣，云汉之诗曰，‘周余黎民，靡有孑遗。’信斯言也，是周无遗民也。孝子之至，莫大核尊亲；尊亲之至，莫大乎以天下养。为天子父，尊之至也；以天下养，养之至也。诗曰，‘永言孝思，孝思维则。’此之谓也。书曰，‘祗载见瞽瞍，夔夔齐栗，瞽瞍亦允若。’是为父不得而子也?”（《万章上》）

赵岐注曰：“文，诗之文章，所以引以兴事也。辞，诗人所歌咏之辞。志，诗人志所欲之事。意，学者之心意也。孟子言说诗者当本之志，不可以文害辞，文不显乃反显也。不可以辞害志。辞曰：‘周余黎民，靡有孑遗。’志在忧旱，灾民无孑然遗脱不遭旱灾者，非无民也。人情不远，以己之意，逆诗人之志，是为得其实矣。王者有所不臣，不可谓皆为王臣，谓舜臣其父也。”① 朱熹的注释为：“文，字也。辞，语也。逆，迎也。……言说《诗》之法，不可以一字而害一句之义，不可以一句而害设辞之志，当以己意迎取作者之志，乃可得之。若但以其辞而已，则如《云汉》所言，是周之民真无遗种也。”② 郭绍虞的注释为：“以文害辞”，谓断章取义地割裂个别字眼，曲解其辞句。“以辞害志”，就辞句的表面作解释，因而曲解了作品的原意。“以意逆志”，《说文》说，“逆，迎也。”《周礼：地官乡师》郑玄注：“逆，犹钩考也”。这句是说“以己之意迎受诗人之志而加以钩考。”③ 依叶维廉先生看，孟子这段话含有两个解释活动地题旨，“（一）‘以文害辞，以辞害志’，是关及‘部分与整体’相互的关系……（二）‘以意逆志’是关及读者和作者之间在作品上相遇所必需有的‘调协’‘调整’”④，进而他认为，诠释者要在具有伽达默尔所提的效果历史意识重提孟子的“知人论世”，并且在此诠释观念的印照下，“以意逆志”，因被视为读者带着自己的历史性对作品传达的志（“志”因被视为部分的传统）做出“迎”和“逆”的调协，是

① 邓球柏：《孟子通说》（下册），湖南人民出版社，2000年版。第21页。
② 朱熹：《四书章句集注》，齐鲁书社，1992，第133页。
③ 朱自清《诗言志辨》，见叶维廉《中国诗学》，三联书店，1992，第139页。
④ 朱自清《诗言志辨》，见叶维廉《中国诗学》，三联书店，1992，第139页。

一种与传统活跃的作品的对话。①

刘勰在“稳秀篇”道，“夫稳之为体，义生文外，秘响旁通，伏采潜发，譬爻象之变互体，川渎之韫珠玉也。故互体变爻，而化成四象；珠玉潜水，而澜表方圆。始正而末奇，内明而外润，使玩之者无穷，味之者不厌矣。”②也表明好的文章并没有圈定的死义，而是意义开放的活动。“文”“辞”实际上是艺术之夸张，诠释者不能以夸张之文辞，佐证其事实之真伪。钱锺书先生于此说，“《论衡》之《语增》《艺增》《儒增》《史通》之《暗惑》等，毛举栉比，衍孟子之绪言，而未申孟之蕴理。《文心雕龙·夸饰》云：‘文辞所披，夸饰恒存……’亦不道何以故。皆于孟子‘志’‘辞’之义概乎未究。盖文辞有虚而非伪，诚而不实者。语之虚实与语之诚伪，相连而不相等，一而二焉。是以文而无害，夸或非诬……诚伪系乎旨，征夫言者之心意，孟子所谓‘志’也；虚实系乎指，验夫所言之事物，墨《经》所谓‘合’也。所指失真，故不‘信’，其旨非欺，故无‘害’。”③

当然，结合上面的论述，我们再加以进一步推究，则可以看出，孟子其实触及了两个文学理论的问题：第一，言与意的关系，这就涉及语言的特性。这种关系在文学作品如《诗经》表现是最为明显的。虽然孟子在这里未能进一步对文学语言特殊性进行理论的探索和论述（因为孟子关注的是如何在经典文本汲取自己理论的论据），只是表现在对具体的诗作语言的分析上，不过他的这种分析则为后人研究文学语言提供很大的启示和诠释空间。比如金人王若虚于《滹南遗老集》卷三《论语辩惑自序》“圣人之言，或不尽于言，亦不外于言。不尽于言，而执其言以求之，宜其失之不及也。不外于言，而离其言以求之，宜其伤于太过也。”这些言论就一方面要求读者再创造，一方面又要求不能脱离作品文本的客观内涵。第二，触及诠释学当中的一个重要现象，即“解释的循环”。伽达默尔认为理解者的理解“这种活动由对整体的意义期待所驾驭，从个别的东西出发，最后在整体意义的实现之

① 朱自清《诗言志辨》，见叶维廉《中国诗学》，三联书店，1992，第140-141页。

② 刘勰：《文心雕龙今译》，周振甫注，中华书局，1986年版。第357页。

③ 钱锺书：《管锥编》第1册，中华书局1979，第96页。

中完成。"[①] 意思是说，对文本的诠释，不可“断章取义”，而是顾及全篇，形成一整体的看法。而要形成较为正确的整体的看法，则要充分把握作者的思想倾向和情感态度——“志”，显然这就要跟“知人论世”相结合了。孟子的这一论点理解文本具有重要意义，因为这一论点本身涉及作者、文本、读者、世界四者的关系，它要求读者在诠释文本的时候要兼顾到其他三者，做到最大的统一。

概而言之，“说诗者，不以文害辞，不以辞害志，以意逆志，是为得之。，体现出来的诠释思想如下：

首先，不能脱离具体的历史语境对文本作孤立的解释。对于诠释者，这也是不可能的事情，关键要充分认识自己和文本作者的历史视域、成见，由此方可有一历史效果的诠释。

其次，不能以对词义的把握代替对意义的把握。在孟子看来，语词的表面含义和作者想表达的思想并不是一回事，或者说不足以表达。因此理解便不能胶柱鼓瑟于语词表面的含义，而应具有“了解的同情”，一种洞察的智慧，这种智慧是理智与直觉、领悟的融合物，甚至可以说是语言之外的。此当在“知人论世”基础上通达古人之志。焦循说道：“孟子之诏咸丘蒙曰：‘以意逆志，是谓得之。”然则所谓‘逆志’者何？他日谓万章曰：‘颂其诗，读其书，不知其人可乎？是以论其世也。’正谓有世可论，有人可求，故吾之意有所措，而彼之志有可通。今不问其世为何世，人为何人，而徒吟哦上下，去来推之。问其所逆，乃在文辞而非志也，此正孟子所谓害志者。……夫不论其世，欲知其人，不得也。不知其人，欲逆其志，不得也。……故必论世知人，而后逆志之说可用之。”[②] 这是避免主观随意性的必要。故“知人论世”与“以意逆志”并非冲突，而是相辅相成的。王国维就说道：“善哉！孟子之言诗也，曰：‘说诗者不以文害辞，不以辞害志；以意逆志，是谓得之。’顾意逆在我，志在古人，果何修而能使我之意不失古人之志乎？此其术，孟子亦尝言之曰：‘诵其诗，读其书，不知其人可乎？是以论其世也。’

① 伽达默尔：《美的现实性》张志扬等译，上海三联书店，1991，第 45 页。
② 《孟子正义》，卷 18，第 639-640 页。

是故由其世以知其人，由其人以逆其志，则古诗虽有不能解者寡矣。”①

最后，“以意逆志”凸显出诠释者的主观性一面。

当然，有另外一种看法认为“意”为古人之意，“以意逆志”是以古人之“意”逆古人之“志”。清人吴淇说：“诗有内有外。显于外者曰文曰辞，蕴于内者曰志曰意。此‘意’字与‘思无邪’‘思’字皆出于‘志’，然有辨。‘思’就其惨淡经营言之，‘意’就其淋漓尽兴言之，则志古人之志而意古人之意，故选诗中每每以古意命题是也。汉、宋诸儒以一‘志’字属古人，而‘意’为自己之‘意’。夫我非古人，而以己意说之，其贤于蒙之见也几何矣。不知‘志’者古人之心事，以‘意’为舆，载志而游，或有方，或无方，‘意’之所到，即志之所在，故以古人之意求古人之志，乃就诗论诗，犹之以人治人也。即以此诗论之，不得养父母，其志也；‘普天’云云，文辞也。‘莫非王事，我独贤劳’，其意也。其辞有害，其意无害。故用此意逆之，而得其志在养亲而已。……‘不以文害辞’，此为说诗者言，非作诗者解也。一字之文，足以害一句之辞，于此得炼字之法。‘不以辞害意’，亦为说诗者言。一句之辞，足害一篇之意，可见琢句须工。”② 吴淇说孟子此语为说诗者言，非为作诗者言，这是对的。然而把说诗者的用意排除在说诗过程之外，则是不可取的。

还有一种说法，王运熙、顾易生在其主编的《中国文学批评通史》解释说：“‘文’是文采，‘辞’是言辞，‘意’指作品之意旨，‘志’指作者的思想。孟子的意思是说，解说诗歌，不要抓住其中片言只语而望文生义，也不应对某些艺术性夸张修饰作机械理解，必须领会全篇的精神实质，加上自己的切身体会，去探索作者的志趣倾向。”③ 此处虽然没有认为“意”为说诗者意，然而也看到说诗者的主观体会，具有一定的合理性。

通过上面分析，我们发现“以意逆志”是隶属于孟子的“性善论”，从

---

① 王国维：《玉溪生年谱会笺序》，《观堂集林》卷 23。见张伯伟：《中国古代文学批评方法研究》，中华书局，2002，第 24 页。

② 吴淇：《六朝选诗定论缘起》，《六朝选诗定论》卷 1，同上，第 78 页。

③ 王运熙、顾易生主编：《中国文学批评通史》先秦两汉卷，上海古籍出版社，1996，第 116 页。

这一点上说，“以意逆志”甚至可以说还涉及“主体间性”的问题，我们知道孟子的“仁道论”是其思想的一部分。他说：“仁，人之安宅也。”（《孟子·离娄上》）肯定仁在人们的道德活动的基础地位。而何谓“仁”呢？他又说：“仁也者，人也。合而言之，道也。”（《尽心下》），显然就牵涉到主体间性的问题。“意”就是要从孟子的“仁”的这种基础地位来理解。

（四）诠释的创生性与诠释循环

正确的了解不能只是复制字面的意义，而必须揭示未直说的含义，因而必有创生的一面。正像伽达默尔说，本文的意义超越它的作者，这并只是暂时的，而是永远如此的。因此，理解就不是一种复制的行为，而始终是一种创造性的行为。孟子对《诗》《书》和孔子的诠释是一种创生性的活动，并且这种活动具有某种历史效果。

因此，在本文阐释《孟子》中的艺术经验前，我们就触及我们作为诠释者完全性先把握的问题，因为很多诠释者认为尽管孟子提出了比如“知人论世”“以意逆志”等诠释原则，但在具体诠释是并没有充分贯彻，出现了违反诠释循环的矛盾。正是《孟子》给笔者提出了这个问题，迫使我们去寻找答案来回答它。因此，本文遵循诠释循环的原则，考察了孟子的前见和问题视域，得出了答案，做到了某种程度的诠释循环。笔者认为若我们了解孟子由其性善论（本心本体论）以及由此扩展出来的整个学说，再加以参照他对文本的具体诠释，可以知道他的诠释活动一概处于自己学说的视域下，进而可将他的诠释原则放置其全部诠释活动当中去，而不必将某诠释原则一一与某具体文本相适应。当然，由于孟子在某些文本具体诠释中要去挖掘与之道德学说相适应的意蕴，而不得不违反其提出的原则，这也无可厚非，因为势之所然，不得不如此。按照以此来衡量文学与道德的关系，则其归结处还在于孟子这一主体所操持的哲学观点，按照本体论来说，则是如何存在的问题，而不是拘泥于文本“原义”而喋喋不休。我们试看几例：

1.《诗经》：

A. 老吾老，以及人之老；幼吾幼，以及人之幼，天下可运于掌。

《诗》云："刑于寡妻，至于兄弟，以御于家邦。"言举斯心加诸彼而已。（《梁惠王上》）

此诗引自《大雅·思齐》。原来是颂扬文王和其母太任、其妻太姒的功绩。此处所引诗句就是赞美周文王善于推己及人，因此与原诗的整体意思是一致的。

B. 王曰："寡人有疾，寡人好色。"对曰："昔者太王好色，爱厥妃。《诗》云：'古父亶父，来朝走马，率西水浒，至于岐下，爰及姜女，聿来胥宇。'当是时也，内无怨女，外无旷夫。王如好色，与民同之，于王何有?"（《梁惠王下》）

此诗出自《大雅·绵》。原诗是记述周太王古公亶父由邠迁到歧下，与其妻姜女一起选择居住地。严格来讲，并无好色的意思。但显然孟子是运用偷换概念的技巧，使宣王照成一种错觉，认为自己与古代圣王有相同之处，拉近了距离，使他对实行仁政更有信心。当然，处理这"好色"问题，孟子采取的还是"推己及人"的方法，如果一种好色能够这样推广的话，那么这种好色并不坏。显然，好色之意在这种逻辑下被某种程度解构掉。此处，孟子的动机就是推行自己的仁政。

C. 公孙丑曰："《诗》曰：'不素餐兮。'君子之不耕而食，何也?"孟子曰："君子居是国也，其君用之，则安富尊荣；其弟子从之，则孝悌忠信。'不素餐兮'，孰大于是?"（《尽心上》）

"不素餐兮"出自《魏风·伐檀》。古今大多数人认为此诗表现了伐木劳动者对不耕而食、不劳而获的君子门的怨恨之情，并且用反话对君子门作了辛辣的讽刺。公孙丑就是从这意义上的理解来询问孟子的。但孟子站在自己的立场上，做出不同的回答，反而认为君子能使其君"安富尊荣"，能使子弟“孝悌忠信”，功劳很大，因此不是吃白饭。按照他的解释，此诗反而成了对君子歌功颂德的辩护词。在孟子看来，他是运用“以意逆志”的方法来发现这层意思的。尽管他所逆的“志”可能与作者的原意不同，但立于诗的本文，能做出这种解释也算遵循解释“融合”的原则。

2.《尚书》：

与《诗经》相比，《尚书》篇中之义理则较为明确，盖因《尚书》乃以记载历史事件为准的，孟子对其诠释之目的，不像《诗经》那样，要“以意逆志”去追寻作者之主观情志，而是要推究其记载之历史事件真实与否。荀子之《儒效篇》载：“圣人也者，道之管也。天下之道管是矣，百王之道一是矣。故《诗》《书》《礼》《乐》之归是矣。《诗》言是，其志也；《书》言是，其事也；《礼》言是，其行也；《乐》言是，其和也；《春秋》言是，其微也。”毕竟，如上所述，《诗经》往往是“赋”“比”与“兴”结合在一起的，借艺术之修饰、夸张等手法来抒发情志，故要求“不以文害辞，不以辞害志”，良有以也。当然，此处是相对而言之，两者都是要挖掘蕴藏于文本之中的义理。倘若以陆九渊“六经皆我注脚”来看，则可知是六经注孟子，而不是孟子注六经。这是因为有义理在先，历史的真实反而成为次要的东西，“历史”成了义理的注脚。当然，孟子并非故意要扭曲历史，这是其“崇古”思想在作祟，因为他坚信古代理想社会、君子其义理与事实是不可分割的，也就是说，理想之为理想，在于此。因此当出现描述中的历史事实与孟子的义理相背离时，孟子往往以其义理来理解历史事实。归结到底，孟子的义理即以其“性善论”扩展出来的学说是其诠释的落脚点。

A.《书》曰：“天降下民，作之君，作之师，惟曰其助上帝宠之。四方有罪无罪惟我在，天下曷敢有越厥志！”（《梁惠王下》）

此处引自《泰誓上》。孟子的诠释主要是要说明齐宣王的好勇并不妨害“王天下”，与上面的诠释“好色”一样，关键这好勇是要“一怒而安天下之民”的勇，而不是“匹夫之勇”，这样，宣王的原意也在这种诠释被解构掉，换之以孟子的“仁政论”。

> B.《书》曰：“葛伯仇饷。”此之谓也。为其杀是童子而征之，四海之内皆曰：“非富天下也，为匹夫匹妇复仇也。”“汤始征，自葛载。”十一征而无敌于天下。东面而征，西夷怨；南面而征，北狄怨，曰：“奚为后我?”民之望之，若大旱之望雨也。归市者弗止，芸者不变，诛其君，吊其民，如时雨降。民大悦。《书》曰：“徯我后，后来其无罚!”“有攸不惟臣，东征，绥厥士女，篚厥玄黄，绍我周王见休，惟臣附于大邑周。”其君子实玄黄于篚以迎君子，其小人箪食壶浆以迎其小人。救民于水火之中，取其残而已矣。《太誓》曰：“我武惟扬，侵于之疆，则取于残，杀伐用张，于汤有光。”不行王政云尔；苟行王政，四海之内皆举首而望之，欲以为君。齐楚虽大，何畏焉?（《滕文公下》）

这里，连续引用了五次《尚书》。“葛伯仇饷”，赵岐认为是“《尚书》逸篇文”，梅赜将其编入伪古文《仲虺之诰》王鸣盛《尚书后案》认为“葛伯仇饷”和下面的“汤始征，自葛载”都应出自《汤征》。“徯我后，后来其无罚!”，《尚书》逸篇。“有攸不惟臣”等，梅赜编入《武成》，近传《太誓》也是伪古文。

孟子在这里对这些《尚书》篇文的诠释，还是与他的“仁政论”相一致的。这里他主要是想说明王、霸之别的思想。孟子认为，“霸”是依靠“力”借助“仁”而成就的，所以要有大国的实力才行；而“王”是“以德行仁”，有“来远附迩”的效果，所以“王不待大”，区别在于一个是以力服人，一个是以德服人。（《公孙丑上》）因此，孟子认为，只要实行仁政，就可以得民心，人民“箪食壶浆以迎”还来不及，而得民心就可以得天下，区区的齐楚何所惧焉?

（五）比较视域下的中国诠释学

1. 孟子个案凸显的中国诠释学的本体论倾向

总的来看，孟子的艺术经验甚至是他的本体诠释所诠释的意义，“不是所谓逻辑的概念，而是生命存在（‘此在’）意识在多重时空视域中的相互遭遇和相互融合及其反思与实践。”孟子与其弟子之间关于道德修养的对话或交谈，正是在平等的对话情境中相互激发的动态过程中生成的。“在这样的互动情境中相互包含着对方的视域，如此情境中的诠释者互为主体也互为客体。中国人文传统的诠释活动以政治伦理为诠释的意义领域，从诠释情境到意义生成，诠释与实践、知与行相互重叠，相互合一，相互融贯。以仁义礼智信为一贯，中庸时中又能够应变无穷。在如此诠释情境中，时代精神在特定时空中得以具体化。”可以说，孟子的诠释活动体现出“情境的此在性与当下性的价值诉求。”他的意义诠释，“主要展现在伦理政治领域之中，即使有其他层面上的意义，也只能统辖在政治伦理情境的‘意义’之下。”[①] 对于孟子的审美经验的诠释活动最后的归结点也只能是这样，即落实到他的本体论上。事实就是如此，孟子对待其他历史人物以及文本典籍的看法和态度只能是他的再诠释，这都体现了伽达默尔所说的效果历史。因此这种诠释强烈体现了孟子作为诠释者的主体性，放在其问题视域中，诠释的内容就包含于道德伦理范围之内，或者说是一种道德化的再诠释。

因此，从孟子体现的本体论倾向体现了与哲学诠释学的某些不同的特质。孟子的诠释是明白标举具有系统性的本体概念为诠释的基础与诠释的目的，展示了诠释的整体性与行而上要求，体现了某种诠释的恶的循环。而“哲学诠释学”更重视诠释的历史性，强调诠释的私人性，表现出某种相对主义的倾向，突出诠释的恶无限。

其次，伽达默尔的哲学诠释学强调“对话逻辑”，主张在对话形成某种共识，而这种共识是一个辨证的发展过程，如果对话不能形成共识，那么这种对话可以无限地进行下去。这就潜藏着语言可理解的逻辑，表现出相对主义的倾向。因此，伽达默尔的哲学诠释学表现出某种“语言中心主义”，仍然为外在的语言规范所限制。相对于这一“哲学诠释学”的立场，孟子则表现出一种超越语言、强调自我反思的立场。这种反思是通过“尽心”“尽性”

① 李景林，《儒家哲学的诠释理论及其对认的反思》，《本体诠释学》第1辑，成中英主编，三联书店，2000，第174页。

和“知言养气”，结合文本的含义，生活的实际考察与实际生活的体验，扩展自己的存在层面和修养境界，最后达到“天人合一”的过程。孟子所谓的“天视自我民视，天听自我民听”的说法，就表明了天人之间的那种水乳交融的存在论关系。因此，这一种内在的修持最后达到的程度就不必陷溺在日常的语言种，这样也就没有陷入相对主义的危险。

当然，孟子并不是排斥语言的表达，他同样重视语言的表达，把语言的表达作为一种实现诠释的有效手段，凸现了理性的因素。但是，他显然更强调个体超越性的一面，强调一种非语言的心灵观照，一种本心自性的领悟，一种个体的体验。

伽达默尔曾说：“理解的历史悠久而古老，只要在任何地方表现为一种真正的理解艺术，我们就承认有解释学。”① 而诠释学作为一种普泛化的理论，越来也为我国学术界所理解和接受。在译介、传播的过程当中，海内外一些学者就希冀立足本土的诠释学资源，尝试着要建立所谓的“中国诠释学”，因为一个明显的事实就是：中国传统的经典注释或经学显然具有明显的诠释学特征，并且这种诠释实践在生存层面上贯穿了诠释者的心路历程。从孔子说“述而不作”开始，中国的学术研究就具有一条显明的“诠释学”轨迹，一些创生性的东西也就在这种注释当中生发出来。因此，一个问题摆在我们的面前，中国能否创建像西方一样具有系统性的诠释学吗？而且这种诠释学的创建还要有属于我们特有的东西所在，不是用西方的新瓶来装自己的旧酒，甚至这种创建要能够补充西方诠释学，或者充实它。

如果我们再把眼光投向先秦儒家的孟子那里，一个简单的事实在于：对传统的诠释还缺少理论与方法的自觉。汤一介就指出，在研究创建“中国诠释学”的时候，要注意把“解释”“解释问题”和“解释学”区别开来，真正的“解释学”无疑包含着前面两个词语的含义，并且有着理论与方法的自觉。尽管如此，“解释”（对传统经典的解释）作为“问题”，在《孟子》一书里却是大量存在的。对于这些解释现象的发现以及对这些问题的探讨，特别是在西方诠释学的参照下，尽管缺乏对中国解释传统资源进行系统的宏观

① 伽达默尔：《哲学解释学》，夏镇平，宋建平译，上海译文出版社，1994，第23页。

的把握，却可以在这种比较视域下发现中国诠释学的一些特质，这些特质的开采或许会对中国诠释学的建立有着“抛砖引玉”的功效。

在《孟子》中我们发现了什么不同于哲学诠释学的特质呢？就是我们前面所说的本体论的倾向。成中英先生在《从真理与方法到本体与诠释》一文就认为，“本体”是中国哲学的中心概念，“道”是它的动的写照。“本体”包含一切事物及其发生的宇宙系统，体现在事物发生转化的整体过程之中。甚至它涵盖方法与科学的潜能。比如“道”可以是本体概念，也可以是方法概念，就事物与宇宙整体而言，道是本体，但就个别事物与目标而言道却可以是方法、途径与功夫。① 就对《孟子》中诠释实践的分析，我们可以发现上述的这些特性，因此，本文认为能不能按照这种思路来建构中国诠释学呢？这种诠释学的建构将对我们以后分析一切文本有着巨大的指导作用，而这种作用可以在我们以后运用西方诠释学时提供另一种方法、思路呢？

2. 孟子丰富的诠释学思想对建立中国的诠释学的意义

正是孟子诠释带有的道德色彩，要求我们在面对“知人论世”“以意逆志”和“尽信书，不如无书”这些他所提出的诠释原则的时候，不要只考虑这些原则具体运用时是如何挖掘出作者、文本的原意来，而要把它们与孟子的思想学说联系起来。虽然在哲学诠释学的观照下，我们可以从这些诠释原则生发出富有方法色彩的意义来，比如要充分占有作者所处的时代状况和他的为人处世，在“时间距离”的作用下对文本提出自己的问题；要遵循诠释融合的原则，“志”要求我们要全面掌握文本的意蕴，要照顾到整体与部分的关系；“尽信书，不如无书”要求我们不要被目前的文本所迷惑，而要在“互文”观念下，参照其他有关的文本。同时，这些原则也充分反映了作者与读者之间动态的关系，“以意逆志”包含“视域融合”的意蕴和“尽信书不如无书”强调对读者创造性的重视。这些对我们现今的诠释实践无疑有着巨大的生命力。

但是就像我刚才所论述的，要把这些原则与孟子的思想学说联系起来。

---

① 见成中英：“从真理与方法到本体与诠释”，《本体诠释学》第 1 辑，成中英主编，三联书店，2000，第 1-11 页具体分析。

因为如果我们从深层的意义来考虑、从更为广阔和深邃的视角来透视文本时，甚至不仅仅从孟子的道德伦理的视角出发，我们就要涉及文本的哲学意味和孟子的哲学学说的问题。因为在这里，这些文本只是一种载体，它们是孟子探求形而上学的途径。这种探索是因为文本本身就具有行而上的意味。因此，关键在于——孟子的儒家学说的问题，而不是这些诠释原则、诠释实践的正确与否的问题。

正是在这样的考虑下，我发现了中国诠释学的本体论倾向，并且在比较视域下，有意识地与伽达默尔的哲学诠释学进行比较。这不仅仅是对伽达默尔的本体论反对西方传统的主客体对体的形而上学倾向的考虑，而且还在于伽达默尔反复强调的审美体验上。对伽达默尔来说，艺术经验是一种对“生命的意义整体”或“无限整体”的把握。这种“生命的意义整体”或“无限整体”，可以说，就是一种超越性的终极事物，体验对它的把握，就使体验本身进入了形而上学的追求。而这种对形而上学要求的规定，本身与孟子的思想有着默契之处。这种考虑对中国诠释学的建立无疑有着深层次的意义。

当然，尽管伽达默尔有着对人类的终极关怀，有着对“真理”的行而上追求，但他显然更欣赏理解的“恶无限”，真理是无限发展的，并且就是在不断否定地向前发展。这种乐观主义带给他的问题就是，真理如何就是这样坚定执着地向前走，一步不回头。因此，伽达默尔抱着一种天真的想法，一种“善良的意志”（德理达），坚信人们能够虚心接受别人的提问，做出自己的回答，对方也能充分考虑自己的提问，做出他们的回答，这样的“对话辩证法”使人们达成“视域融合”，使人类“团结”“友谊”和“公正”。

因此，伽达默尔便面临着这样一个问题，如何保证对话的顺利进行的问题。他的“人本质中的美德”给出了答案。虽然他没有对此进行系统描述，但这种“美德”“良知”却无疑给我们极大的提示，这与孟子的“性善论”不是异曲同工吗？正是在这里，我找到他们的契合点。袁尚华在《伽达默尔的“真理”观与中国哲学方法》一文谈到，1980 年，伽达默尔在 80 岁发表的论文《实践理性问题》中说道：“在所谓精神科学的自我理解方面，实践理性不仅是其中的一个问题，而且比其他问题更首要地被提出来。”① 在他看来，其哲学诠释学也属实践哲学的范畴，实践是通往真理的途径。但正如上所述，如何实践？实践的对错标准……伽达默尔却狡猾地告知阙如，但他受到的诘难却使其不得不含糊提出一大原则“实践的真正基础构成人的中心地位和本质特征，亦即人并非受本能驱使，而是有理性地过自己的生活；从人的本质中得出的基本美德就是引导他‘实践’的理性”② 袁尚华认为：“此处伽达默尔所提出的‘人本质中的美德’，虽然还只是原则性的论谓，但显然是表述着一个具有自由的主体，就这点而言，已经比‘前见’‘语言’‘体验’等主体性观念对主体带有更正面和积极的肯定。”进而，他提出一个富有启示性的问题：“此一肯定是否暗示精神科学的真理的建立和实践，最终还是要回到心性论的基础上才能找到其应有的哲学深度？”③ 顺着此思路，我们是否可以说，文学诠释学是否有最终归结主体的必要性呢？

---

① 《真理与方法》，台湾时报出版，1993 年，第 51 页，转自袁尚华：《伽达默尔的“真理”观与中国哲学方法》，《中西会通与中国哲学的近现代转化》，第 249-250 页。

② 袁尚华：《伽达默尔的“真理”观与中国哲学方法》，《中西会通与中国哲学的近现代转换》（第十二届国际中国哲学大会论文集 3），方克立主编，商务印书馆，2003，第 324 页。

③ 袁尚华：《伽达默尔的“真理”观与中国哲学方法》，《中西会通与中国哲学的近现代转换》（第十二届国际中国哲学大会论文集 3），方克立主编，商务印书馆，2003，第 249-250 页。

参考文献

外文参考文献

[1] Gadamer, Hans-Georg. Hermeneutik Ⅰ: Wahrheit und Methode, Gesammelte Werk Band 1, J.C.B.Mohr (Paul siebeck) Tübingen. 1990.

[2] Gadamer, H. G.. Truth and Method. trans. by Garpett Barden and John Cumming, The Crossroad Publishing Company, 1975.

[3] Gadamer, Hans-Georg. Hermeneutik Ⅱ: Wahrheit und Methode, Gesammelte Werk Band 2, J.C.B.Mohr (Paul siebeck) Tübingen. 1993.

[4] Gadamer, H.G.. Dialogue and Dialectic: Eight Hermeneutical Studies on Plato. translated and with an introd. by P. Christopher Smith, CT: Yale University Press, 1980.

[5] Gadamer, H.G.. Hegel's Dialectic: Five Hermeneutical Studies. translated and with an introd. by P. Christopher Smith, New Haven: Yale University Press, 1976.

[6] Gadamer, H.G.. Reason in the Age of Science, tans. by Frederick G. Lawrence, London: The MIT Press, 1981.

[7] Gadamer, H. G.. Philosophical Hermeneutics. translated and edited by David E.Lin- ger, University of California Press, 1977;

[8] Gadamer, H. G.. Philosophical apprenticeships. translated by Robert R. Sullivan, Cambridge, Mass.: MIT Press, 1985.

[9] Gadamer, H. G.. The Idea of Good in Platonic-Aristotelian Philosophy.

trans.by P.Christopher Smith, Yale University Press, 1986.

[10] Gadamer, H.G.. Heidegger's Way. trans.by John W.Stanley, State University of New York Press, 1994.

[11] Gadamer, H.G..Plato's Dialectical Ethics: Phenomenological Interpretations Rela- ting to the Philebus. translated and with an introduction by Robert M. Wallace, New Haven: Yale University Press, 1991.

[12] Joel C. Weinsheimer.Gadamer's Hermeneutics: A Reading of Truth and Method. New Haven: Yale University Press, 1985.

[13] Robert Hollinger. Hermeneutics and Praxis. edited by Hollinger Robert&Notre Dame, University of Notre Dame Press, 1985.

[14] Jean Grondin. The Philosophy of Gadamer.translated by Kathryn Plant, Acumen Publishing Limited, 2003.

[15] Brice R. Wachterhauser. Beyond Being: Gadamer's Post-Platonic Hermeneutical Onto-logy. Northwestern University Press, 1999.

[16] Richard J. Bernstein. Beyond Objectivism and Relativism: Science, Hermeneutics, and Praxis. University of Pennsylvania Press, 1983.

[17] David Couzens Hoy. The Critical Circle: Literature, History, and Philosophical Hermeneutics.Berkeley: University of California Press, 1978.

[18] Hugh J.Silverman(eds.). Gadamer and Hermeneutics.edited with an introduction by Hugh J. Silverman, Routledge: New York and London, 1991.

[19] Martin Heidegger. Being and Time.Translated by John Macquarrie & Edward Robinson, New York, Harper & Row, 1962.

[20] Walter Lammi. Hans-Georg Gadamer's "Correction" of Heidegger, Journal of the History of Ideas, Vol.52, No.3(Jul.-Sep., 1991).

[21] Walter Lammi. Hans-Georg Gadamer's platonic Destruktion of the later Heidegger, Philosophy Today; Fall 1997; 41, 3.

[22] James Risser. In the Shadow of Hegel: Infinite Dialogue in Gadamer's

Herme-neutics，Research in Phenomenology，Vol.32，2002.

中文参考文献

[1] 伽达默尔著．真理与方法．洪汉鼎译．上海译文出版社，1999.
[2] 伽达默尔著．诠释学Ⅰ：真理与方法．洪汉鼎译．商务印书馆，2007.
[3] 伽达默尔著．诠释学Ⅱ：真理与方法．洪汉鼎译．商务印书馆，2007.
[4] 伽达默尔著．伽达默尔论柏拉图．余纪元译．光明日报出版社，1992.
[5] 伽达默尔著．伽达默尔论黑格尔．张志伟译．光明日报出版社，1992.
[6] 伽达默尔著．科学时代的理性．薛华等译．国际文化出版公司，1988.
[7] 伽达默尔著．哲学诠释学．夏镇平，宋建平译．上海译文出版社，1994.
[8] 伽达默尔著．哲学生涯．陈春文译．商务印书馆，2003.
[9] 伽达默尔著．美的现实性．张志扬等译．上海三联书店，1991.
[10] 伽达默尔著．伽达默尔集．严平编选．上海远东出版社，1997.
[11] 伽达默尔著．赞美理论．夏镇平译．上海三联书店，1988.
[12] 伽达默尔，杜特著．诠释学 美学 实践哲学——伽达默尔与杜特对谈录．金慧敏译．商务印书馆，2005.
[13] 伽达默尔，德里达等著．德法之争——伽达默尔与德里达的对话．孙周兴，孙善春编译．上海同济大学出版社，2004.
[14] 伽达默尔著．黑格尔与海德格尔．邓晓芒译．哲学译丛：1991，5.
[15] 伯恩斯坦著．超越客观主义与相对主义．郭小平，康兴平等译．光明日报出版社，1992.
[16] 霍埃著．批评的循环．兰金仁译．辽宁人民出版社，1987.
[17] 严平．走向诠释学的真理．东方出版社，1998.
[18] 丸山高司著．伽达默尔——视野融合．刘文柱，赵玉婷等译．河北教育出版社，2001.
[19] 帕特里夏·奥坦伯德·约翰逊著．伽达默尔．何卫平．中华书局，2003.
[20] 洪汉鼎．理解的真理．山东人民出版社，2001.
[21] 张能为．理解的实践．人民出版社，2002.

[22] 何卫平. 通向诠释学辩证法之途. 三联书店，2001.
[23] 黄克剑. 黄克剑自选集. 广西师范大学出版社，1998.
[24] 黄克剑. 心蕴——种对西方哲学的读解. 中国青年出版社，1999.
[25] 黄克剑. 美：眺望虚灵之真际——一种对德国古典美学的读解. 福建教育出版社，2004.
[26] 黄克剑. 由“命”而“道”——先秦诸子十讲. 线装书局，2006.
[27] 黄克剑. 柏拉图“理念论”辨正. 哲学研究：1995，5.
[28] 黄克剑. 祈向虚灵的真实——西方价值形而上学窥略. 东南学术：2002，5.
[29] 黄克剑. 从“命运”到“境界”——苏格拉底前后古希腊哲学命意辨正. 哲学研究：1996，2.
[30] 黄克剑. 黑格尔自由观辨正. 浙江社会科学：1998，2.
[31] 黄克剑. 由“命”而“道”——老子、孔子前后中国古代哲学命意辨正. 哲学研究：2002，7.
[32] 洪汉鼎主编. 理解与解释——诠释经典文选. 东方出版社，2001 年.
[33] 倪梁康选编. 胡塞尔选集（上、下）. 上海三联书店，1997.
[34] 胡塞尔著. 欧洲科学的危机与超越论的现象学. 毕迈尔编. 王炳文译. 商务印书馆，2001.
[35] 倪梁康. 自识与反思——近现代西方哲学的基本问题. 商务印书馆，2002.
[36] 倪梁康. 现象学及其效应——胡塞尔与当代德国哲学. 三联书店，1994.
[37] 柏拉图著. 柏拉图全集（1-4 卷）. 王晓朝译. 人民出版社，2003.
[38] 黑格尔著. 哲学史讲演录（第 1 卷）. 贺麟，王太庆译. 商务印书馆，1983.
[39] 黑格尔著. 精神现象学（上、下）. 贺麟，王玖兴译. 商务印书馆，1983.
[40] 黑格尔著. 逻辑学（上、下）. 杨一之译. 商务印书馆，1982.
[41] 黑格尔著. 小逻辑. 贺麟译，商务印书馆，1982.

[42] 亚里士多德全集. 苗力田主编. 中国人民大学出版社，1990.
[43] 海德格尔著. 存在与时间. 陈嘉映，王庆节译. 三联书店，1987.
[44] 海德格尔著. 路标. 孙周兴译. 商务印书馆，2000.
[45] 海德格尔著. 林中路. 孙周兴译. 上海译文出版社，2004.
[46] 海德格尔著. 在通向语言的途中. 孙周兴译. 商务印书馆，2005.
[47] 海德格尔著. 现象学之基本问题. 丁耘译. 上海译文出版社，2008.
[48] 海德格尔著. 海德格尔选集. 孙周兴主编. 三联书店，1996.
[49] 海德格尔著. 形式显示的现象学——海德格尔早期弗莱堡文选. 孙周兴译. 上海同济大学出版社，2004.
[50] 韦克迈斯特著. 黑格尔与海德格尔. 王树人等译. 商务印书馆，1990.
[51] 康德著. 判断力批判. 邓晓芒译. 人民出版社，2002.
[52] 邓晓芒. 思辨的张力——黑格尔辨证法新探. 湖南教育出版社，1992.
[53] 邓晓芒. 黑格尔辨证法讲演录. 北京大学出版社，2005.
[54] 胡自信. 格尔与海德格尔. 中华书局，2002.
[55] 保罗・利科尔著. 诠释学与人文科学. 曲炜等译. 河北人民出版社，1987.
[56] 里夏德・克朗纳著. 论康德与黑格尔. 关子尹编译. 同济大学出版社，2004.
[57] 洪汉鼎. 诠释学——它的历史和当代发展. 人民出版社，2001.
[58] 彭启福. 理解之思：诠释学初论. 安徽人民出版社，2005.
[59] 帕玛著. 诠释学. 严平译. 台北桂冠图书股份有限公司，1992.
[60] 伊格尔顿著. 二十世纪西方文学理论. 伍晓明译. 陕西师范大学出版社，1987.
[61] 李建盛. 理解事件与文本意义——文学诠释学. 上海译文出版社，2002.
[62] 章启群. 意义的本体论. 上海译文出版社，2002.
[63] 倪梁康. 中国现象学与哲学评论（第四辑）. 上海译文出版社，2001.
[64] 倪梁康. 中国现象学与哲学评论（第五辑）. 上海译文出版社，2003.
[65] 张汝伦. 历史与实践. 上海人民出版社，1995.

[66] 张汝伦. 意义的探究——当代西方释义学. 辽宁人民出版社，1986.
[67] 薛华. 诠释学与伦理学——纪念伽达默尔逝世五周年. 学术研究：2007，10.
[68] 张志平，邹驯智. 试论伽达默尔诠释学与黑格尔辩证法的关系. 浙江学刊：2000，1.
[69] 韩潮. 语言存在论与语言辩证法——伽达默尔语言哲学研究. 复旦学报(社会科学版：2001，4.
[70] 刘开会. 伽达默尔解释学中的辩证法. 兰州大学学报（社科版）：1996，1.
[71] 方朝晖. “辩证法”一词考. 哲学研究：2002，1.
[72] 刘超. 论伽达默尔对黑格尔历史哲学的继承和发展. 同济大学学报（社会科学版：2006，1.
[73] 何卫平. 解释学的经验及其辩证性. 西南民族学院学报：1999，5.
[74] 何卫平. 简评伽达默尔的解释学辩证法. 哲学动态：1997，9.
[75] 何卫平. 解释学与伦理学：关于伽达默尔实践哲学的核心. 哲学研究：2000，12.
[76] 何卫平. 现象学和辩证法在语言中的契合——析伽达默尔“游戏一对话论”的双重意义. 湖北大学学报：1999，5.
[77] 帕尔默. 诠释学. 中国社会科学：1986，3.
[78] 帕尔默. 哲学译丛. 中国社会科学：1986，4.
[79] 帕尔默. 海德格尔的本体论和伽达默尔的哲学诠释学. 彭启福译. 安徽师范大学学报（人文社会科学版）：2002，3.
[80] 丁三东. “承认”：黑格尔实践哲学的复兴. 世界哲学：2007，2.

学术论文

[1] 吴波：《论伽达默尔解释学与黑格尔辩证法的关系》，陕西师范大学外国哲学专业硕士论文，2006.
[2] 张鹏骞：《问与答——论伽达默尔的对话理论》，华东师范大学外国哲学

专业硕士论文，2006.
［3］邵华：《论伽达默尔对康德审美意识学说的扬弃》，武汉大学硕士论文，2005.
［4］孙丽君：《哲学诠释学视野中的艺术经验》，山东大学博士论文，2005.

后　　记

寒来暑往，历经了八年之久，本书终于在博士论文的基础上，略加补充及修改，予以出版。

本书写作的缘起要追溯到笔者读本科的时候。那时刚接触到二十世纪西方文论，笔者对西方各个思想流派都很感兴趣，阅读中，自然也有一些困惑不解的地方。在诠释学这里，诸多论者都提到，海德格尔让西方传统诠释学实现了本体论的转向，而这种转向的最终确立却是由伽达默尔完成的。当时笔者就想，海德格尔和伽达默尔二人的思想肯定有关联，也有分野的地方。如果把这种关联和分野给弄清楚的话，我们可能就把握到哲学诠释学的重心所在。可惜的是，那时笔者学力严重不足，没办法梳理出一条清晰的思路来。直到攻读博士学位的时候，偶有所得，才试着把之前没完成的事情重新开始下去，也就有了这本书的主体部分。在写作的过程中，笔者越来越清晰地认识到，伽达默尔和海德格尔的分歧在于对传统形而上学的态度，这其中，明显地表现在对柏拉图、亚里士多德和黑格尔这三人身上，而这三人恰恰是西方传统形而上学的代表。从本书的论述上看，大家可以发现，相对于海德格尔对这三人的猛烈抨击，伽达默尔对他们肯定的地方多了一些。

另外，作为本书主体的博士论文，写作期间正值笔者攻读博士之际，时间紧，任务重。现在回看，笔者发现论述的过程中，很多地方展开得并不充分，很多时候更像是读书报告，更多的时候是伽达默尔在说话，笔者的声音并不多。不过，正如笔者在“导论”里面所说的，笔者乃是循着伽达默尔与其他思想家的对话之路，去发现伽达默尔是如何在自己的问题视域中将哲学诠释学建构出来，如何在交织混杂的对话中将不同的概念予以联结。只有这样，我们才可能真切地发现他隐藏在理论中深层次的主题。所以，聊以自慰的是，这样的写作在于精练。笔者的任务，就是把伽达默尔隐烁在不同文章的思想给关联起来，让哲学诠释学理论建构的逻辑线索在这种文字的自我呈现中清晰地表露出来。让伽达默尔的思想在对话中做一自我呈现，并展示在我们面前，或许也是一种我们接近哲学诠释学比较好的途径。

对哲学诠释学理论建构的厘清，对笔者也意味着面临一项任务，就是必须对哲学诠释学的价值取向做一说明。黄克剑先生对德国古典哲学做过精心又独到的研究，其中，对哲学家思想的“无待”和“有待”的不同倾向的划分令人感佩和深省。因此，在该书主体的最后一部分，我试着从这个角度对伽达默尔的哲学诠释学做一价值取向的说明。这个说明认为，尽管“理解的对话”被很多人认为是一种有待的行为，如大家所熟悉的德里达对哲学诠释学的批评——认为对话，总是需要对话双方有对话和平等对话的意愿，伽达默尔的“善良意志”意味着对现实中对方双方利益冲突和计算的忽视，哲学诠释学过于理想化了。但是，通过说明，笔者试图指出，伽达默尔的哲学诠释学更多的指向的是人作为人的理性，更多指向的是个人的德行和修养，它是一种“无待”的行为。如果每个人都能做到这样一种“无待”，那么，平等开放的对话和“视域融合”将随之自然而然地到来。从这个角度来说，伽达默尔的理解之对话，跟海德格尔后期对诗化语言的倾听所表现出来的旨趣又是有相似之处的。笔者试图表明，伽达默尔的哲学诠释学试图把前后期海德格尔的思想做一融合。

如何对话？如何达成相互的理解？伽达默尔对“效果历史”的慧解或许能更清楚表达这种期许。在他看来，“效果历史”绝不只是对一些已过去的事迹的揭露，它乃是我们从现在的观点对自己当下之所以然的“回溯”，这些回溯一方面显出当下的自己受传统规限的所在，而另一方面也因此导出对这些限制的突破。理解和对话，涉及的不只是过去，更是当下和未来。或者说，“述往事，思来者”，只有回溯过去，才能面对当下和将来。可见，对话首先是个人态度的转变，无论是对他人，还是他物，个人必须要直指自己的内心，也就是，认识到自己的有限性，从而理解别人，理解自己，超越自己。这是一个行无止境的事情，在伽达默尔看来，每个有理性的人最终都会认识到这一点。

本书的“附论”选自笔者的硕士论文。写作的缘由也很简单，诠释学在伽达默尔完成了由方法论向本体论的转向，那么，哲学诠释学如何指导具体的文学批评呢？能不能从哲学诠释学的理论中抽取一些方法论的要素来指导对文学作品的批评呢？这样的想法和体现在论文中一些方法的总结现在看来固然有点幼稚和可笑，不过在时隔多年后，当我认真阅读了伽达默尔全集的第九、第十卷，也就是伽达默尔对文学作品的具体诠释之后，我惊喜地发现，我当时幼稚的想法竟然在伽达默尔的诠释实践中找到了一些回应之声响。正因为如此，笔者觍着脸，斗胆把笔者的硕士论文也放在本书的出版中。

时间飞逝，笔者半截身体入土，“知识增时只益疑”，对于之前所写的这些东西越来越没有自信了，加上笔者水平有限，纰漏和谬误在所难免，希望读者和方家们不吝批评，多多指教。

最后，要感谢华侨大学对本书出版的资金支持，也感谢华侨大学文学院与河北大学出版社联系过程中的辛勤付出。本书的责任编辑张靖瑄女士在本书的出版过程中，提出了很多建设性的意见，也在此一并致谢。

2019 年 1 月 21 日，于泉州华侨大学